Bettina Weiguny
Die geheimnisvollen Herren von C&A

SERIE PIPER

Zu diesem Buch

Jeder kennt C&A, kaum jemand die Herren dahinter: Das Modeunternehmen wird in fünfter Generation von der Familie Brenninkmeyer geführt. Gesellschafter wird nur, wer direkt von den Gründern Clemens & August abstammt. In dem kleinen Städtchen Mettingen im Münsterland gegründet, ist C&A heute vor allem eines der größten und ältesten Modehäuser der Welt. Über die Generationen lebten die Brenninkmeyers nach ihren eigenen Gesetzen – zurückgezogen, streng katholisch und patriarchalisch. Keine Geschäftseröffnung ohne Gottesdienst, keine Frauen im Management, keine Scheidungen, keine Gewerkschaften. Die aktuellen C&A-Chefs, Manager, Familienmitglieder und Vertraute der Familie haben sich erstmals den Fragen einer Journalistin gestellt, ihre Firmenphilosophie erläutert und ihre Archive geöffnet. Dies ist das erste Buch über die wechselvolle Geschichte des erfolgreichen Familienclans.

Bettina Weiguny, geboren 1970 in Freiburg, studierte Germanistik und Anglistik in München, Newcastle (England) und Göttingen. Von 1996 bis 1998 arbeitete sie als Journalistin für das Nachrichtenmagazin Focus und die Deutsche Presseagentur in München. Später berichtete sie für Focus aus Brüssel. Heute schreibt sie als freie Autorin unter anderem für die Frankfurter Allgemeine Sonntagszeitung. Sie lebt in Bad Soden am Taunus.

Bettina Weiguny

Die geheimnisvollen Herren von C&A

Der Aufstieg der Brenninkmeyers

Mit 25 Abbildungen

Piper München Zürich

FSC

Dieses Taschenbuch wurde auf FSC-zertifiziertem Papier gedruckt. FSC (Forest Stewardship Council) ist eine nichtstaatliche, gemeinnützige Organisation, die sich für eine ökologische und sozialverantwortliche Nutzung der Wälder unserer Erde einsetzt (vgl. Logo auf der Umschlagrückseite).

Ungekürzte Taschenbuchausgabe
Piper Verlag GmbH, München
Februar 2007

Umschlag/Bildredaktion: Büro Hamburg
Heike Dehning, Charlotte Wippermann,
Alke Bücking, Daniel Barthmann
Umschlagabbildung: Michael Dannenmann/Stock4B/
Getty Images
Satz: Fuldaer Verlagsanstalt, Fulda
Papier: Munken Print von Arctic Paper Munkedals AB, Schweden
Druck und Bindung: Clausen & Bosse, Leck
Printed in Germany ISBN 978-3-492-24760-3

www.piper.de

Inhalt

I. Einleitung

Der Name des Herrn darf in diesem Buch nicht erscheinen. Das will er nicht. Er ist um die 50 Jahre alt, seine Kleidung ist so korrekt wie unauffällig, das Haar ergraut, die Brille goldgerändert. Akten und Aufnahmegerät holt er aus einer Jutetasche. Er sieht nicht nur so aus wie ein katholischer Kirchenvorsteher – er ist einer, und das seit Jahren. Irgendwo am Niederrhein, auch der Name des Ortes darf nicht genannt werden.

Denn der Jurist ist in geheimer Mission unterwegs. Immer und überall. Er vertritt eine der reichsten Familien der Welt, er ist die graue Eminenz hinter dem Brenninkmeyer-Clan. Ihm vertrauen sie blind. (Einen Arbeitsvertrag hat er nie unterschrieben. Der Handschlag gilt.) Er verwaltet ihr Vermögen, kümmert sich um ihre Sicherheit und um ihre juristischen Angelegenheiten. Bei den Treffen in Düsseldorf fungiert er als Sprachrohr der Familie. Eine Funktion, in der er noch nie aufgetreten ist. Normalerweise ist es sein Job, Informationen über die Familie von der Öffentlichkeit fern zu halten. Diesmal aber darf er erzählen.

95 Prozent der Deutschen, also alle, kennen C&A. Die Herren dahinter kennt praktisch niemand (Damen gibt es nicht, die werden – bisher noch – von Erbe und Macht fern gehalten). Über fünf Generationen ist die Dynastie zu einem der größten Textilhändler der Welt aufgestiegen und ebenso lange hat sie sich der Öffentlichkeit entzogen. Es gibt kaum Fotos, erst recht keine Home-Storys. Die Unternehmerfamilie wurde als »Sekte von Männern ohne Gesicht«, als »katholischer Geheimbund« oder als »stummer Gigant« beschrieben. Und die Brenninkmeyers haben dazu geschwiegen. Eisern.

So wollte es die Familie auch bei diesem Projekt halten. »Muss das sein, dass C&A im Mittelpunkt des Buches steht?«, fragte der damalige Deutschlandchef von C&A, Dominic Brenninkmeyer, bei einem Treffen im Frühjahr 2004. Und er sah dabei aufrichtig entsetzt aus. Sein Konzernsprecher gab anschließend zu dem Thema mehrere Monate lang keine Auskunft mehr.

Dafür redeten andere: ehemalige und amtierende Manager, Wettbewerber, Zulieferer, Bekannte der Familie und auch leibhaftige Nachfahren von Clemens & August Brenninkmeyer (meist allerdings unter der Zusicherung, nicht mit Namen zitiert zu werden). Natürlich gab es auch Personen, die erst einem Treffen zugestimmt haben und dann kalte Füße bekamen. Manche riefen bei Dominic Brenninkmeyer in Düsseldorf an oder bei seinem Cousin Erik, dem Chef der Holding in der Schweiz – um sich rückzuversichern, ob eine Stellungnahme opportun sei. Auf diese Weise blieben die Recherchen der Brenninkmeyer-Führung nicht verborgen.

Als sich für den Clan abzeichnete, dass das Buch so oder so erscheinen würde, traf sich die Spitze der Familie, um das weitere Vorgehen abzustimmen. Sie entschieden sich dafür zu kooperieren. Auch um die eigene Historie aufzuarbeiten (»Vieles wussten wir selbst nicht mehr«) und um das aus ihrer Sicht verzerrte Image ein Stück zurechtzurücken.

Die Brenninkmeyers waren plötzlich zu Gesprächen bereit. Ein Dutzend Familienmitglieder schaltete sich ein, recherchierte, diskutierte, telefonierte über die Kontinente hinweg. Sie öffneten erstmals das in Düsseldorf, Zug, Amsterdam und Brüssel verstreute Archivmaterial. Alte, vergessene und verloren geglaubte Unterlagen tauchten wieder auf. Längst pensionierte Familienmitglieder kramten in den Schubladen, suchten in ihrem Gedächtnis nach Fakten und Anekdoten.

Es entstand dieser Blick hinter die Kulissen eines eigenwilligen Weltkonzerns. Erstmals erzählen die Brenninkmeyers von den für Außenstehende manchmal wundersam anmutenden Sitten im Unternehmen, erläutern ihre Firmenphilosophie und entschuldigen sich mit 60 Jahren Verspätung für die zeitweilige Anbiederung an die Nazis in Deutschland. Worüber sie schweigen, das haben andere in zahlreichen Gesprächen und Telefonaten erzählt.

So ist das gewaltige Ausmaß des Brenninkmeyer-Imperiums deutlich geworden: ein Konzern, der viel mehr ist als »nur« C&A, eine der größten Textilketten der Welt mit fast 1000 Läden in zwölf europäischen Ländern, in Brasilien, Argentinien und in Mexiko. Ein Konzern, der in Dutzenden von

Gesellschaften (mit fantasievollen Namen) Milliarden Euro rund um den Globus verwaltet.

Unter dem Dach einer Firma namens Redevco versammeln die Herren von C&A Immobilien im Wert von sechs Milliarden Dollar. Riesige Luxus-Appartementanlagen in Brasilien gehören ebenso dazu wie ganze Häuserblocks in deutschen Fußgängerzonen. Über die Bregal AG mischen sie als mächtiger Kapitalgeber in der Beteiligungsbranche, dem so genannten Private-Equity-Geschäft, mit. Mit mehr als 2,5 Milliarden Euro will der Fonds sich bei Unternehmen in Europa und Nordamerika engagieren.

Und das Einzigartige an der Gruppe: Das gesamte Imperium ist auch nach 165 Jahren noch vollständig im Besitz der Familie, die inzwischen in alle Welt verstreut ist, und wird von mehreren Dutzend männlichen Brenninkmeyers in fünfter Generation geleitet. Den ersten kleinen Laden haben Clemens und August Brenninkmeyer unter dem Namen C&A, den Anfangsbuchstaben ihrer Vornamen, 1841 im holländischen Sneek eröffnet. Angefangen hat die Erfolgsgeschichte der Brenninkmeyers aber schon viel früher: vor 350 Jahren, als Vorfahr Johann Gerhard Brenninkmeyer aus dem ländlichen Münsterland auszog, um die Welt zu erobern. Zu Fuß. Mit einem schweren Sack auf dem Rücken, in dem er Leinenstoffe trug, die er an die Bauern in Holland und anderswo verkaufte. Ein einfacher, armer Leinenhändler war er damals, »Tödde« genannt. Mit ihm begann der Aufstieg der Brenninkmeyers. Erst zur Textildynastie, dann zum Weltkonzern.

II. Die Ursprünge

Zu Fuß nach Holland und Russland

Mettingen ist ein typisch westfälisches Dorf im Münsterland. Mit ein paar gepflegten Fachwerkhäusern, einigen kleinen Hotels für Fahrradurlauber, einem gewichtigen Schützenverein und einem parteilosen Bürgermeister. Alles klein, nett, unscheinbar. Nur die katholische Kirche sticht ins Auge. Sie ist eindeutig zu groß für den Ort. Die Gemeinde hätte sich das imposante Bauwerk auch nie leisten können, wenn sie nicht von ungewöhnlich wohlhabenden Spendern unterstützt worden wäre – Spendern, die am Wohl der katholischen Kirche und am Wohl der Stadt interessiert sind. Ihnen verdankt Mettingen auch sein Gymnasium. Sein Altenheim. Das Romantik-Hotel Telsemeyer im Ortskern. Und natürlich das »Tödden«-Museum.

Das Museum erzählt die Geschichte der noblen Spender. Es ist die Geschichte der katholischen Textilhändler aus Mettingen, die schon im 17. Jahrhundert als Leinenhändler – oder »Tödden«, wie sie sich selbst nannten – von Haus zu Haus zogen. Es sind die Brenninkmeyers, die C&A gegründet haben, die Boeckers, Hettlages, Stockmanns, die Lampes und Voss' und andere Handelsfamilien. Die Vorfahren dieser bekannten Kaufhausketten stammen alle aus diesem kleinen Ort nahe Osnabrück. Vor 350 Jahren begannen sie mit Leinen zu handeln. Vor etwa 150 Jahren gründeten sie die ersten Konfektionshäuser und bauten sie zu großen Kaufhausketten aus.

Mettingen ist die Wiege des europäischen Textilhandels. Nicht Berlin, nicht Paris, London oder eine der anderen Mode-Metropolen, wie zu erwarten wäre. Seine große Vergangenheit merkt man dem Ort allerdings nicht mehr an. Heute hat das 12000-Seelen-Dorf mit Textilhandel oder gar Mode nichts mehr zu tun. Weder C&A noch eine der anderen Bekleidungsketten hat hier ihre Zentrale. Sie haben hier keine Geschäftshäuser und auch keine Textilfabriken. Der Ortskern mit seinen kleinen Läden unterscheidet sich in nichts von jeder x-beliebigen Dorfmitte. Nur das Museum erinnert an die großen Söhne der Stadt, die Europa erobert, Reichtümer angehäuft – und (größten)teils auch wieder verspielt haben.

Erst wenige Jahre ist es her, dass die Bekleidungshändler Hettlage und Boecker aufgeben und jeweils Dutzende von Häusern schließen mussten. Die Westfalen waren der neuen, schnellen Konkurrenz von H&M und Zara nicht gewachsen. Einige der Familien haben sich dagegen in der globalisierten Modewelt behauptet. Die Lampes beispielsweise führen verschiedene Textilunternehmen in den Niederlanden. Die Stockmanns leiten unter anderem das größte Kaufhaus Finnlands. Die Cloppenburgs, die zwar nicht aus Mettingen, wohl aber aus dem nahen westfälischen Oldenburg stammen und zur gleichen Zeit als Tödden mit dem Wanderhandel begannen, führen heute noch die Peek & Cloppenburg-Geschäfte (P&C). Und mit C&A haben die Brenninkmeyer-Erben eine der größten Textilketten der Welt aufgebaut, die über Jahrzehnte hinweg europaweit mit weitem Abstand die Nummer Eins war. Die Familie, die dahinter steht, gehört zu den wohlhabendsten Dynastien auf dem Kontinent.

Die Brenninkmeyers verdanken ihr Imperium ihrem Urahn Johann Gerhard Brenninkmeyer, einem streng katholischen westfälischen Bauern. Im Jahre 1671 hat er die Landwirtschaft aufgegeben, den Hof an seine beiden Brüder übergeben und fortan sein Geld als Leinenhändler verdient. Ohne diese Entscheidung hätte es den C&A-Konzern nie gegeben. Johann Gerhard war der erste Textilhändler bei den Brenninkmeyers. In seine Fußstapfen traten seine Söhne, seine Enkel und Urenkel und deren Nachkommen. Die Familie blieb beim Handel mit Textilien. Bis heute – 350 Jahre später.

Inzwischen ist der Textilriese C&A mit über 800 Kaufhäusern in Europa nur ein Zweig des unübersichtlichen, weltweit agierenden Familienkonzerns. Aber auch wenn andere Geschäftsbereiche mehr Gewinn abwerfen, so ist und bleibt C&A »das Herzstück« des Imperiums. Das betont die Familie stets. Auch in Krisenzeiten wie in den 1990er Jahren, als die Kette über Jahre

Verluste in Millionenhöhe einfuhr, kam für die Erben ein Verkauf des Textilgeschäfts nicht in Frage. »C&A ist für die Familie immer ein gutes Investment gewesen und wird es immer sein«, sagt Dominic Brenninkmeyer, der seit 2000 das Deutschland-Geschäft für die Familie leitet, mit Trotz in der Stimme. »Wir sind und bleiben Textilhändler.«

Urahn Johann Gerhard Brenninkmeyer hat von der Reichweite seiner Entscheidung nichts geahnt. Er hat aus der Not heraus gehandelt. Er war kein wohlhabender Großbauer, sondern ein so genannter »Heuerling«, der eine kleine Parzelle Land als Lehen übertragen bekommen hatte und bewirtschaftete. Dieser Hof, der Hof to Weede oder auch Brenninckhof genannt wurde, ist heute ein Teil des Tödden-Museums in Mettingen.

Die Vorfahren von Johann Gerhard Brenninkmeyer waren über Generationen hinweg Heuerlinge gewesen. Sie hatten sich auf den Feldern abgemüht, ohne je gute Ernten einzufahren, denn die Böden im nördlichen Münsterland sind karg und unfruchtbar. Die Erträge von Bauer Brenninkmeyer reichten kaum aus, um sich und seine Familie zu ernähren. Spätabends, wenn die Arbeit erledigt war, saßen er und seine Frau zusammen und suchten nach Auswegen. Die ständige Furcht vor der nächsten Missernte, die ihren Ruin bedeuten könnte, bescherte ihnen viele schlaflose Nächte. Und ihren Nachbarn ging es nicht besser.

Die Schicht der Heuerlinge war arm, stets vom Hunger bedroht. Und sie wurde im 17. Jahrhundert immer größer. Zehn, zwölf Kinder waren bei den Kleinbauern nach dem Ende des Dreißigjährigen Kriegs keine Seltenheit. Der Westfälische Frieden, der im Jahre 1648 in Münster und Osnabrück geschlossen wurde, beendete zwar die Kriegshandlungen. Die Lebensqualität aber – insbesondere auf dem Land – besserte sich lange Zeit nicht. Die zahlreichen Kinder waren die Altersvorsorge der Bauern.

Aber anstatt den Bauern diese nötige Sicherheit im Alter zu bescheren, steigerte die plötzliche Bevölkerungszunahme in den folgenden Jahrzehnten das Elend noch. Immer mehr Heuerlinge mussten sich immer kleinere Parzellen teilen. In Mettingen mit seinen sandigen Böden waren die Zeiten besonders trostlos. Egal, was die Mini-Pächter hier anbauten: Was sie ernteten, reichte kaum zum Überleben. Zumal sie jedes Jahr ihren »Heuer« an den Landbesitzer zu entrichten hatten. Bei den Brenninkmeyers, den Boeckers und Hettlages saß damals ein halbes Dutzend Kinder am Tisch und hatte Hunger. Und die Eltern wussten nicht, wie sie sie satt bekommen konnten.

Das Einzige, was in der Gegend gut wuchs, waren Hanf und Flachs. Daraus fertigten die einfachen Leute Leinen. Die Bäuerinnen setzten sich abends, wenn sie erschöpft von der Feldarbeit nach Hause kamen, noch an die Spinnräder und webten, was sie für Kleidung und Haushaltswaren brauchten. 14 Stunden etwa dauerte es, bis sie ein Stück Leinen hergestellt hatten, das für ein Bettlaken, ein Hemd und ein Handtuch ausreichte. Die Qualität ihrer Hausspinnerei war schlecht, aber sie konnten es sich nicht leisten, in die nächste Stadt zu fahren, um dort »Löwendlinnen« zu kaufen, den festen, robusten Stoff aus dem nahen Tecklenburger Land. Dort gediehen die Gespinstfasern so gut, dass einige Weber professionelle Betriebe gegründet hatten. Das Leinen fand guten Absatz und die Betriebe wuchsen rasch. Tecklenburg entwickelte sich zur Hochburg der industriellen Leinenproduktion.

Das brachte Johann Gerhard Brenninkmeyer und andere Heuerlinge schließlich auf eine zündende Geschäftsidee. Zu Fuß machte er sich auf den Weg nach Tecklenburg. Dort verhandelte er lange mit den Textilbossen, bis sie ihm einige Stoffballen überließen. Die packte er zu Hause in einen großen Rucksack. Und eines Morgens schulterte er die schwere Last und verließ Hof und Familie. Frau und Kinder schauten ihm nach, wie er loszog. Sie wussten nicht, wann er zurückkommen würde, ob er das Leinen wirklich verkaufen und gegen Geld tauschen könnte. Seine Frau dachte an die Mühe, die nun vor ihr lag. Sie würde sich und die Kinder in der kommenden Zeit alleine durchbringen müssen.

Johann Gerhard Brenninkmeyer und die anderen Leinenträger zogen für Wochen und Monate übers Land. Sie gingen von Hof zu Hof und verkauften ihre Ware an Bauern und in kleinen Dörfern. Erst wenn ihr Sack leer war und sie Nachschub benötigten, kehrten sie zurück ins Münsterland, in ihre Heimatorte Mettingen, Recke, Schapen und Hopsten. Die Dörfer, die jeweils nur zwei, drei Kilometer voneinander entfernt sind, liegen nordwestlich von Osnabrück. Hier grenzen heute die Bundesländer Nordrhein-Westfalen und Niedersachsen aneinander, die Niederlande sind nur einen Katzensprung entfernt.

Nach kurzer Pause in der Heimat, wo sie auf den Höfen nach dem Rechten schauten, wanderten die Händler dann wieder mit ihren Packen auf dem Rücken los. Die Westfalen waren strenggläubige Katholiken, und bevor sie zu einer neuen Reise aufbrachen, gingen sie in die St. Annen-Kapelle in Hopsten. Johann Gerhard Brenninkmeyer und seine Tödden-Kollegen erflehten von der Patronin Schutz für ihre Familien, die sie alleine zurückließen, und Schutz für sich auf ihrer langen, harten Reise.

»Hausierer« wurden die Wanderhändler genannt – und das war nicht immer wohlwollend gemeint. In Holland sprach man von »pakkedragers«, Packenträgern. Sie selbst bezeichneten sich als »Tödden« oder »Tüötten«. Die Herkunft des Wortes lässt sich nicht eindeutig klären. Die einen führen es auf das plattdeutsche Wort »toddeln« zurück, andere auf das niederdeutsche »tüederen« oder auf das Englische »to toddle«. In der Bedeutung weichen die Wörter kaum voneinander ab. »Tödden« waren Leute, die »schleppend gehen« oder »herumziehen« mit Ware.

Das war harte Arbeit, noch dazu nicht ungefährlich. Hunderte von Kilometern legten die Brenninkmeyers, Boeckers und Hettlages zu Fuß zurück. Ihre Rücken krümmten sich unter der Last der Rucksäcke, die bis zu 60 Kilogramm wogen. Monatelang waren sie in fremden Ländern unterwegs. Alleine. Zu Fuß. Es gab Strecken, auf denen Johann Gerhard Brenninkmeyer Angst hatte. Die Leinenhändler, beladen mit Ware und Geld, waren ein beliebtes Opfer der Wegelagerer. Manch ein Leinenhändler kehrte nie nach Hause zurück – ausgeraubt und erschlagen an einer einsamen Stelle im Wald. Wenn es möglich war, schlossen die Händler sich deshalb zu kleinen Grüppchen zusammen.

Ärger hatten sie auch an den Grenzübergängen. Damals gab es keine festen Außengrenzen, an denen Zölle erhoben wurden. Zwischen den Kleinstaaten tauchten überall Zollstationen auf, mal hier, mal da. Auf manchen Strecken mussten die Tödden alle paar Stunden einen Schlagbaum mit Zollhaus passieren, an dem Tag und Nacht ein Wächter stand, um Zölle zu kassieren – Grenzzölle, Torzölle, Marktgelder, Brückengelder oder Wegegelder. Die Eintreiber waren einfallsreich genug. Es gab auch Geleitgelder und Wassergelder. Und alles war verhandelbar. Gerieten die Händler an missmutige Zöllner, so wurde ihre Reise meist teuer. Anders verhielt es sich, wenn sie auf

Beamte trafen, mit denen sie in lockerem Ton Neuigkeiten austauschten und ganz nebenher über die zu verzollende Ware verhandelten. Die Tödden verstanden sich auf das Handeln. Auch gegen einen kurzen Schwatz hatten sie nichts einzuwenden. Trotzdem waren sie jedes Mal froh, wenn eine Zollstation hinter ihnen lag – vor allem, wenn sie einen Teil der Ware erfolgreich verschwiegen hatten.

Den Behörden behagte das Treiben der Tödden gar nicht. Diese Wandersleute, die wie aus dem Nichts auftauchten, ihre Ware an der Haustür – ohne Quittung oder Auftragsbücher – verkauften und dann wieder verschwanden, waren dem Staat sehr suspekt. In Preußen beispielsweise erhielten die Boecker-Kaufleute immer nur eine Handelsgenehmigung für ein halbes Jahr. Bei jeder Übernachtung mussten sie sich bei der Polizei vor Ort melden, ihren Reisepass vorlegen und abstempeln lassen. So konnte ihre Reiseroute Tag für Tag nachvollzogen und kontrolliert werden. Wären Lücken aufgetreten, hätte man ihnen die Handelsgenehmigung entzogen. Die Tödden schimpften über die staatliche Schikane. Denn so empfanden sie die Auflagen. Aber sie fügten sich, wenn auch widerwillig, denn Mühe und Ärger lohnten sich. Die ehemaligen Kleinbauern hatten erstmals ein sicheres Einkommen. Der Leinenhandel war ertragreicher und verlässlicher als der Ackerbau. Sie waren nicht vom Wetter und vom Boden abhängig, sondern nur von ihrer Gesundheit, ihrer Kraft und ihrem kaufmännischen Geschick.

Die Westfalen hatten eine Marktlücke entdeckt. Kaufleute mit Geschäften gab es aufgrund der Zunftordnung damals ausschließlich in den Städten. Für die Landbevölkerung war eine Reise in die nächste Stadt aber meist unmöglich. Die Entfernung war zu groß, sie hatten kein Geld, sich in der Stadt einzuquartieren, sie hatten zu viel Arbeit und konnten die Landwirtschaft nicht verlassen. Nun kamen die Wanderhändler zu ihnen an die Haustür. Das war ein neuer Service, den die Landbewohner sehr begrüßten. Innerhalb weniger Jahre expandierte die neue Dienstleistungsbranche. Bald gab es Hunderte von Wanderhändlern im nördlichen Münsterland.

Schnell sprach sich herum, dass die Leinenstoffe der Tödden eine gute Qualität hatten. Und auch die Preise waren in Ordnung. Die Bauern gaben bei den Tödden gleich Bestellungen für neue Ware auf, die sie ihnen auf ihrer nächsten Tour mitbringen sollten.

Die Westfalen trugen verschiedene Arten von Leinen in ihren Rucksäcken. Zuerst einmal zeigten sie ihren Kunden das so genannte Klar. Das war eine feine, gebleichte Leinensorte, aus der die Frauen Krawatten nähen konnten, Schals oder Halstücher. Den einfachen Bauern verkauften sie ihr gröberes Flachsleinen und »Kanevas«, eine rohe ungebleichte flächserne Leinwand, die als Steifunterlage für Kleider verwendet wurde, für Kissenbezüge oder zur Härtung von Knopflöchern.

Wenn Brenninkmeyer auf seiner Tour in einer wohlhabenden Gegend vorbeikam, in der er auch Großbauern oder Städter belieferte, führte er stets einige Lagen »Kammertuch« mit. Ganz vorsichtig, fast ehrfürchtig nahm er dieses edle, teure Leinen aus dem Rucksack, ließ seine Finger darüber gleiten und gab es den Kunden in die Hand, damit auch sie spürten, wie weich, wie rein der Stoff war. Besonders die Kunden in Holland, die wohlhabender waren als ihre westfälischen Nachbarn, kauften den Tödden das Kammertuch ab und ließen sich daraus vornehme Damenhauben und weiche Nachthemden nähen.

Die Tödden, die Richtung Osten nach Preußen zogen, handelten zudem mit Metallwaren – dieser Zweig verdiente sich so den Namen »Messerträger«. Sie trugen Messer, Scheren, Hammer und anderes Werkzeug bei sich. Ursprünglich hatten auch sie Leinen verkauft. Bis zu dem Tag, an dem die preußische Regierung ihnen den Leinenhandel schlicht untersagte. Das war im Jahr 1747 nach der Annexion Schlesiens. Der preußische Staat wollte mit dem Verbot die einheimische Leinenproduktion in Schlesien stützen. Der Protektionismus funktionierte bis zu einem gewissen Grad. Aber auch nach dem Verbot steckten die Münsterländer ganz unten in ihre Rucksäcke immer einige Rollen Leinen, die sie heimlich auf dem Land verkauften.

Mit Leinen und Metallwaren hatten die Tödden sich auf ein Angebot spezialisiert, mit dem sie den Massenmarkt bedienen konnten. Der Bedarf nach Leinen war um 1800 fast so hoch wie nach Lebensmitteln, der Massenware Nummer eins. Auf Platz drei kamen gleich die Metallwaren.

Die vagabundierenden Tödden aus dem Münsterland verkauften ihre Stoffe von Westfalen aus in ganz Europa. Ihre westfälische Sturheit, ihr Eigensinn und ihr kaufmännisches Geschick halfen ihnen, einen Handel von beachtlicher Größe und perfekter Logistik aufzuziehen. Ihre Routen reichten von Nordfrankreich bis nach Skandinavien, von Russland bis nach Holland. Die Waren kauften sie anfangs in Tecklenburg, später auch in Ravensberg und Brabant. Sie lagerten die Stoffe in Warenhäusern in ihrer Heimat, später auch im Ausland, und trugen sie auf dem Rücken zu den Kunden. Im 19. Jahrhundert deckten sich auch die städtischen Einzelhändler mit Stoffen bei ihnen ein. Die Tödden fungierten als Händler und Großhändler zugleich.

Dabei teilten die Familien sich auf. Die Boeckers, Stockmanns und Hettlages zogen nach Norden und Osten bis nach Skandinavien und Pommern und ins Baltikum. Spuren dieser »Oberreichen«, wie sie genannt wurden, finden sich im norwegischen Bergen und im lettischen Riga, ebenso in Tallinn in Estland, in Helsinki und im russischen Nowgorod.

Die Brenninkmeyers, die Lampes und Voss' wanderten Richtung Westen nach Holland. Deshalb hießen sie auch »Holländer«. In einem behördlichen Protokoll der Grafschaft Lingen von 1750 heißt es, dass »die Mannsleute fast die gröste Zeit abwesend sind und ihren Handel in gantz Teutschland, Schweden, Dennemarck, Preussen, Braband, Franckreich, ja nach Spanien treiben, daher sich hier die Leute auf Erlernung der Sprachen, Schreiben und Rechnen gut appliciren.« Den Ackerbau auf den kleinen Parzellen ließen sie »durch die Weiber und Knechte respiciren«. Denn in den wenigen Wochen, die sie zu Hause waren, würden sie »von Bielefeld neuen Vorrath von Leinewand hohlen« und den Rest der Zeit »mit plaisirs« zubringen. Der Begriff »plaisir« wird in den Unterlagen kurz erläutert. Damit war gemeint: Die Tödden »geben sich Mühe, das Landt zu peupliren und rechnen die Catholischen Priester von dieser Zeit an das zu hoffende Tauffgeldt«.

Die Brenninkmeyers betrieben ihren Handel vor allem in der holländischen Küstenprovinz Friesland. Bis 1702 gehörte die Grafschaft Lingen – und damit auch Mettingen – offiziell zum Herrschaftsgebiet der Oranier. Auch wenn sie sich dem protestantischen Holland nicht zugehörig fühlten, so hatte es doch den Vorteil, dass die Tödden bei ihrem Handel dort anfangs als Inländer galten. Und auch nach dem Anschluss an Preußen profitierten sie von dem früheren Bezug zur Republik.

Holland war im 17. Jahrhundert das reichste Land Nordwesteuropas. Zwangsweise zog es die westfälischen Händler über die nur 50 Kilometer entfernte Grenze zu den wohlhabenden Nachbarn. Die Nachfrage nach den Stoffen war groß. Wenn die Brenninkmeyers oder die Lampes in Friesland Station machten, wurde ihre Ankunft sogar von der Kanzel verkündet, damit niemand die Gelegenheit verpasste, neue Ware zu kaufen. In Windeseile sprach es sich herum: Die »pakkedragers« aus Westfalen sind wieder da.

In Holland blühte der Handel. Für die Republik war es das Goldene Jahrhundert, das »gouden eeuw«. Holland bot den Händlern, anders als damals im übrigen Europa üblich, unbeschränkte Handelsfreiheiten. Holland war Seemacht. Der Handel mit Übersee florierte. Dementsprechend wohlhabend war die Küstenregion Friesland, in der die meisten Leute von der Schifffahrt und dem damit verbundenen Handel lebten. Es gab Arbeit hier. Es gab Geld. Aber es gab kein einheimisches Textilgewerbe.

Ein Anfang fern der Heimat: Ihre ersten Geschäftshäuser eröffneten die Westfalen Clemens und August Brenninkmeyer in Holland. Hier das Geschäftshaus in Sneek.

Die Konkurrenz für die Tödden war gering. Die Familien zogen den Handel in Friesland groß auf und behielten das Gebiet über Jahrhunderte fest in ihrer Hand. Die Brenninkmeyers hatten in den Städten Sneek und Leuwaarden die wichtigsten Stützpunkte für ihre Routen. Hier erwarben sie Warenlager. Hier schmiedeten sie abends ihre Pläne, wie sie sich weiter nach Amsterdam und in andere holländische Großstädte ausbreiten könnten.

Über Jahrzehnte hinweg schlugen die Tödden die gleichen Routen ein. Sie nächtigten unterwegs in den gleichen Herbergen. Sie versorgten die gleichen Bauernhöfe mit Waren. Der Amsterdamer Autor Justus von Maurik beschrieb die Brenninkmeyer-Vorfahren um 1900 herum als »flotte Kerle mit einer flachen Mütze auf dem Kopf, einem Sack aus kariertem Stoff auf dem Rücken, einem Ellenstock in der Hand und einer Schere an einer Kette um den Hals. So gingen und kamen sie jahrein jahraus, nach ihren Wanderungen entlang den manchmal abgelegenen Bauernhöfen, bekannt auch in den Herbergen, in denen sie übernachteten und wo sie ihre eigenen Pantoffeln und ihre eigenen langen Pfeifen besaßen.«

Das Pfeiferauchen war einer ihrer westfälischen Gebräuche, die sie mitnahmen in die Fremde. Heimisch aber wurden sie dort nicht. Das Vermögen, das manche Tödden-Familien bald erwirtschafteten, blieb lange Zeit in Westfalen. Besonders wohlhabend waren die Großhändler. Sie kümmerten sich um den Einkauf der Waren, die die Packenträger dann verkauften. Bereits im 18. Jahrhundert gab es in Mettingen mehrere große Handelsgesellschaften wie die ten Brinks und die Moormanns, Stockmann & Kompanie und Voss & Kompanie. Das Umsatzvolumen dieser Unternehmen lag bei 50000 bis 150000 Reichstalern im Jahr, manchmal sogar bis zu 250000 Taler. Das war eine beachtliche Größenordnung. Die Miete für ein einfaches Wohnhaus auf dem Land lag damals bei etwa drei Talern im Jahr. Für 1000 bis 1500 Reichstaler ließ sich ein ordentliches Wohn- und Geschäftshaus bauen. Die Handelsgesellschaft Jan ten Brink & Co., die 1750 gegründet worden war, besaß in der Blütezeit des Fernhandels um die 300 Segelschiffe, die von den holländischen Stützpunkten und ihrer Niederlassung in Batavia, dem heutigen Djakarta, aus in See stachen, um in Ostasien Gewürze zu kaufen. Das ging so, bis die Kontinentalsperre durch Napoleon I. 1806 den Handel des europäischen Festlands mit Großbritannien und der übrigen Welt verhinderte. Das Mettinger Großhandelsunternehmen ging 1810 in Konkurs. Es war einer der verheerendsten und spektakulärsten Pleitefälle der Zeit, der viele Arbeiter in Holland und in Westfalen um ihr Einkommen brachte.

Selbstverständlich gelangten nicht alle Tödden zu einer solchen Kapitalstärke wie die großen Handelsgesellschaften. Aber auch die zahllosen kleinen Packenträger verdienten durchschnittlich 150 bis 200 Taler im Jahr. Das war das Zehnfache von dem, was ein Knecht erhielt. Auch ein Handwerksgeselle bekam – bei freier Kost und Logis – gerade 18 Taler im Jahr ausgezahlt.

Die Westfalen ließen sich die Chance nicht entgehen. In all den Gemeinden, in denen der Boden sich zum Anbau nicht eignete, entwickelte sich der Leinenhandel schnell zum Haupterwerbszweig. Um 1750 gab es mehr als 1000 Fernhändler in der Tödden-Region, die die Ortschaften Mettingen, Schapen und Recke aus der Grafschaft Lingen umfasste sowie Hopsten aus dem Fürstbistum Münster. Allein der Ort Mettingen mit etwa 2000 Einwohnern verzeichnete 271 Wanderhändler. Bis zum Jahr 1800 nahm die Zahl der Tödden noch rapide zu. In den Akten der preußischen Verwaltungsbehörden wurde mit Erstaunen vermerkt, dass »der gesamte Wohlstand der hiesigen Grafschaft vorzüglich auf dem Erwerb der Handelsleute beruhet und selbige ohne solchen nicht bestehen kann«. Das kannte man aus anderen Provinzen nicht. Der Leinenhandel ging im 19. Jahrhundert dann langsam aber sicher zurück, hielt sich aber noch bis zur Jahrhundertwende. So hatten im Jahr 1887 insgesamt 58 Kaufmannsfamilien ihren Wohnsitz in Mettingen.

Jetzt waren sie selbstständige Kaufmänner, keine besitzlosen Pächter mehr wie früher. Aus eigener Kraft – und gegen den Willen der Behörden – hatten sie die Hierarchie der vorindustriellen Klassengesellschaft durchbrochen und sich dabei durch nichts abschrecken lassen – weder durch die weiten, unausgebauten Wege, noch durch Wegelagerer oder willkürliche Zollpolitik. Als Wikinger zu Land sind sie gefeiert worden, als Pioniere der Globalisierung, die sich ein europaweites Handelssystem aufgebaut haben, das 200 Jahre lang Bestand hatte. Als es zusammenbrach, ging daraus das heutige Konfektionsgeschäft hervor. Und auch dabei hatten die Tödden-Nachkommen die Nase vorn.

Vom Pack auf dem Rücken zur Mode von der Stange

Der Hausierhandel versiegte gegen Mitte des 19. Jahrhunderts. Nur noch vereinzelt zogen ein paar Tödden mit ihrer Ware von Hof zu Hof. Gerhard Brenninkmeyer beispielsweise war stur genug, an dieser Tradition festzuhalten, als kaum jemand mehr »strücheln« ging. Er hatte das Geschäft so gelernt und seine Kundschaft hielt dem betagten Tödden die Treue. Wenn er unterwegs war, hatte er sich stets fein herausgeputzt. Nie fehlte der Hut auf seinem Kopf. Nie spannte oder kniff sein Anzug. Der alte Gerhard Brenninkmeyer belächelte die Jungen, die ihm prophezeiten, dass die Zeiten des Wanderhandels vorbei waren, dass die Zukunft in den Konfektionshäusern lag. Nein, er blieb bei dem, was er konnte. Noch bis zur Jahrhundertwende packte er seinen Rucksack, nahm seinen Stock und wanderte los. Er war einer der letzten Tödden.

Das Ende des Wanderhandels bedeutete aber nicht das Ende der Tödden-Familien. Ganz im Gegenteil. Für einige westfälische Textilhändler ging das Geschäft jetzt erst richtig los. Sie eröffneten in den Städten einen Laden nach dem anderen. Das Wandern war überflüssig geworden, weil die Industrialisierung mit dem Einsatz der Dampfeisenbahn bessere Verkehrsverbindungen und einfachere Transportmöglichkeiten brachte. Die Textilhändler konnten sich ihren Nachschub bequem liefern lassen. Auch die Kunden kamen nun in die Läden. Die ländliche Bevölkerung, die nach wie vor sehr wichtig für das Geschäft der Tödden war, wurde gegen Ende des Jahrhunderts mobiler. Schnell erkannten die Tödden-Familien, dass sie in ihren Geschäften viel mehr Textilien absetzen konnten, als sie früher mit einem Pack auf dem Rücken hatten verkaufen können. Überall schossen Fabriken aus dem Boden, die dank billiger Arbeitskräfte und immer besserer Maschinen bald in die Massenproduktion einstiegen. Die Tödden konnten Textilien aller Art in immer größeren Mengen fertigen lassen und stiegen zum Teil selbst in die Produktion ein. Industrieware, vor allem Woll- und Baumwollstoffe aus England, überschwemmte das Festland und wurde zunehmend billiger. Somit wurde Kleidung erstmals für eine breite Kundschaft erschwinglich, die zuvor ihre Kleidung selbst hatte fertigen müssen.

Zugleich lockerte die Politik in den Niederlanden und in Preußen nach und nach die Zunftordnung. Noch vor der Mitte des 19. Jahrhunderts herrschte überall Gewerbefreiheit. Jeder, der einen Gewerbeschein ausgestellt bekam, konnte einen Laden betreiben. Zuvor war dies den Zunftmitgliedern in den Städten vorbehalten gewesen. Jetzt aber schossen Kramläden und später auch Kaufhäuser wie Pilze aus dem Boden.

Die Tödden selbst eröffneten die ersten Textilgeschäfte. Innerhalb weniger Jahre weiteten sie ihre Läden zu großen Ketten aus. Um 1900 besaßen die Westfalen allein in der niederländischen Stadt Leeuwarden 41 Geschäfte. Darunter waren die Firmen »Brenninkmeyer Zonen« von Gerhard, Eduard und Joseph Brenninkmeyer, die Firma »H. Brenninkmeyer« von Heinrich, Felix und Julius Brenninkmeyer und die bis heute bestehende Firma »C&A Brenninkmeyer«, die zu der Zeit in den Händen von Joseph und Georg Brenninkmeyer lag. Neben den Brenninkmeyer-Firmen gab es auch zwei Geschäfte, an denen die Familie Voss beteiligt war, sowie der Engroshandel Gebr. Lampe von Hugo, Anton und Eduard Lampe.

Das Geschäft der Lampes, die heute in Sneek Industriestoffe herstellen, besteht seit 1875. Die Stockmanns hatte es bis nach Helsinki getrieben. Hier gründeten sie 1862 ihr erstes finnisches Kaufhaus. Heute ist Stockmann das größte, schönste, bestsortierte Kaufhaus Skandinaviens. Die Leitung hat nach wie vor die Familie. Sie hat das Unternehmen in eine AG überführt – mit 9500 Mitarbeitern und 182 Filialen in Finnland, Russland, Estland und Lettland. Der Geschäftsführer Karl Stockmann ist ein Enkel des Gründers Heinrich Franz Georg Stockmann, der von Lübeck aus mit einem Postboot nach Helsinki übergesetzt war und sich mit einem Warenhaus selbstständig gemacht hat. 2003 konnte der Enkelsohn 40 Millionen Euro Gewinn verkünden. Zu dem Konzern gehören neben den Kaufhäusern auch ein Versandhandel, Autohäuser und eine akademische Buchhandlung. Zudem hat Stockmann mit der spanischen Erfolgs-Modekette Zara einen Franchise-Vertrag für Finnland und Russland abgeschlossen.

Die Brüder Clemens und August Brenninkmeyer gehörten ebenfalls zu den frühen Ladenbesitzern. Bereits 1841 gründeten sie die Firma C&A. Das war der Grundstein für die bis heute von ihren direkten männlichen Nachkommen geleitete Textilkette. In Sneek hatte es zuvor schon ein Brenninkmeyer-Geschäft gegeben. Das hatten der Vater von Clemens und August, Johann Gerhard, und dessen zwei Brüder – Johann Hermann und Johann Bernhard – im Jahr 1790 eröffnet.

In diesem Geschäft haben die Brüder Clemens und August ihr Handwerk erlernt. Hart war die Lehre bei Vater und Onkel. Anfangs zeigten ihnen die Älteren, wie man mit den Kunden verhandelt, die Ware lobt, um die Preise feilscht und dabei stets freundlich und höflich bleibt. Die beiden Lehrlinge waren fixe Burschen und lernten schnell die Kniffe des Geschäfts. Bald bekamen sie ihre eigenen Rucksäcke und ihre eigene Ware. Wenn sie von ihren Tagesrouten zurückkehrten, wären sie am liebsten direkt ins Bett gefallen, so müde waren sie. Aber so lief das im väterlichen Geschäft nicht. Abends mussten die Lehrlinge erst noch die Geschäftsbücher aktualisieren, bevor sie – nach dem gemeinsamen Abendgebet – schlafen gehen durften.

Clemens und August waren die geborenen Kaufleute. Sie konnten mit Zahlen umgehen und gut verhandeln. Die beiden Brüder waren bei ihren Kunden gerne gesehen. Schlank, groß und gesund (was wichtig war in ihrem Beruf), so kann man sie sich vorstellen. Ihre Gesichter waren schmal. Bei beiden lagen die Augen tief unter den dichten Augenbrauen. Der Blick war wach und streng. Er verriet ihren Ehrgeiz und die Disziplin, auf die sie viel Wert legten. Von ihnen fühlten die Kunden sich nicht hintergangen oder betrogen. Sie verkörperten den »ehrbaren Kaufmann«.

In ihrem Eifer haben sie sich teilweise gegenseitig unterboten. Einmal kam August Brenninkmeyer zu einer Bäuerin auf den Hof, die ihm erklärte, es sei kürzlich schon ein Tödde da gewesen, der ihr sein Leinen verkaufen wollte. Sie habe eigentlich schon zugesagt. Damit ließ sich August nicht abspeisen. Er fragte gleich nach, zu welchem Preis der Tödde den Stoff angeboten habe. Bei ihm bekomme sie das Leinen nämlich billiger. Die Bäuerin musste schmunzeln und ging auf den Handel ein. August maß das Leinen ab, sie bezahlte und verabschiedete sich mit den Worten: »Der Tödde, dem du gerade das Geschäft kaputtgemacht hast, war übrigens dein Bruder Clemens.«

Später teilten die Brüder, wie ihre Nachfahren heute erzählen, die Arbeit untereinander auf. Clemens, der ein fröhlicher und gut gelaunter Mann war, betreute die Einzelhändler, die bei ihnen kauften, und führte seine Söhne und Neffen in die Mühen der Buchhaltung ein. Die meiste Zeit verbrachte er im Laden – es sei denn, es war an der Zeit, offene Rechnungen zu begleichen. Das Eintreiben ausstehender Gelder fiel nämlich auch in seinen Bereich. Sein Bruder August war für diesen Job nicht hart genug. Er hatte ein großes Herz, war »gütig und mitfühlend«, erzählen seine Nachkommen. Clemens dagegen konnte an der Türe eines säumigen Bauern auch mal der Jähzorn überkommen. Eine schlechte Zahlungsmoral war etwas, das die Brenninkmeyer-Brüder verabscheuten. »Stehe immer zu gemachten Absprachen«, pflegte Clemens seinen Nachkommen einzuimpfen. Ein Grundsatz, den die Brenninkmeyers stets berücksichtigt haben. Manch langjähriges Arbeitsverhältnis innerhalb des Konzerns basiert auch heute nur auf mündlicher Absprache.

Kaufmänner durch und durch: Die Brüder Clemens und August Brenninkmeyer legten 1841 den Grundstein für das heutige C&A-Imperium

August Brenninkmeyer war der ruhigere der beiden Brüder. Still und ernst verrichtete er seine Arbeit. Es wäre jedoch falsch, ihn als Eigenbrötler zu bezeichnen, betonen die Brenninkmeyers. Er war »eine beeindruckende Persönlichkeit«. Er erledigte die Geschäfte mit den Bauern und Bäuerinnen und zeigte den Lehrlingen auf seinen Touren die Kniffs beim Verkauf. Von ihm lernten sie, ihre Kunden stets freundlich und zuvorkommend zu behandeln, ohne aufdringlich zu werden. »Gib dir alle Mühe im Verkauf«, sagte er, »denn es wird sich lohnen.« Unter den zahlreichen Tödden-Familien aus Westfalen war er vor allem berühmt dafür, dass er die Strecke von Mettingen bis nach Sneek in nur drei Tagen lief. Das schaffte sonst niemand.

Für Clemens und August stand früh fest, dass sie sich selbstständig machen wollten. Sie träumten von ihrem eigenen Laden. Gleich nach der Lehre eröffneten sie in Sneek, nicht weit entfernt vom Geschäft des Vaters, ihre eigene Firma. Mitte 20 waren die beiden Brüder damals. Anfangs mieteten sie für ihren Stoffvorrat ein Warenlager an. Leinen- und Baumwollstoffe lagen dort, Satin, Duffle, Bettzeug, Laken und komplette Aussteuergarnituren. So machten das damals auch ihre Tödden-Verwandten. Bald aber kam den beiden Brüdern der Gedanke, sie könnten das Lager auch als Geschäftshaus nutzen. Samstags und dienstags, an den Markttagen in Sneek, öffneten sie das Lagerhaus fortan für die kleinen Kaufleute vor Ort, die sie als Großhändler mit Stoffen versorgten. An den übrigen Tagen war das Lager geschlossen und sie kümmerten sich um die Bauern.

Die beiden Brüder waren extrem sparsam – ein Wesenszug, den der Clan sich bis heute bewahrt und der den folgenden Generationen ein gewaltiges Vermögen beschert hat. 1000 Gulden Gewinn wiesen Clemens und August in ihrer ersten Jahresbilanz aus. Das war ein guter Start. Den Überschuss teilten sie brüderlich, obwohl Clemens bei der Gründung der Firma nur 556 Gulden eingebracht hatte, August aber mehr als 2500 Gulden. Aber er kam gar nicht auf die Idee, seinen Vorsprung bei der Gewinnverteilung zu verrechnen. Die beiden Brüder entnahmen dem Geschäft in den kommenden Jahren immer nur das Nötigste. Den Rest legten sie beiseite, um neu zu investieren. Sie hatten große Pläne für ihr Unternehmen. Und ihre bescheidene Lebensführung zahlte sich aus. 1861 konnten die Brüder ihr ehemaliges Lager zu einem richtigen Geschäftshaus umbauen. Der Laden hatte nicht wie andere Geschäfte zwei große Schaufenster, sondern nur eins, was den laut Roger Miellet inzwischen sehr bekannten Kaufleuten in Sneek den Spitznamen »Die Gebrüder Einauge« einbrachte. 1878 zogen die beiden gealterten Pioniere sich aus dem Unternehmen zurück und übergaben die Verantwortung an ihre

Nachkommen. Vier Söhne von August und vier Söhne von Clemens trieben das Geschäft voran.

Sie gründeten 1881 eine Filiale in Leeuwarden. 1893 wagten sie sich nach Amsterdam, mitten in das Zentrum der Konfektionsläden, in den Nieuwendijk. In dieser Straße hatten sich bereits Mitte des Jahrhunderts knapp 90 Textilgeschäfte angesiedelt. Ein paar Häuser entfernt von C&A hatte Peek&Cloppenburg ein Geschäft, ein paar Häuser in die andere Richtung die Lampes. Kurz darauf eröffneten die Brüder Brenninkmeyer bereits ein zweites Geschäft in der pulsierenden Handelsstadt. Noch vor der Jahrhundertwende hatten sie ein Dutzend Standorte in den Niederlanden – in Rotterdam, Den Haag, Leiden, Haarlem, Utrecht, Arnheim, Enschede, Zwolle und Groningen. Überall prangte ihr Zeichen »C&A Brenninkmeijer« an den Fassaden eines Geschäftshauses.

Von Holland aus breiteten die Brenninkmeyer-Nachfahren sich unaufhaltsam in der ganzen Welt aus. Zuerst gingen sie nach Deutschland, wo sie 1911 in Berlin ihre erste Filiale eröffneten. Es folgten in rascher Folge Hamburg, Köln und Essen. In den 20er Jahren zogen sie über das Festland hinaus nach England. 1948 wagten sie mit zwei Geschäften in New York den Sprung nach Übersee. 1980 gab es weltweit bereits ungefähr 500 C&A-Geschäfte.

In ihrem Sortiment führten die Kaufleute Ende des 19. Jahrhunderts nicht mehr nur Leinenstoffe, sondern auch Konfektionsware. Schon die Packenträger hatten in den Jahren zuvor ihr Angebot auf Wollsachen, Seide und andere Stoffe ausgeweitet. Zunehmend boten sie auch Socken, Hemden, Mützen und fertige Hosen an. Es war der Sohn von August, Clemens, der das Potenzial für die fertige Ware erkannte.

Für Clemens junior war der Name eine Herausforderung. Er eiferte seinem Onkel und seinem Vater nach, er wollte sich als Kaufmann beweisen. So war auch er anfangs noch jahrelang mit dem Packen auf dem Rücken von Hof zu Hof gezogen. Die Zukunft aber stellte er sich anders vor. Er baute den Verkauf in den Läden aus und setzte durch, dass C&A neben den Stoffen auch fertige Ware, Konfektionsware, anbot. Er war einer der Ersten, der auf diesen Trend gesetzt hat. Die Kunden wollten nicht mehr selbst nähen oder nähen lassen. Sie wollten fertige Mäntel kaufen, Socken, Hosen, Blusen. Alles.

Anfangs beschränkten die Brenninkmeyers sich auf Damenbekleidung, in erster Linie auf Damenmäntel. In der Nähe des Ladens in Sneek mieteten sie ein Atelier an, in dem die Kundinnen sich aus den Stoffen, die sie bei C&A kauften, Kleidung nähen lassen konnten: Damen- und Mädchenmäntel und die damals modernen Damenleibchen, eine Art Mantel-Kostüm mit einem engen Dreiviertеljäckchen, das jeder Kundin auf den Leib geschneidert wurde, da es noch keine Standardgrößen gab.

Nachdem die Damenkonfektion so gut nachgefragt wurde, beschloss Clemens, es mit einem Herrenladen zu versuchen. Für das erste Geschäft, in dem die Brenninkmeyers ab 1898 Hosen und Hemden anboten, wählten sie ein ihnen vertrautes Pflaster: Sneek. Erst danach wagten sie sich auch mit einem Herrenladen nach Amsterdam.

Clemens war ein wortgewaltiger Kaufmann, der zu Hause in Mettingen deshalb voller Ehrfurcht »Pastor Brenninkmeyer« genannt wurde. Ihm verdankt die Familie nicht nur den frühen Einstieg in den Konfektionshandel, sondern auch die internationale Expansion der Textilkette.

Wenn er bei seinen Heimataufenthalten in Mettingen mit den Hettlages zusammentraf, musste er allerdings feststellen, dass diese ihm beim Handel mit Kleidung von der Stange um Längen voraus waren. Gerhard Hettlage war der erste Mettinger, der es schaffte, Fertigkleidung für Herren in großem Stil zu verkaufen. Die Hettlage-Häuser waren immer schon groß und überhaupt nicht mit den ersten kleinen Geschäften der Brenninkmeyers zu vergleichen. Während bei C&A in Sneek und Leeuwarden ein paar Näherinnen die Mäntel für die Kundinnen zurechtschnitten, orderte Gerhard Hettlage bereits große Mengen Herrenmäntel in Fabriken.

Das Geschäft der Hettlages war von Anfang an eng verwoben mit dem der Boeckers – ebenso wie ihre familiären Bande. Die Textilketten Hettlage und Boecker gehen auf Stammvater Johann Heinrich Boecker zurück. Er hatte Mitte des 18. Jahrhunderts seine Karriere in alter Tödden-Tradition als Messerträger begonnen. 1750 erhielt er von Friedrich dem Großen den Freibrief von der Leibeigenschaft und war fortan zum Handel berechtigt. 25 Jahre später erwarb er im heute polnischen Greifenhagen einen Marktstand. 1786 ließ er sich dort mit einem Geschäft ins Handelsregister eintragen. Einen weiteren Laden eröffnete er in Fiddichow südlich von Stettin.

Es waren kleine, bescheidene Geschäfte, die ihm als Lagerraum dienten. Nach und nach begann er, dort auch seine Ware zu verkaufen: Solinger Stahlwaren, Messer, Töpfe, Scheren sowie Leinenstoffe. Johann Heinrich Boecker baute die Läden kontinuierlich aus. Bald schon holte er seine Söhne ins Geschäft. Drei seiner vier Jungs gingen bei ihm in die Lehre. Der vierte hatte, sehr zum Ärger des Vaters, »eine Evangelische« geheiratet und war damit vom Geschäft ausgeschlossen.

Die Lehre war eine harte Schule bei den Tödden-Familien. Sie lebten zusammen mit einer Haushälterin und den alten Tödden in einem Haushalt. Die alten Herren setzten sich abends zum Kartenspielen zusammen, während die Jungen die Öfen heizten, die Petroleumlampen putzten und die Pfeifenkästen auffüllten. Und wehe, sie waren nachlässig in ihren Aufgaben! Feierabend, Ausgehen, das gab es nicht. Abends um 22 Uhr wurde gemeinsam gebetet, anschließend war Bettruhe. Sonntags besuchte man den Gottesdienst – auch wenn die Kirche weit entfernt war. Die Fiddichower zum Beispiel mussten sonntags drei Stunden zur Kirche nach Schwedt rudern. Und auf dem gleichen Weg wieder zurück.

Nach den Lehrjahren konnten die »jungen Männer«, wie die Lehrlinge bei den Tödden hießen, dann als Teilhaber ins väterliche – oder vetterliche oder brüderliche – Unternehmen einsteigen. Der erste Posten auf ihrem Gehaltskonto allerdings war nicht ihr erster Lohn, sondern die Schuldsumme für ihre Lehrzeit. So fingen auch die drei Boecker-Söhne mit einem großen Minus bei ihrem Vater an, das sie abarbeiten mussten. Als der Gründer aus dem Geschäft ausstieg, kehrte er – in guter Tödden-Manier – nach Mettingen zurück in den Ruhestand.

Bei seinen drei Söhnen lief das Geschäft nicht recht. 1808 waren sie drauf und dran, aufzugeben und die Läden zu schließen. Sie baten ihren Schwager Georg Hettlage aus Mettingen, zu kommen. Der war ein cleverer Kaufmann und hatte das Vertrauen der Boecker-Brüder, da er gleich mit zweien von ihnen verschwägert war. Die Boeckers setzten sich abends mit dem Schwager in eine Gaststube und klagten ihm ihr Leid. Georg Hettlage riet den Boeckers dazu, die Läden nicht aufzugeben. Kurz entschlossen blieb er vor Ort und stieg ins Geschäft ein.

Als erste Maßnahme beschloss er, von den Stahlwaren Abstand zu nehmen und ganz auf Textilien umzusatteln. Das erwies sich als kluger Schachzug. Die Läden florierten und bald schon war der Markt in Pommern für die vielen Boecker- und Hettlage-Kinder zu klein. Sie mussten sich anderorts selbstständig machen. Georgs dritter Sohn, Gerhard Heinrich Hettlage, ging nach Bielefeld und gründete dort ein Geschäft. Als jungen Mann holte er sich seinen jüngeren Neffen Gerhard in die Firma. Gerhard wurde in der Familie schlicht »G« genannt. Die Verwandten mussten sich häufig Spitznamen einfallen lassen, um die vielen Gerhards, Johanns, Hermanns oder Georgs voneinander unterscheiden zu können. »G« war es, der im großen Stil in den Handel mit Fertigkleidung einstieg.

Die Qualität der industriell vorgefertigten Kleidung war anfangs miserabel. In den Fabriken wurden keine feinen Anzüge oder schicke Abendkleider gefertigt. Das war weiterhin Sache der Schneider. Auch die Damenmäntel, die C&A anbot, waren keine Massenware, ließen die Brenninkmeyers sie doch in ihren Ateliers selbst nähen. Industriell gefertigt wurden vor allem Arbeitsanzüge, billige, schlecht sitzende Berufskleidung für die Arbeiter an den Maschinen. Ihren ständig steigenden Bedarf konnten die Schneider nicht decken. Der Lohn eines Schneiders war dafür viel zu hoch. Das Nähen per Hand dauerte zu lange. Erst nach und nach gingen die Fabriken dazu über, auch Damen- oder Herrenmode zu produzieren.

Den Startschuss für die Massenfertigung gab die Erfindung der Nähmaschine im Jahr 1846. Zuvor hatte die arme Bevölkerung die Kleider selbst zu Hause genäht. Nur die Wohlhabenden waren zum Schneider gegangen. Der hatte bei jedem Kunden Maß genommen und das gewünschte Kleidungsstück dann in Handarbeit genäht. Mit der Nähmaschine wurde alles anders. Das Nähen ging plötzlich schnell. Noch schneller ging die Produktion, als man nicht mehr einzeln Maß nahm, sondern anfing, mit Schnittmustern zu arbeiten. Hosen, Röcke, Hemden konnten in bestimmten Standardgrößen dutzend- und hundertweise genäht werden. Die fertigen Kleidungsstücke wurden dann auf einen Ständer gehängt. Das war Konfektion, »Kleidung von der Stange«.

»G« Hettlage hat sich auf die Herrenkonfektion spezialisiert. Er habe »entscheidend am Siegeszug der Herrenfertigkleidung mitgewirkt«, schreibt Theodor Bohner in seiner Einzelhandelschronik *Der offene Laden.* Lange

Zeit sei Hettlage als der erste Textilhändler gefeiert worden, der Herrenkonfektion im Laden angeboten hat. Das ist allerdings nicht richtig. Als »G« einstieg, gab es schon einige große Konfektionsgeschäfte mit Herrenmode in Großstädten wie Paris und Wien. Die Kaufhäuser in Berlin hatten sich auf Damenmode spezialisiert, vorwiegend auf Damenmäntel.

Gerhard Hettlage war einer der Ersten, der die Vorzüge des »Outsourcing« erkannte und seine Ware massenweise in anderen Betrieben, in Stettiner oder Berliner Kleiderfabriken, produzieren ließ. Er forderte die beste Ware von seinen Händlern: »Bringen Sie etwas anderes und Besseres als dieses«, impfte er ihnen ein. »Dann kommen wir ins Geschäft.« Das war ein großer Ansporn für die Fabrikbesitzer. Denn »G« Hettlage orderte in Mengen, die für die damaligen Verhältnisse außergewöhnlich groß waren, da ging es nicht um ein oder zwei Häuser, sondern um alle, sprich etwa ein Dutzend Hettlage-Geschäfte.

»G« selbst hatte sich mit einem Geschäft in Elberfeld bei Wuppertal selbstständig gemacht, in dem er von Herren- und Damenbekleidung bis hin zu Bettwäsche, Schürzen und Kitteln alles führte. Gerhard schnitt die Stoffe anfangs noch selbst in großen Mengen zu und gab sie dann zum Nähen nach Aachen und Münster in verschiedene Klöster. 1894 eröffnete er ein für die damalige Zeit riesiges Geschäft in Düsseldorf. Hier führte er feste Preise für die Kleidung ein. Ein Novum für die Zeit. Die Preise standen in kleinen Büchlein, die die Lehrlinge bei den Bauern in der Umgebung an die Stubenwand nagelten.

In Düsseldorf ließ Hettlage industriell fertigen. In dieser Größenordnung konnte er nicht mehr selbst zuschneiden. An manchen Tagen gingen dort 7000 Kleidungsstücke über die Ladentheke, vor allem Arbeitsanzüge. Sieben Tage in der Woche war das Geschäft geöffnet, von 7.30 Uhr bis 19 Uhr. Hauptverkaufstage waren die Sonntage, und an speziellen Sonntagen im Jahr lief das Geschäft besonders gut. Die Kunden reisten aus großen Distanzen nach Düsseldorf. Die Bauern rückten – fein zurechtgemacht in ihren Trachten – häufig mit der ganzen Kinderschar an. Vor Himmelfahrt kauften sie Kommunionsanzüge, vor Allerheiligen dunkle Mäntel für den anstehenden Friedhofsbesuch. Am Sonntag vor Palmsonntag im Jahre 1912 befanden sich abends Tagesumsätze in Höhe von 50000 Mark in der Kasse. Nach solchen Kampftagen dauerte es häufig bis Mitternacht, bis die Lehrjungen den Laden wieder aufgeräumt hatten.

1914 übergab »G« die Geschäfte an seinen jüngeren Bruder Bernhard. Schon in den Jahren davor hatte er viele seiner Lehrlinge in die Selbstständigkeit entlassen. Die jungen Hettlages, die bei »G« gelernt hatten, ließen sich nach der Lehrzeit unter seinem Namen mit einem Geschäft nieder. Er half ihnen dabei und gab ihnen, wenn nötig, eine Finanzspritze für die Anfangszeit. Dafür war er dann an den Umsätzen beteiligt und erhielt Zinsen für seine Einlage.

Manchmal nahm »G« neben den Söhnen, Vettern und Neffen der Hettlages auch Nachkommen anderer Mettinger Familien auf, die ihm von seinem alten Schullehrer als besonders pfiffig und eifrig empfohlen wurden. Sie gehörten von da an quasi zur Familie Hettlage und bezogen eine Dachstube im Geschäftshaus oder schliefen unter der Ladentheke, wenn es sonst keinen Platz gab. Die Lehrlinge arbeiteten von morgens früh, wenn sie den Laden aufschlossen, bis abends spät. Nach Ladenschluss hatten sie noch die Buchführung und die Geschäftspost zu erledigen. Wenn »G« einen Lehrling bei einem Fehler oder einer Schlamperei erwischte, gab er gleich Meldung an die Köchin: »Der junge Mann bekommt heute nichts zu essen.« Urlaub, um nach Hause zu fahren, gab es frühestens nach zwei Jahren. Und auch dann nur für ein paar Tage.

Die Ausbildung bei Gerhard Hettlage war legendär. Um die Jahrhundertwende herum galt sie unter Branchenkennern als die hohe Schule für Herrenverkäufer. Die, die bei ihm gelernt haben, beschrieben ihn zwar als streng, aber auch als feinen Mann. Still, väterlich und stets freundlich und aufmerksam gegenüber den Kunden. Er konnte allerdings auch sehr ungehalten werden, wenn die Umsätze sich nicht so entwickelten, wie er sich das vorstellte. Seinem Vetter Alois Hettlage und Neffen Otto Lampe in Osnabrück beispielsweise schrieb er 1905 mehrere Briefe folgender Art: »Lieber Vetter und Neffe, ... Eure Einnahmen sind gegen sämtliche übrigen Geschäfte viel, viel zu klein. Ich bin mit Euren diesjährigen Leistungen nicht zufrieden. Dieses muss anders kommen ... In gut acht Tagen erwarte ich günstigere Einnahmeberichte.« Das Geschäft führten Alois Hettlage und Otto Lampe zwar selbstständig. »G« aber fühlte sich zur Aufsicht berechtigt, da er anfangs 70000 Mark in den Laden gesteckt hatte.

Hettlage-Geschäfte gab es zu dem Zeitpunkt in Düsseldorf und Essen, in Gelsenkirchen, Herford, Köln, Duisburg, Dortmund, Bielefeld, Münster, Kassel und Osnabrück. Ebenso in Trier, München und Würzburg.

Die anderen Tödden-Familien waren ähnlich erfolgreich. Die Boeckers besaßen zahlreiche Häuser im Rhein-Ruhr-Gebiet, die Brenninkmeyers ein Dutzend Geschäfte in Holland. Sie hatten sich auf die Niederlande konzentriert, wo sie traditionell als Tödden gehandelt und sich bereits einen Namen gemacht hatten. Zu Beginn des 20. Jahrhunderts standen sie kurz vor der Eröffnung ihres ersten Geschäfts in Deutschland und damit vor der Rückkehr in die Heimat ihrer Vorfahren.

»Einer für alle und alle für einen«

Um 1900 betrieben die Brenninkmeyers nur Geschäfte in den Niederlanden. Viele von ihnen wurden in Deutschland geboren, wuchsen in Westfalen auf und gingen erst nach Holland, wenn ihre Lehre begann. Die Töchter betraten nie holländischen Boden. Trotzdem waren sie alle Niederländer. Bis heute halten sie an dieser Tradition fest. Egal in welchem Land der Welt sie geboren werden und wo sie leben: Sie haben alle einen niederländischen Pass. Daneben nehmen sie, wo es möglich ist, eine zweite Staatsbürgerschaft an. Dominic Brenninkmeyer beispielsweise, der Deutschlandchef von C&A, ist in London geboren und aufgewachsen. In den Niederlanden hat er erstmals mit 19 Jahren gelebt, als er dort bei C&A lernte. Er besitzt einen niederländischen und einen britischen Pass. »Ich fühle mich als Brite«, sagt er. Niederländer ist er aus Familientradition. So ist das auch bei seinen Cousins und Onkeln, bei seinen Kindern und Neffen.

Nun könnte man meinen, dass die Brenninkmeyers die Niederlande auch als ihre Heimat ansehen, sich in Sneek, in Leeuwarden oder Amsterdam zu Hause fühlen, wo Clemens und August die ersten Geschäfte eröffneten und wo sie noch heute große Besitztümer haben. Dem ist aber nicht so. Die Heimat der Brenninkmeyers ist und bleibt Mettingen, auch wenn die heute weltweit verstreut lebende Familie schon vor mehr als 150 Jahren aus diesem westfälischen Dorf weggegangen ist.

Warum die Westfalen nun Holländer wurden und doch im Münsterland zu Hause sind? Das ist so eine Marotte der Familie. Die Tödden-Vorfahren haben Mettingen nie wirklich verlassen. Sie haben in Holland gearbeitet, dort Häuser gekauft, sich einbürgern lassen, aber ihren Lebensmittelpunkt haben sie nicht nach Holland verlegt. Welche Staatsbürgerschaft sie annahmen, war eine rationale, rein geschäftliche Entscheidung. Wo sie ihre Heimat sahen, war dagegen eine Herzensangelegenheit. Die Historikerin Hannelore Oberpenning kommt zu dem Schluss: »(Die Tödden) änderten ihre Staatsangehörigkeit, wie es ihnen gerade sinnvoll erschien.«

Die erste Einwanderungswelle der Tödden erlebte Holland Mitte des 18. Jahrhunderts. Damals wollten die Kaufleute schlicht und einfach der Wehrpflicht in Preußen entgehen. Die Soldaten wurden seit 1735 nach dem so genannten Kanton-System von König Friedrich Wilhelm I. eingezogen. Das bedeutete, dass in jeder Region Preußens eine bestimmte Anzahl von Soldaten rekrutiert wurde. Die Tödden aber wollten nicht zum Militär. Da wanderten sie lieber aus, zumal das Ausland nicht weit entfernt war. Wer in Holland handelte, ging nach Holland. Viele andere ließen sich einfach im Fürstbistum Münster nieder – sprich im Nachbarort Hopsten. Der preußischen Obrigkeit entging das nicht. Sie war sogar der Meinung, die Tödden hätten den Wanderhandel überhaupt nur aus dem Grund angefangen, um sich durch Aufenthalte im Ausland vor dem Militärdienst zu drücken. Mehrere Tödden-Familien drohten bei der zuständigen Wehrkommission offen mit einer Übersiedelung.

Da die Regierung nichts gegen die Militärflucht unternehmen konnte, kam sie den Tödden entgegen und sicherte sich einen finanziellen Ausgleich. Ab 1748 konnten sie sich gegen ein gewisses »Wehrbefreiheits-Geld« vom Militärdienst freistellen lassen.

Für die Treue der Tödden zu Mettingen gibt es vielerlei Gründe. Sie wurden in den Gebieten, in denen sie ihre Waren verkauften, einfach nicht heimisch. Sie selbst wollten es nicht, aber auch die Einheimischen ließen das nicht zu. Als Hausierer waren die Tödden zwar bei der ländlichen Kundschaft beliebt. Bei den Geschäftsleuten vor Ort aber und bei den Behörden hatten sie nicht den besten Ruf. Die Vorwürfe gegen die Tödden waren allerorts gleich – ob in Holland, in Preußen oder Skandinavien. Sie wurden als Steuerhinterzieher und als durchtriebene Katholiken beschimpft, die ihre Ware heimlich über die Grenzen schmuggelten.

Der Katholizismus der Wanderhändler hat sehr stark zu ihrer Isolation beigetragen. Fast überall, wo sie handelten, bewegten sie sich unter Protestanten. Die Holländer verabscheuten Katholiken und die Tödden insbesondere, weil die Münsterländer ihren Katholizismus so bewusst vor sich her trugen. Die Grafschaft Lingen, aus der die Tödden stammten, gehörte – bis auf kurze Phasen – von 1596 bis 1702 zu Holland. Das regierende Geschlecht der Oranier war tief protestantisch. »Sie gingen streng vor gegen die Katholiken«, heißt es in dem Buch *Die Tüötten in ihrem Handel und Wandel* von Hubert Rickelmann, der sich intensiv mit der Geschichte Mettingens und seiner Bewohner auseinander gesetzt hat.

Die Westfalen trotzten allen Verboten, Drohungen und Strafen. Als die Oranier ihnen die Ausübung sämtlicher kirchlicher Handlungen verboten, hielten die Mettinger ihre Gottesdienste, Trauungen und Taufen nachts in ihren Bauernhäusern oder im Freien ab. Als die Oranier die katholischen Priester aus ihren Pastoraten warfen und die Kirchen schlossen, gingen die Tödden sonntags über die Grenze nach Hopsten zum Gottesdienst. Die Mettinger mussten für die heimlichen Gottesdienste und wegen ernsthafter, gewaltsamer Widersetzungen gegen die Oranier viel Bußgeld zahlen. 1702 fiel die Grafschaft Lingen an Preußen, und die Tödden hofften auf bessere Zeiten. Aber die neuen Herren hatten für die Katholiken ebenso wenig Sympathien. Der König änderte vorerst nichts an den Verboten der Oranier. Die Tödden richteten einen Bittbrief nach dem anderen an ihn, ließen sich durch seine Ignoranz nicht entmutigen und erreichten, dass er ihnen schließlich 1717 die Ausübung der Gottesdienste zusagte. Diesen Erlass erteilte er freilich erst gegen die Zahlung von 5000 Talern.

Den städtischen Kaufleuten in Preußen kam die Abneigung gegen die Katholiken gerade recht. Es gibt einen Brief, in dem ostpreußische Kaufleute und Handwerker die Tödden gegenüber den Behörden anschwärzten. Die Westfalen seien »eine Gattung von Menschen, die so gut wie der Jesuitenorden ausgerottet zu werden verdienen. Sie haben unter sich einen ganz besonderen Orden, und sind verschworen untereinander. Es stehet Einer für Alle und Alle für Einen.«

»Einer für Alle und Alle für Einen«, so lautete der Leitspruch der Tödden. In der Fremde hielten die katholischen Familien zusammen – auch wenn sie zu Hause Konkurrenten waren. Sie teilten sich Zimmer und Lagerräume auf ihren Reisen. Sie verständigten sich in einer Geheimsprache, dem Humpisch, um ihre Betriebsgeheimnisse zu schützen. »Dat Grüseken flackt«, riefen sie sich beispielsweise im Laden zu, wenn einer sah, wie ein Mädchen etwas klaute. Geld hieß bei ihnen »Büchte«, bezahlen »bequinten«. »De Tüötten strüchelten um Büchte te quinten« bedeutete: »Die Tödden reisten umher, um Geld zu verdienen.« Sie verfassten auch ihre Notiz- und Auftragsbücher in der Geheimsprache, für den Fall, dass Unbefugte sie lesen würden.

In dieser Zeit entstand der Zusammenhalt, die Verschworenheit, die den Brenninkmeyer-Clan noch bis heute prägt. »Eendracht maakt Macht« – »Gemeinschaft macht stark« ist an einem der Töddenhäuser in einen Holzbalken geritzt. Die Losung galt für die Familie. Fremden gegenüber waren sie eher verschwiegen und sehr misstrauisch. »Gesteh kein Sünd ans Hausgesind« ritzten sie in die Holzbalken ihrer westfälischen Höfe. In die Unternehmen wurde nur aufgenommen, wer aus der Tödden-Region stammte. Am liebsten waren den Kaufleuten Verwandte oder aber Nachkommen aus einer der anderen Tödden-Familien.

Völlig undenkbar erschien es ihnen, die Leitung der Geschäfte in die Hände von familienfremden, angeworbenen Leuten zu geben, was andere Handelsgesellschaften zu der Zeit bereits praktizierten. Auf die Familie war in geschäftlichen Dingen mehr Verlass als auf Fremde, hieß es bei den Westfalen. Und Nachwuchs gab es ja reichlich! Die C&A-Gründer Clemens und August Brenninkmeyer hatten 43 Enkelkinder. Allein Clemens, der wortgewaltige Sohn von August, schenkte der Sippe neun Söhne und vier Töchter. Bernhard Hettlage hatte vier Söhne, von denen der erste fünf Kinder hatte, der zweite neun, der dritte 15 und der letzte, der früh verstarb, immerhin fünf.

Diese Tradition hatte ein sehr kompliziertes unternehmerisches Geflecht der Familien zur Folge. Vater und Sohn, Brüder und Vettern gründeten Häuser, trennten sich wieder, um sich mit anderen Töddenfamilien zusammenzutun – mit denen sie häufig auch um ein paar Ecken verwandt oder verschwägert waren. Die Hettlages beispielsweise waren familiär mit allen Tödden-Familien in Mettingen verbandelt. Beruflich stiegen sie bei den Boeckers ein, um später selbst Boecker-Kinder, Lampes und andere Tödden-Nachkommen auszubilden. Einzig die Frauen hatten mit den verwirrenden Geschäftsverbindungen nichts zu tun. Frauen und Geschäft, das waren bei den katholischen, patriarchalischen Unternehmern zwei getrennte Bereiche. Vor ihren Frauen oder Töchtern redeten die Männer nicht einmal über das Geschäft. Und wenn es doch notwendig war, dann taten sie es in ihrer Geheimsprache, die die Frauen nicht verstanden. »Handelssache ist Männersache«, lautete die Devise der westfälischen Händler. Das ging so weit, dass die Tödden-Frauen nur Einkäufe erledigen durften, die den Betrag von vier Groschen und vier Pfennigen nicht überstiegen.

Die meisten Vorwürfe und Anfeindungen gegen die Tödden hatten jedoch einen handfesten ökonomischen Hintergrund. Es waren die städtischen Geschäftsleute vor Ort, die gegen die Konkurrenz aus Westfalen wetterten. Die Tödden nämlich boten ihr Leinen billiger an und warben den Städtern die ländliche Kundschaft ab.

Am schwierigsten war es für die Wanderhändler in Preußen. Die Beamten dort erließen immer neue Vorschriften, die ihnen das Leben schwer machten. Mehrfach erhöhten sie die Steuern, um die Wanderhändler abzuschrecken. Schon 1724 erließ Preußen die Akzise-Ordnung, um den Wanderhandel lahm zu legen. Der Staat verbot darin den Handel auf dem Land, besiegelte damit das städtische Monopol und erhob eine indirekte Steuer auf Textilwaren.

Eigentlich hätte dies das Aus für die Tödden bedeuten müssen. Die Händler aber waren kluge Geschäftsleute. Nach Einführung der Akzise wanderten mehrere Linger Geschäftsleute aus Mettingen und Recke kurzerhand nach Hopsten im Fürstbistum Münster ab. Dort wurde die Handelspolitik viel lockerer gehandhabt als in Preußen. Es war ein Steuerparadies. Der Textilhändler Theissen, einer der wohlhabendsten Großhändler Preußens, schloss nach der Akzise-Ordnung sein Geschäft in Schapen und zog mitsamt seinem Vermögen von mindestens 50000 Reichstalern nach Hopsten. Dort kann man noch heute das von ihm 1750 erbaute prächtige Wohnhaus bewundern. In dem Fachwerkhaus befindet sich das Hotel Kerssen-Brons.

Ob als preußische Untertanen oder als Münsterländer – die Tödden-Familien ließen sich von den staatlichen Erlassen nicht abschrecken. Ihre »Frechheit und Verwogenheit«, schrieben die Königsberger Kaufleute den Behörden, »scheint von Tag zu Tag größer zu werden, indem sie ohngeachtet sie gantz frembde Leuthe, auch weder Ew. Königl. Majestät Unterthanen, noch unsere Glaubensgenossen, sondern abgesagte Feinde unserer Religion und Münstersche Unterthanen sindt, gantz muthwillig frech ... undt höchst straffbahr ihre ungebührliche Winckel-Kuppeleyen undt verbohtenes Hausiren fortsetzen«.

Solche Briefe gingen bei den staatlichen Autoritäten regelmäßig aus allen Teilen des Landes ein. Friedrich der Große verbot es 1747 den Untertanen aus Westfalen schließlich, ihr Leinen über die Weser zu bringen. Damit stärkte er den Leinenhandel im gerade einverleibten Schlesien und besänftigte die Kaufleute überall im Reich. Die Tödden konnten ihre Stoffe nur noch heimlich anbieten. Sie sattelten auf den Verkauf von Metallwaren um. Die Ware änderte sich, das Geschäftsmodell blieb. Und die Metallwaren verkauften sich ebenso gut.

Allerdings machten die Behörden den Tödden das Leben weiterhin schwer, indem sie die Handelsgenehmigungen stets nur für bestimmte Waren ausstellten – für Messer aus inländischen Fabriken ja, für ausländische Produkte nein, für Tecklenburger Leinen zeitweise ja, für Seide nein. Und auch dann erhielt jeder Tödde die Genehmigung nur, wenn er »durch persönliche Bekanntschaft als unverdächtig legitimiert ist«. So steht es im Reisepass von Andreas Boecker. Zudem wurden die Tödden zu Abnahmequoten für Ware aus preußischen Fabriken verpflichtet. Einerseits engte das die Händler ein. Andererseits gewannen sie die Fabrikanten als starke Unterstützer ihres Geschäfts. Wann immer der Staat in der Folgezeit den Handel der Tödden verbieten wollte, schrien die preußischen Fabrikbesitzer auf, das sei ihr Ruin. Denn die Tödden orderten in großen Mengen. 1785 zog der König einen Erlass gegen den Tödden-Handel wieder zurück, nachdem Beamte ihn darauf hingewiesen hatten, dass die Händler Waren im Wert von 200000 Taler im Jahr bei den preußischen Fabriken abnahmen.

Leichter hatten es die Tödden in Holland. Zumindest die Behörden waren dem Treiben der Westfalen wohlgesonnen. Sie propagierten den freien Handel. Sogar gegen den Protest der einheimischen Kaufleute hielten sie lange an den wirtschaftspolitischen Freiheiten fest. Als 1750 erboste Kaufleute aus Amsterdam und Rotterdam ein Verbot des Hausierhandels fremder Kaufleute forderten, lehnten die Generalstaaten die Forderung schlichtweg ab. Als Begründung schrieben sie, ein Verbot des Hausierhandels verstoße »teeyns de vryheid von Commercie«.

Ein paar Jahrzehnte später hatte der Druck der einheimischen Gilden schließlich doch Erfolg. Die Fremden seien schuld an der Verarmung der Einheimischen, die wegen der hohen Mieten in der Stadt mit den Billigpreisen der Wanderhändler unmöglich konkurrieren könnten. Freiheit hin oder her – was der Staat nicht dulden wollte, waren die »vielen schweren Schmuggeleien und Betrügereien im Blick auf die Finanzen des Landes, die täglich von vielen fremden Wanderhändlern begangen« wurden. Um den Tödden-Handel einzudämmen, führte die Provinz Friesland zunächst 1771 die Kopf- und Rauchschatzung ein und verhängte 1787 zusätzlich ein Verdikt, das den Handel mit Textilien außerhalb der Wochenmärkte bei hoher Strafe verbot. Ausgenommen waren die Händler, die eine feste Wohnung in der Provinz vorweisen konnten und die Beiträge zur Kopf- und Rauchschatzung zahlten.

Nur wenige Monate später verlegten zahlreiche Tödden ihren festen Wohnsitz nach Sneek und Leeuwarden. Unter anderem tauchen zu dem Zeitpunkt in Sneek auch die ersten Brenninkmeyers, eingetragen als Jan Gerrijt und Herm. Brenninkmeyer, auf – erst in den Büchern der Behörden, kurz darauf in den Mitgliederlisten der örtlichen Gilde. Allein im Jahr nach dem Erlass wurden 44 Tödden neue Gildenmitglieder. Damit war den städtischen Kaufleuten die Handhabe gegen die einstigen Ausländer genommen.

Immer mehr Tödden verlegten ihren Geschäftssitz ins Ausland. Da sie sowieso fast das ganze Jahr über nicht zu Hause in Mettingen waren, bot es sich an, die Handelsorganisation vor Ort zu installieren. Im Jahr 1829 hatten von 35 Handelshäusern in Mettingen fast die Hälfte ihren Sitz in Friesland und Nordholland. Insgesamt waren 38 Familienunternehmen aus Mettingen, Hopsten und Recke nach Holland und Norddeutschland abgewandert. Das war ein herber Schlag für die Region. Die Tödden-Unternehmen hatten Wohlstand gebracht. Sie hatten Arbeitsplätze geschaffen und Steuern gezahlt. Als die Händler aus Hopsten abzogen, wurde der quirlige Großhandelsplatz innerhalb kurzer Zeit wieder zu einem verschlafenen, bäuerlichen Dorf. Auch in Mettingen blieb von der großen Handelsvergangenheit nicht viel mehr als die herrschaftlichen Villen, die heute in dem westfälischen Dorf wie Fremdkörper wirken.

Die Geschäftszentralen kehrten nie wieder nach Westfalen zurück. Allerdings verlegten viele der Tödden, die ausgewandert waren, ihren Wohnsitz wieder in das Münsterland – spätestens, wenn sie sich in den Ruhestand begaben. Bis 1890 hatte die Hälfte der niederländischen Brenninkmeyers einen Antrag auf Wiedereinbürgerung im preußischen Staat gestellt.

Auch die beiden C&A-Gründer Clemens und August Brenninkmeyer kehrten zurück. August war 1848 offiziell in die Niederlande ausgewandert, wohnte aber bereits sieben Jahre später wieder in Mettingen. Clemens hatte sich länger gegen die niederländische Staatsbürgerschaft gesträubt. Aber die Behörden machten den Brüdern immer wieder Ärger. 1865 schließlich gab der 47-Jährige seinen Widerstand auf und wurde zusammen mit seinen sechs Kindern Niederländer. Aber diese Entscheidung kam nicht von Herzen. Schon vier Jahre später sprach er in Mettingen vor und ließ sich in der Gemeinde wieder mit seinem Wohnsitz registrieren. Schließlich lebte hier auch seine Familie. 1880 schrieb er einen Brief an den preußischen Staat und stellte offiziell seinen Antrag auf Renaturalisierung. Die Behörden in Sneek ließen die Brenninkmeyers gewähren, obwohl normalerweise niemanden gewährt wurde, das Domizil anderswo zu haben. Aber die Westfalen waren inzwischen angesehene, achtbare Kaufleute, bei denen ein Auge zugedrückt wurde.

Die Brenninkmeyers erwarben die niederländische Staatsbürgerschaft, um weiterhin ihren Handel treiben zu können. Es war nie ihre Absicht gewesen, sich in die Friesländer Gesellschaft zu integrieren. Von Anfang an reisten die Kaufleute jeden Sommer sowie zu hohen katholischen Feiertagen nach Westfalen. Dafür meldeten sie sich bei den zuständigen Behörden in Holland ordnungsgemäß ab. Zu Hause bei Frau und Kindern halfen die Kaufleute bei der Ernte und statteten sich mit neuem Leinen aus. Im Herbst zogen sie wieder los.

Genau so wie die Brenninkmeyers hielten es die anderen Familien. Das beschauliche Mettingen kochte in den Sommermonaten. Die Lampes kamen aus Holland, die Hettlages und Boeckers aus Preußen, die Stockmanns aus

Skandinavien. Für die Frauen, die die restliche Zeit des Jahres über alleine auf ihren Höfen saßen – mit einem Haufen Kinder, die sie großziehen und einer kleinen Landwirtschaft, die sie eigenständig betreiben mussten –, war der Sommer die schönste Zeit des Jahres.

Die Familien trafen sich zum Feiern, zum Austausch von Neuigkeiten und – wenn die Frauen nicht dabei waren – zu Geschäftlichem. Und natürlich zum Heiraten. Denn die Frau fürs Leben suchten die Weltenbummler vorzugsweise in Mettingen. Am liebsten heirateten die Tödden untereinander. Die Boeckers die Hettlages, die Brenninkmeyers die Hettlages, die Lampes, die Stockmanns die Voss' oder die Brenninkmeyers: Der Friedhof in Mettingen gibt – wenn auch sicherlich unzureichend – Auskunft über die verworrenen Liebesgeschichten der Familien.

Die preußischen Behörden beobachteten die befremdlichen Sitten der Tödden genau und hielten sie in ihren amtlichen Berichten fest. Sie kommentierten auch das eigenwillige Heiratsverhalten. So heißt es in einem Schreiben aus dem Jahre 1863: Die Tödden betrieben Wanderhandel in fernen Gegenden, »bis sie durch Fleiß, Redlichkeit, Sparsamkeit und Bekanntschaft« das hausierende Geschäft in ein stehendes umwandeln und einen eigenen Hausstand gründen konnten. Jedes Jahr kehrten sie zur Fastenzeit zurück in die Heimat und pflegten »sich dann in derselben nach einer Lebensgefährtin um zu schauen. Nach ihrer Heirath kehrt der Mann dennoch zu seinem auswärtigen Handelsgeschäfte regelmäßig allein zurück. Die Frau bleibt in der Heimath ...«

Die Frau bleibt in der Heimat – das war ehernes Gesetz bei den Tödden. Zum Teil wurde das sogar vertraglich festgelegt, was auch zu Konflikten mit den Behörden führte. Die Stadtverwaltungen forderten häufig den Nachzug der Familie an den Geschäftssitz. Ricus Busemeyer aus Mettingen beispielsweise betrieb Mitte des 19. Jahrhunderts im ostwestfälischen Lage ein Leinengeschäft. Er und seine Kompagnons waren dort gemeldet und als Grundbesitzer eingetragen. Ihre Familien aber lebten nach wie vor in Mettingen. Das verärgerte den Lager Magistrat derart, dass er die Kaufleute 1843 aufforderte, ihre Familien an den Geschäftssitz in Lage nachzuholen. Ansonsten werde ihnen das Bürgerrecht verweigert. Dem leisteten die Busemeyers keine Folge. In einem Brief erklärte der Geschäftsmann dem Stadtrat: »Mein

Vater, der Kaufmann Busemeyer, ist hier lange Jahre Kaufmann gewesen, und vor 36 Jahren Bürger geworden. Ich bin hier Bürger und Grundbesitzer, mithin hier heimatberechtigt. Ob ich eine Frau habe, geht keinen dritten was an, noch weniger aber wo sie wohnt ... Kurtz und Gut: unsere Frauen bleiben wo sie sind.«

Die Wanderhändler gaben den Behörden gegenüber möglichst wenig preis. Ihr Privatleben war allein ihre Sache, ihre Geschäftsbücher hielten sie ebenso unter Verschluss. Je weniger die Behörden wussten, desto weniger konnten sie kontrollieren.

Die Tödden tricksten gern, ob es sich um Steuern, Zölle, die Rechtsform der Unternehmen oder die Staatsbürgerschaft handelte. Sie waren mal Münsterländer, mal Preußen, mal Holländer, mal In-, mal Ausländer. Erst gaben sie ihren Geschäftssitz in Mettingen an, dann in Sneek, später in Leeuwarden, und dann gab es plötzlich gar kein Geschäft mehr. Dafür hatte der Bruder dann eins.

Dieses Hin und Her machte es für den Staat fast unmöglich, die herumziehenden Händler steuerlich zu erfassen. Im Jahre 1747 kamen die Beamten deshalb auf eine Idee: Die bisher nur widerwillig geduldeten Tödden sollten alle in einer einzigen Stadt – und zwar auf preußischem Boden – leben und gemeldet sein, damit die Beamten die Kaufleute besser beaufsichtigen könnten. Wie man sich vorstellen kann, waren die vagabundierenden Tödden von dieser Idee ganz und gar nicht begeistert. Sie boykottierten die Pläne, bis sie wieder in den Schubladen der Beamten verschwanden. Später versuchte der preußische Staat es mit Lockmitteln: Ende des 18. Jahrhunderts wurde jedem Tödden, der vom Wanderhandel abließ, eine staatliche Prämie angeboten. Wer zur Landwirtschaft wechselte, erhielt 75 Taler Baugeld. Wer das Damastweben oder das Korbmachen erlernte, erhielt 50 Taler. Aber kaum ein Tödde nahm das Angebot wahr.

Im Guten ging es offensichtlich nicht. Also griffen die Beamten zu härteren Maßnahmen und verschärften die Handelsgenehmigungen. Sie wurden nur noch an steuerpflichtige Grundstücksbesitzer vergeben. Die Tödden fanden auch dafür eine steuergünstige Lösung: Ein Tödde ließ sich als Grundstücksbesitzer nieder und zahlte seine bürgerlichen Abgaben. Ihm schlossen sich andere Tödden an, offiziell als angestellte Knechte, in Wirklichkeit aber betrieben sie ein eigenständiges Geschäft oder waren gleichberechtigter Partner.

Wer welche Funktion im Unternehmen hatte, wem welche Anteile gehörten, das waren – und sind noch heute – Familieninterna. Je undurchsichtiger Geschäftsform und Geschäftspraktiken waren, desto leichter ließen sie sich den jeweiligen Erfordernissen angleichen. Geschäftsordnungen fehlten bei den Tödden meist genauso wie gültige Verträge. Die Kaufleute schlossen die Geschäfte vorzugsweise per Handschlag ab. Das war eine feine Sache, wenn es um Außenstände ging. Es ist mehrfach vorgekommen, dass Mitglieder der Tödden wegen Geldforderungen vor Gericht mussten. Außenstände, sprich unbezahlte Rechnungen, konnten allerdings nur bei einem »Haupt«, also einem persönlich haftenden Gesellschafter, eingezogen werden. War das offiziell eingetragene Haupt der Gesellschaft verstorben oder ins Ausland verzogen, mussten die Geschädigten vor Gericht ziehen, um ihr Geld von einem anderen Gesellschafter des Unternehmens einzutreiben. Im Gerichtssaal aber gab sich der Tödde, der zuvor bei Geschäften als Gesellschafter aufgetreten war, plötzlich als »Bursche« aus, der überhaupt nicht belangt werden konnte. Und da er in den Geschäftsunterlagen auch nirgendwo als »Haupt« auftauchte, war er aus dem Schneider.

Das Geschäftsgebaren der Tödden war zum Teil rechtsbrecherisch und der Handel häufig illegal, aber das wird ihnen heute nachgesehen und als Eigenwilligkeit, Verschrobenheit oder Cleverness bezeichnet. »Die Kaufleute wollten sich ihre Handelsware nicht durch die Zölle verteuern lassen, darum wurde geschmuggelt«, schreibt ein Töddenforscher. Als ob das nicht immer Sinn und Zweck des Schmuggelns sei! »Wagemutig und kreativ« seien die Tödden gewesen, lobt Mettingens Bürgermeister Helmut Kellinghaus. Sie waren die Vorboten der Globalisierung. Sie sind die großen Söhne der Stadt. Über sie spricht er gerne. Nur nicht über ihre Nachfahren, die lebenden Brenninkmeyers. Über die redet man in Mettingen nicht. Nicht weil man sich ihrer schämt. Nein. Vielmehr weil die Familie selbst es so wünscht.

Ein Luxuscamp in Mettingen

Wer in Mettingen aufwächst, lernt früh, manche Dinge zu ignorieren – oder zumindest nicht darüber zu reden. Über die Villen mitten im Ort beispielsweise. Über die Limousinen mit den ausländischen Kennzeichen, die durch die kleine Gemeinde nahe Osnabrück rollen. Und über die Villenbesitzer, die sich zeitweilig hinter hohen Mauern einigeln. »Wir sind froh, dass sie kommen und sich wohlfühlen«, sagt der Bürgermeister. »Und wir respektieren ihren Wunsch nach Ruhe und Abgeschiedenheit.«

»Sie«, das sind die Brenninkmeyers. Aber den Namen der Familie spricht man in Mettingen nur ungern aus. Die Tödden-Nachfahren kommen noch immer in das westfälische Dorf, aus dem ihre Vorfahren stammen. Hierher reisen sie aus Düsseldorf an, aus New York und Amsterdam, aus Großbritannien, der Schweiz und Japan. Sie haben den Bezug zu ihrer Heimatscholle nie aufgegeben, auch wenn sie inzwischen in alle Welt verstreut sind.

Dominic Brenninkmeyer beispielsweise, der von 2000 bis Anfang 2006 Deutschlandchef war und anschließend vom Textilgeschäft in den Private-Enquity-Zweig des Clans wechselte, fährt mehrmals im Jahr hierher. Wann immer er Zeit findet. Zwei Stunden braucht er von Düsseldorf aus bis nach Osnabrück. Von der Autobahnausfahrt sind es nur wenige Minuten über Westerkappeln in das Heimatdorf seiner Vorfahren. »Mettingen bedeutet mir sehr viel«, sagt er. Obwohl er denkbar wenig mit Westfalen zu tun hat. Aber zum Stammsitz der Familie reiste er schon als Kind. Von den Aufenthalten dort kennt er seine Cousins und Cousinen zweiten und dritten Grades, die in Kanada, Brasilien und Argentinien aufgewachsen sind, und denen er sonst vielleicht nie über den Weg gelaufen wäre. In Mettingen hat er auch seinen Cousin Philipp Brenninkmeyer, den smarten Schauspieler aus der Fernsehserie *Girl Friends*, kennen gelernt.

So wie er kommen auch all die anderen. Es ist Pflicht, nach Mettingen zu reisen, ein ungeschriebenes Gesetz. Und es wäre denkbar unklug, Mettingen zu meiden, wenn man im Familienunternehmen vorankommen will. Offiziell wird hier nicht über das Geschäft gesprochen. »Wir wollen unsere Ruhe haben«, sagen sie. Aber natürlich funktioniert das nicht. Wenn die Führungskräfte des Weltkonzerns zusammensitzen, wird natürlich auch über das Geschäft diskutiert. Hier werden Strippen gezogen, alte Freundschaften, Seilschaften, innerhalb der Verwandtschaft aufgefrischt, Empfehlungen an der richtigen Stelle ausgesprochen.

Man trifft sich am Haus Langenbrück, das Franz Brenninkmeyer, den alle wegen seiner 2,08 Meter »den langen Franz« nannten, zum Stammsitz erkoren hat. Er residierte hier als Clan-Oberster aus der dritten Generation. Das Haus Langenbrück ist ein ehemaliges Rittergut, erbaut um 1350 von Rudolf von Langen, mit einem großen Anwesen und eigener kleiner Kapelle. Die Brenninkmeyers, die das Gut vor langer Zeit erwarben, ließen die Privatkapelle in den 20er Jahren umbauen und erweitern, so dass etwa 60 Personen darin Platz finden, wenn einer der Pfarrer aus den eigenen Reihen eine Familienmesse abhält. Sonntagmorgens darf auch die Dorfbevölkerung zum Gottesdienst in die Kapelle. Nur die ersten beiden Reihen in der Kirche müssen frei bleiben. Sie sind den Familienmitgliedern der Brenninkmeyers vorbehalten – falls sie gerade wieder in Mettingen weilen.

Der Wohltäter von Mettingen: Franz Brenninkmeyer spendierte dem Heimatort der Textil-Dynastie nicht nur 1962 das Tödden-Museum. Auf seinen Namen konnten bedürftige Bürger bei Bäcker und Metzger anschreiben lassen – der »lange Franz« machte am Monatsende die Runde und bezahlte.

Der »lange Franz« hatte in den 50er Jahren darüber nachgedacht, wie man die kinderreiche Unternehmerfamilie auch in fünfter, sechster und siebter Generation zusammenhalten könnte, wenn manche Zweige schon seit Jahrzehnten in Amerika leben und kaum noch nach Europa kommen. Wenn sich die einzelnen Stränge auseinander leben und fremd werden, so befürchtete er, dann leidet auch das Geschäft darunter. Wie viele Familienunternehmen sind nicht schon an Erbstreitigkeiten zugrunde gegangen! Diese Vorstellung war Franz Brenninkmeyer unerträglich. Er wollte ein solches Schicksal für das C&A-Imperium um jeden Preis verhindern.

Also verordnete er den nachkommenden Generationen »Zwangsurlaub« in Westfalen. Und damit die jungen Brenninkmeyers es nicht als solchen empfinden, wurde ein Luxuscamp errichtet. Auf dem riesigen Anwesen Langenbrück gibt es ein Schwimmbad, Tennisplätze und einen Reiterhof.

Ein Dutzend Gutsvillen besitzen die Brenninkmeyers in und um Mettingen. Es gibt das Haus Gloria, das Haus Grün, das Haus Gelb, den Marienhof, das Schloss und andere. Die Familie teilt sich in verschiedene Stränge auf. Und jeder der Zweige hat in Mettingen seine eigenen Stammhäuser und Villen. Die Familienzweige gehen zurück auf die Söhne der C&A-Gründer.

So wie Dominic Brenninkmeyer in seiner Jugend mit seinen Geschwistern hierher kam und mit seinen Cousins und Cousinen aus aller Welt über das Anwesen tobte, so schicken sie heute ihre Familien dorthin. Die Unterbringung erfolgt wie im Hotel nach vorheriger Reservierung. »Das ist alles durchorganisiert, anders ginge es gar nicht bei einer so großen Verwandtschaft«, erzählt eine Brenninkmeyer. Als weiblicher Nachfahre der Familie hat sie zwar mit dem geschäftlichen Teil des Imperiums nichts zu tun, aber immerhin dürften sie und ihre Kinder auch zum Urlaub nach »St. Brenninkmeyer«, wie Mettingen genannt wird.

Die Erben kommen nach Mettingen und sind doch nicht wirklich da. In das beschauliche Zentrum der Gemeinde mit 12000 Einwohnern verirren sich die Familien selten, hin und wieder kommen sie beim Joggen oder Radeln durch das Zentrum. »Sie wollen keine Öffentlichkeit, wir halten uns daran«, erklärt eine Kellnerin im Café am Marktplatz. Mannshohe Mauern und dichte, äußerst gepflegte Hecken verwehren den Blick auf die Anwesen. Kein Name steht auf Klingeln oder Briefkästen. Kein Eintrag findet sich im Telefonbuch. »Die Brenninkmeyers sind allgegenwärtig, aber unsichtbar«, erzählt ein Zugezogener.

»Bis heute haben die Tödden nicht vergessen, wo ihre Wurzeln liegen«, lobt Bürgermeister Kellinghaus, gebürtiger Mettinger ohne eigene Tödden-Vergangenheit. Er glüht vor Stolz, wenn er es wieder einmal erzählen darf: »Mettingen ist die Wiege des europäischen Textilhandels.« Er kennt sie alle. Die Ahnen der Textilketten Hettlage, Boecker, Voss, Lampe und Stockmann. An dem Ort, an dem alles begann, sucht man die Spuren der Händler allerdings vergebens. Größter Arbeitgeber ist die Firma Coppenrath & Wiese. Und die liefert nicht Jacken und Hosen, sondern Tiefkühlkost in alle Welt. 850 Arbeitsplätze sind hier entstanden. Viele Einwohner arbeiten in der Anthrazitkohle-Mine vor Ort. Ein bisschen Landwirtschaft gibt es, einen gesunden Mittelstand und weniger als sieben Prozent Arbeitslosigkeit.

Ihren ökonomischen Erfolg gaben die Wanderhändler schon immer an ihren Heimatort weiter. Die Firma C&A hat Mettingen im Jahre 1933 die komplette Straßenbeleuchtung gestiftet. Das Krankenhaus, das private Gymnasium, das Museum – das alles wäre in Mettingen ohne die Spenden der Familien nicht möglich gewesen. 1863 entschlossen sich mehrere Tödden-Kaufleute aus Amsterdam dazu, 4000 Taler als Grundstock für das spätere St. Elisabeth Krankenhaus zinstragend anzulegen. Das imposante Gebäude wurde 1883 schließlich von den vier Tödden-Brüdern Voss gegründet und später von den Brenninkmeyers und Voss' vergrößert.

Das Tödden-Museum geht auf die Idee und die Initiative von Franz Brenninkmeyer zurück. Er hatte es sich in den Kopf gesetzt, seiner Nachwelt etwas Bleibendes hinterlassen zu müssen. Über Jahre hinweg war das Museum eine fixe Idee. Er ließ dem Bürgermeister, den Stadtplanern, den Handwerkern keine Ruhe. Ganze Tödden-Anwesen wurden abgetragen und an anderer Stelle wieder aufgebaut. 1962 eröffnete er das Museum. Akribisch hat der Heimatverein in Mettingen Akten und Urkunden aus ganz Europa gesammelt, um die Geschichte dieser frühen Verfechter des Freihandels zu dokumentieren. Die Ahnengalerie von 18 Familien hängt in dem restaurierten Fachwerkhaus. Reisedokumente sind hier ausgestellt, Zollunterlagen, Briefe, Bilder, Karten. Alles, was einen Töddennamen aufweist.

Bei der Einweihung schritt der groß gewachsene, grauhaarige Familiensenior zufrieden durch die Museumsräume. Jetzt würden die Errungenschaften der Tödden nicht in Vergessenheit geraten. Dabei dachte er vor allem an seine eigenen Nachkommen, die noch von ihren eifrigen und erfolgreichen Vorfahren hören sollten, wenn er ihnen die Geschichten nicht mehr selbst erzählen könnte. Hier feierte er 1969 mit etwa 200 Gästen aus der Familie seine goldene Hochzeit. Es war ein großes Fest draußen im extra für diesen Anlass ausgebauten Wintergarten des Gasthofs. In diesem Jahr zeigte die Gemeinde Mettingen dem spendablen Gönner ihre Dankbarkeit, indem sie ihn zum Ehrenbürger ernannte. Franz Brenninkmeyer, dieser imposante Mann mit einem unbeschreiblichen Durchsetzungsvermögen und Tatendrang, starb drei Jahre später auf Haus Langenbrück im Alter von 82 Jahren.

Manchmal gibt es in Mettingen auch Ärger mit der spendablen Familie. Beispielsweise, wenn die Existenz des Kardinal-von-Galen-Gymnasiums auf dem Spiel steht, weil die Erben ihre jahrelange finanzielle Unterstützung in Millionenhöhe streichen wollen. Da taucht der sonst so sorgfältig vermiedene Name Brenninkmeyer dann doch in der Lokalpresse auf. Die Finanzlöcher der privaten Schule wurden stets von der Familie und dem Bistum Münster gestopft. Dafür verpflichtete die Schule sich zu einer »wohlwollenden Nähe« zur katholischen Kirche, wie es das Bistum formulierte. Um das Jahr 2000 wurde der Renovierungsbedarf den Kaufleuten und den Kirchenmännern jedoch zu viel. Nach zahlreichen Runden Tischen mit Brenninkmeyers, Bistums-Ordinarien, Dorf-Obersten und Schulleitung scheiterte der Plan, die Schule mit einer letzten Millionen-Gabe in eine Stiftung zu überführen. Nun muss Mettingen mit den Nachbarkommunen allein für den Betrieb aufkommen. Zwei Millionen Euro hat die Familie Brenninkmeyer noch einmal zugeschossen für einen Neubau. Aus der laufenden Finanzierung aber hat sie sich zurückgezogen. Auf einzelne Anfragen hin wird sie immer wieder mal einen Scheck ausstellen. Schließlich sind Mitglieder der Familie nach wie vor im Förderkreis. Zudem hängt die Familie an der Schule, die viele von ihnen als Kinder besucht haben.

Die Brenninkmeyers sind wie alle anderen Tödden-Familien nach wie vor streng katholisch. Auch wenn sie sich inzwischen »dem Zeitgeist« angepasst haben, wie Dominic Brenninkmeyer betont, und sich in Glaubensfragen toleranter geben. Bei den Initiativen, die sie unterstützen, bleibt die katholische Ausrichtung bestimmend. Schon ihre Vorfahren steckten das meiste Geld in

Projekte mit katholischem Hintergrund. Das Herzanliegen der Tödden war der Bau der katholischen Kirche St. Agatha in Mettingen.

Eine prachtvolle Kirche, das war nach Jahrhunderten der Unterdrückung einfach ein Muss für die strenggläubigen Tödden. Unter der Herrschaft der protestantischen Oranier hatten die Mettinger gar kein Gotteshaus, da sie ihre Pfarrkirche an die Reformierten abgeben mussten. Sie durften ab 1648 auch keine Gottesdienste mehr abhalten. Erst nachdem die Region 1702 von Preußen in Besitz genommen worden war, lockerten sich die Bestimmungen gegen die Katholiken. 1717 durften sie sich schließlich eine Kirche bauen. Schnell errichteten sie ein kleines, schlichtes Fachwerkhaus – ohne Turm und ohne Glocken. Das war vorerst gut genug für die Mettinger. Als die gottesgläubigen Kaufleute aber zu größerem Wohlstand kamen, sollte sich das auch in der Größe der Kirche zeigen.

1777 legten sie den Grundstein für einen Neubau, der hundert Jahre später einem noch gewaltigeren Bau wich. Die heutige Kirche, die 1894 vollendet wurde, hat einen 71,65 Meter hohen Turm und bietet mehr als 1500 Menschen Platz (Mettingen hatte in der Bauphase Ende des 19. Jahrhunderts ganze 3000 Einwohner). Ohne die finanzielle Hilfe der Tödden-Familien wäre der Bau ein paar Nummern kleiner ausgefallen. Viele Spenden gingen sogar aus Holland und Ostpreußen von den dort wohnenden Wanderhändlern ein. Auch heute noch besuchen die Nachfahren der Tödden die Gottesdienste, wenn sie zu Ostern, zu Pfingsten oder anderen Feiertagen in Mettingen sind. Die Brenninkmeyers gehen natürlich bevorzugt in ihre eigene kleine Kapelle auf dem Anwesen Langenbrück.

Wenn die Lampes, Boeckers oder Hettlages mit ihren Kindern nach Mettingen reisen, um ihnen den Ort ihrer Vorfahren zu zeigen, haben sie nur zu wenigen alten Tödden-Häusern Zugang. Die meisten haben irgendwann den Besitzer gewechselt. Und die, die noch heute in Tödden-Hand sind, liegen hinter den hohen Mauern. Für alle Nicht-Brenninkmeyers eine Terra incognita, um die sich viele Mythen und Anekdoten ranken. Aber es gibt ja noch die alten Hausdamen, Gärtner und Handwerker, die bei den Brenninkmeyers über Jahrzehnte gearbeitet haben. Die Gutshäuser müssen schließlich das ganze Jahr über in Schuss gehalten werden, auch wenn die Herrschaften nicht da sind. An sich sind die Angestellten zu völligem Stillschweigen verpflichtet.

Aber manches dringt doch nach außen, zum Beispiel die Geschichte von den Geheimgängen. Schon seit den Zeiten der Oranier-Herrschaft seien die verschiedenen Anwesen mit unterirdischen Gängen verbunden gewesen. Damals seien sie von den verfolgten und unterdrückten Katholiken als Fluchtwege gegraben worden, heißt es. Auch Pfarrer hätten sich dort versteckt.

Ob das stimmt oder nicht? Die Brenninkmeyers äußern sich dazu nicht oder schütteln den Kopf. »Ach, diese alten Geschichten«, soll das wohl heißen. Trotzdem halten sich die Mythen hartnäckig. Und manchen ist das Geheimnisvolle an Mettingen auch ganz recht. »Mettingen ist für alle Tödden etwas Besonderes«, erzählt Quintus Lampe, der mit seinem Bruder das Traditionsgeschäft im niederländischen Sneek leitet. Es gibt die Kirche, die Herrenhäuser, den Friedhof und das Museum, das er seinen Kindern zeigt. Dabei erzählt er ihnen von den Tödden-Vorfahren. Manchmal treffen sie sich auch mit Verwandten hier (»Allerdings sind die Kontakte bei uns nicht so eng wie bei den Brenninkmeyers«). Dann wohnen sie alle im Hotel Telsemeyer, studieren die Stammbäume der Tödden-Familien, die Grabinschriften und versuchen sich in Ahnenforschung. Viele erfahren hier von ungeahnten Verflechtungen. Als eine Gruppe Langemeyers sich einmal im Hotel Telsemeyer einquartiert hatte, stellten sie im Museum fest, dass das Gebäude bis 1957 ihrer Verwandtschaft gehörte und dass sie es waren, die es zum Hotel umgebaut haben. Bei den Boeckers und den Hettlages sind die Zweige der Familie schon seit Jahrzehnten über das – inzwischen zugrundegerichtete – Familienerbe so zerstritten, dass große Familienfeiern nicht mehr in Frage kommen.

Der Zusammenhalt der Brenninkmeyers sei einmalig, sagt Quintus Lampe voller Bewunderung. Die lassen sich sogar auf dem örtlichen Friedhof bei ihren Ahnen beerdigen. Auch wenn sie ihr ganzes Leben in Amerika oder anderswo gelebt haben, in Mettingen unter den hohen, alten Friedhofsbäumen ist für jeden Brenninkmeyer-Erben ein Plätzchen reserviert. »Wenn einer der Chefs stirbt, herrscht hier Ausnahmezustand«, erzählt ein Mettinger, der schon neben dem Friedhof wohnte, als Clan-Chef Rudolf Wilhelm starb. »Es war wie bei einem Staatsbegräbnis.« Inklusive Polizeieinsatz und Absperrungen. Rudolf Wilhelm Brenninkmeyer ist in den 80er Jahren gestorben. Da strotzte C&A vor Kraft. Das Geschäft brummte, ebenso bei den anderen Handelsketten mit dem Ursprungsort Mettingen.

Die Nachfahren der Tödden waren reich und erfolgreich. Über Jahrzehnte ging es nur in eine Richtung: nach oben. Eine Generation nach der anderen hat an die nächste übergeben und ein Geschäft nach dem anderen eröffnet. C&A war europaweit die Nummer eins. Hettlage florierte, die Boecker-Häuser waren die erste Adresse am Ort, bei der die alteingesessene, wohlhabende Kundschaft einkaufte. Dann aber kamen die 90er Jahre und mit ihnen die Krise im Einzelhandel. Sie hat viele der alten Tödden-Unternehmen in den Ruin gestürzt. »Die Erben waren so verwöhnt, so verzogen, die sind voll reingerasselt, weil sie gedacht haben, ihnen könne das nie passieren«, sagt ein Wettbewerber aus der Textilbranche. »Sie waren selbst schuld.«

Das Ende der Tödden Boecker und Hettlage

Die bekanntesten beiden Ketten, die seither aus deutschen Innenstädten verschwunden sind, heißen Hettlage und Boecker. Die Hettlages hatten ihr Textilimperium schon 1961 wegen eines bitteren Erbstreits in Hettlage Nord und Hettlage Süd geteilt. Beide gehen zurück auf Hermann Hettlage, der 1896 ein Geschäft in Münster eröffnete und dann gemeinsam mit seinem Vetter August im Ruhrgebiet und in Ostwestfalen expandierte. Nach dem Zweiten Weltkrieg übernahmen die vier Söhne die Filialen, zerstritten sich aber bald. Hettlage Nord hatte seinen Firmensitz in Münster und musste 1996 – kurz nach dem 100-jährigen Bestehen – mit 40 Häusern Konkurs anmelden. Nach der Wende hatte der Tödden-Nachfahr Ulrich Hettlage gleich nach Ostdeutschland expandiert und dort mehrere Filialen eröffnet. Doch die Kundschaft blieb aus. »Unsere Ware war zu hochwertig für die Ostdeutschen zu dem Zeitpunkt«, erklärt der Textilerbe, der als persönlich haftender Gesellschafter mit seinem gesamten Vermögen in der Pflicht stand. Was die Ostdeutschen anfangs nachfragten, war billige Westware. Sie hatten kein Geld für Qualität. Hettlages Investitionen in den neuen Bundesländern waren so hoch, dass er die Zeit, bis die Umsätze anzogen, nicht überbrücken konnte. Das Traditionsunternehmen ging mit allen Filialen in den Konkurs.

Im Frühling 2004 musste auch Hettlage Süd aufgeben. Die Kette mit Sitz in München war zu 57 Prozent im Besitz der Mitarbeiter. Die Gruppe hatte 45 Geschäfte, 1376 Mitarbeiter und einen Jahresumsatz von rund 200 Millionen Euro. Schon in den zehn Jahren vor der Pleite hatte es gekriselt. Erstmals in der Firmenhistorie hatte Hettlage Süd 1994 einen Verlust gemeldet. »Wir hätten frisches Geld gebraucht«, erklärte ein Unternehmenssprecher. Aber niemand war bereit, weiterhin Geld in das kränkelnde Familienunternehmen zu stecken.

Nur sechs Wochen vor der Insolvenzmeldung von Hettlage Süd hatte der Boecker-Clan das Aus für seine Modehäuser verkünden müssen. Die Familie betrieb bis Ende der 1990er Jahre 25 Filialen im Rhein-Ruhr-Gebiet. Daneben gab – und gibt – es noch mehrere Häuser, die selbstständig von einzelnen Familienmitgliedern geführt wurden. Genau wie bei den Hettlages waren Erbstreitereien der Grund für die Abspaltungen. Manche Boecker- und Hettlage-Häuser führen nur noch den Namen der Tödden-Familie, sind aber längst an Fremde verkauft worden.

In den Filialen an Rhein und Ruhr aber regierte bis zuletzt die Familie. Im Alter von 27 Jahren hatte Johannes Boecker den Firmenvorsitz in dritter Generation von seinem Vater Bernward übernommen. 2001 musste die Familie zwei Dutzend Geschäfte schließen, drei Jahre später gingen dann auch im letzten Laden die Lichter aus.

Die Misere hatte sich in den Jahren zuvor schon angedeutet. Die Chefs wechselten im Jahresrhythmus – untrügliches Zeichen für eine Krise. Besonders bei einem 130 Jahre alten Familienbetrieb. Die Essener Modekette hatte von 1996 an sechs Geschäftsführer entlassen. Jeder kam mit einem neuen Konzept, um den kränkelnden Textilhandelskonzern auf Vordermann zu bringen. Keiner hat es geschafft. Einer setzte auf Pelze, der nächste auf junge, peppige Mode, einer wollte Accessoires und hochwertige Unterwäsche verkaufen, der andere billigen Modekitsch. Es war der gleiche Fehler wie bei C&A, wo es das Management in den 90er Jahren mit Designerware und Pelzen versuchte, mit Büchern, CDs und Spielsachen.

Am Ende der Zickzacktour musste Boecker die Hälfte der ehemals 25 Filialen schließen und 600 Leute entlassen. Mit zehn Geschäften wollte die Familie weitermachen. Dafür gründete sie extra eine neue Gesellschaft mit Sitz in Augsburg und holte sich ein familienfremdes Krisenmanagement ins Haus. Doch dieses verließ das Haus Boecker nach kurzem Zwischenspiel – zutiefst frustriert. »Eine Zusammenarbeit war unmöglich«, sagten sie. Die ganze Zeit über schwieg die Familie in guter Tödden-Tradition. Eine Pressestelle gab es nicht. Anfragen wurden nicht durchgestellt. Rückrufe oder gar Pressekonferenzen waren unbekannt. Im März 2004 kam dann ein offizielles Fax, das nüchtern die Insolvenz verkündete. Boecker ist vom Markt verschwunden.

»Die Krise im Hause Boecker war hausgemacht«, kritisierte der Betriebsratsvorsitzende bitter das Familienmanagement. Die falsche Sortimentspolitik habe die Kunden fast mutwillig vergrault. Mal Grabbeltische, mal Haute Couture – das konnte nicht funktionieren. »Aber die Chefs ließen nicht mit sich reden.«

Dabei florierten andere Unternehmen in der Zeit trotz schlechter Konjunktur. Die allgemeinen volkswirtschaftlichen Bedingungen konnten also nicht schuld sein am Niedergang. Die Kunden kauften nur preisbewusster und vor allem kauften sie bei der Konkurrenz: bei internationalen Modeketten. Wo ein Boecker oder ein Hettlage sein Geschäft schließt, heißen die Nachmieter in der Regel Zara und H&M.

Sie sind die neuen Handelsgiganten, stammen aber nicht mehr aus Westfalen, sondern aus Spanien und Schweden. »Jeder hat, was alle haben« ist ihre Strategie und dieses Konzept geht auf. Umsatz und Gewinne bei H&M und Zara steigen jährlich um bis zu 30 Prozent. Zara fertigt jährlich 90 Millionen verschiedene Kleidungsstücke. Die Ware kommt in die Läden und eine Woche später ist sie ausverkauft.

»Gegen die Art von Konkurrenz tun sich unsere alten Familienunternehmen schwer«, erzählt Ulrich Hettlage. »Wichtige Entscheidungen bei uns haben einfach zu lange gedauert.« Die Familie als Bürde, könnte man meinen. Dieser Schluss wäre allerdings falsch. Denn wer steht hinter H&M und Zara? Richtig, die beiden Aufsteiger sind ebenfalls Familienunternehmen. Und Peek & Cloppenburg hat überlebt, ebenso wie die Brenninkmeyers.

III. Der Aufstieg

C&A erobert Deutschland

Angefangen hat die C&A-Erfolgsstory in Deutschland im Jahr 1911. In Berlin, in der Königstraße 33, der heutigen Rathausstraße in Berlin-Mitte, eröffneten die Söhne der Stammväter Clemens und August ihre erste Deutschland-Filiale. Treibende Kraft für diese Expansion war Augusts Sohn Clemens Brenninkmeyer. Die neue Filiale lag günstig in einer belebten Einkaufsstraße mit mehreren Kaufhäusern unweit des Hausvogteiplatzes. Dort befand sich damals das Mode-Herz der Stadt – heute entsteht in dem ehemaligen Konfektionsviertel ein neues Medienzentrum.

Als C&A nach Berlin kam, hatte die Konfektion schon eine längere Tradition in der Stadt. Die ersten Textilunternehmen hatten sich bereits um 1838 in der Spandauer Straße und am Hausvogteiplatz angesiedelt. Die bekanntesten Geschäfte waren das von Valentin Mannheimer und das von Nathan Israel, die bereits in der zweiten Hälfte des 19. Jahrhunderts preiswerte Konfektion neben Luxus-Modellkleidern verkauften. Valentin Mannheimer kam aus Magdeburg und hatte, so die Historie, gerade 100 Taler in der Lotterie gewonnen. Mit dem Geld kaufte er einen Laden in Berlin. Es war das erste Damenmantel-Geschäft zu der Zeit. Eines Tages kam der gewiefte Schneider auf die Idee, einen Mantelschnitt einfach zu vervielfältigen. Er legte mehrere Stoffbahnen aufeinander und schnitt mehrere Mäntel nach dem gleichen Schnitt. Das war Valentin Mannheimers berühmter »goldener Schnitt«, eine Erfindung, die die ganze Welt eroberte. 150 Jahre später sitzen in dem historischen Mannheimer Haus, in dem früher die Modeschneider arbeiteten, die TV-Cutter von SAT 1.

Nach und nach nahmen die Textilhersteller die serielle Fertigung nach standardisierten Maßen auf. Das größte Geschäft um die Mitte des 19. Jahrhunderts gehörte Herman Gerson. In seinem Kaufhaus am Werderschen Markt kleidete sich die gesamte Adels- und Finanzwelt ein. Gerson wurde Hoflieferant und schneiderte die luxuriösen Kleider für die Kaiserin, die Prinzessinnen und die Damen der Petersburger Aristokratie. Sein Name stand für den textilen Luxus. Sein Kaufhaus war in Berlin eine Sehenswürdigkeit, wurde in der Modepresse als »Zierde der Residenz« und als »Feentempel der Mode« gefeiert. Der Gründer starb 1861, kurz nachdem er den Krönungsmantel für Wilhelm II. fertig geschneidert hatte. Das Unternehmen blieb bis zur NS-Zeit in Familienbesitz. Zu den berühmtesten Kundinnen des Hauses Gerson gehörten die russische Primaballerina Anna Pawlowa und die amerikanische Milliardärstochter Gladys Vanderbilt.

Um die Jahrhundertwende lebte das ganze Viertel in der Mitte Berlins von der Textilbranche. Die Unternehmer wie Gerson, Israel und andere waren Fabrikanten ohne Fabriken. Sie hatten genauso wie Gerhard Hettlage die Vorteile des Outsourcing erkannt und vergaben die gesamte Produktion an Tausende von so genannten Zwischenmeistern. Von den anderthalb Millionen Einwohnern der Hauptstadt arbeiteten 50000 in Bekleidungsindustrie und -handel. Es gab 170 Mantelhersteller, 150 Blusenbetriebe und 70 Kostümunternehmen. Etwa 100000 Näherinnen schufteten in den Hinterhöfen in Heimarbeit – bis zu 18 Stunden am Tag. Die Umsätze der etwa 400 Berliner Konfektionsbetriebe lagen 1906 bei mehr als 200 Millionen Goldmark.

Clemens Brenninkmeyer baute zu dem Zeitpunkt noch das Filialnetz in den Niederlanden aus. Er hatte die pulsierende Stadt Berlin zwar längst schon als potenziellen neuen Standort ins Auge gefasst, wollte aber nichts überstürzen. Er wusste, der richtige Zeitpunkt für eine Filiale in Deutschland würde bald kommen. Bis dahin verfolgte er genau, was in den deutschen Großstädten passierte und wie seine Tödden-Kollegen, die Hettlages und Boeckers, in Deutschland vorgingen. Sehr interessiert beobachtete er auch die Textilgeschäfte von Peek & Cloppenburg (P&C). Die waren schon seit 1901 mit Kaufhäusern für Herrenmode in Berlin und in Düsseldorf vertreten. Und sie verdienten dabei gut.

Der Wanderhandel hatte die Peeks und die Cloppenburgs genauso reich gemacht wie ihre Tödden-Kollegen aus dem Münsterland. Als sie im 17. Jahrhundert ihre armseligen Bauernhöfe im Oldenburgischen verließen, zogen sie mit ihren Leinenstoffen Richtung Holland. Dort legten sie – genau wie die Brenninkmeyers – die Grundsteine ihres Konzerns. Im Jahre 1869 eröffneten Johann Theodor Peek und Heinrich Anton Adolf Cloppenburg die ersten beiden P&C-Kaufhäuser in Rotterdam und Utrecht. Schon aus dieser Zeit kannten sie die Mettinger Tödden. In Amsterdam standen die Kaufhäuser P&C und C&A nur wenige Meter voneinander entfernt. Da die Oldenburger in ihrem Geschäft Herrenmode anboten und die Mettinger Damenmode, kamen sie sich nicht ins Gehege.

Die Kaufhausgruppe P&C wird noch heute von Nachkommen der Gründer geleitet. Allerdings ist die Kette in zwei unabhängige Konzerne gespalten: P&C Nord mit Sitz in Hamburg und P&C Süd mit Sitz in Düsseldorf. Der norddeutsche Zweig hatte sich 1911 mit zwei Geschäftseröffnungen in der Hafenstadt selbstständig gemacht.

In den Berliner Fabriken wurden Anfang des 20. Jahrhunderts vor allem die Uniformen für die preußischen Soldaten produziert. Erst langsam stieg die Nachfrage nach »Modell-Couture«, Mode aus teuren Materialien, die nach Pariser Vorbild verarbeitet wurden. Mehr und mehr Fabrikanten erkannten auch das Potenzial, das in der Produktion mittlerer und guter Qualitätsware sowie der billigen so genannten Stapelware steckte. Damit versorgten sie den wachsenden Massenmarkt in der Gründerzeit.

In dieser Epoche besaß jede Dame von Welt ein Pariser Korsett. Eng eingeschnürt erschien sie auf den Gesellschaften, schlank, ohne Bauch. Tagsüber trug sie den so genannten Humpelrock, ein elegantes Kleid aus Baumwolle, ungemein eng, knöchellang und sehr unpraktisch, weil die Frauen darin kaum gehen konnten. Abends schwelgte die Dame in viel Spitze, Seide und Tüll mit Rüschen und Raffungen und Draperien. Die Mode war schick, aber unbequem (auch der moderne »Vatermörder« saß nicht gerade angenehm am Hals der Herren) und durch die zu eng geschnürten Korsetts für viele Frauen sogar gesundheitsschädigend. Als Gegenreaktion kamen kurz darauf die legereren Hosenröcke auf, die den Frauen mehr Freiraum gaben. Zugleich hob sich erstmals der Saum um einige Zentimeter und gab die Knöchel frei.

1911 war der große Augenblick für Clemens Brenninkmeyer gekommen.

C. & A. BRENNINKMEYER
C & A BRENNINKMEYER
Zu der am
Sonnabend
18. März cr.
stattfindenden
ERÖFFNUNG
unseres
Damen-
Konfektions-
Hauses
Ein Jahr Garantie
Solide Ware
Gute Bedienung
Billige Preise
werden
unsere Banner
von den Vertretern unserer auswärtigen Verbindungen in unser neues
Berliner Heim
eingebracht.
C. & A. Brenninkmeyer
Königstrasse 33
Am Alexanderplatz
Berlin C

Er eröffnete in Berlin sein erstes C&A-Geschäft in Deutschland. Es war ein imposantes Gebäude nahe dem Bahnhof Alexanderplatz. Direkt gegenüber stand das Kaufhaus Wertheim, um die Ecke das Kaufhaus Tietz, der heutige »Kaufhof am Alex«. Das C&A-Geschäft war ein Laden für Damenmode. Es gab Mäntel in großer Auswahl, daneben Röcke, Blusen und – für die Zeit sehr wichtig – Hüte en masse. Den Sohn von August Brenninkmeyer erfüllte es mit Genugtuung, dass die Kunden in das Geschäft strömten und es voll beladen wieder verließen. Im Kopf hatte er schon Pläne für die nächsten Eröffnungen. Und wenn das Geschäft in Deutschland richtig etabliert war, so hoffte er, dann könnte er bald mit England starten.

Die Strategie der Väter hatte sich als richtig erwiesen, stellte Clemens fest. Schon Clemens und August hatten bei ihren ersten Läden darauf geachtet, möglichst preiswerte Stoffe oder Mäntel anzubieten. Sie setzten damit bewusst nicht auf die fünf Prozent der wohlhabenden Bürger als Kunden, sondern auf die anderen 95 Prozent, auf die breite Arbeiterbevölkerung. Damit unterschied sich ihr Geschäftsmodell radikal von denen anderer Kaufhäuser der Zeit, vom Hoflieferanten Gerson, von Mannheimer und Israel, genauso wie von den Töddenunternehmen Boecker, Hettlage und P&C. Bei Peek & Cloppenburg beispielsweise gab es um 1910 hochwertige Pelerinen-Mäntel (mit wollenem Lama gefütterte Regenmäntel), leichte Lodenmäntel, schwere Jagdmäntel und vor allem eine große Auswahl an Tropenkleidung für die betuchten Kunden, die in den deutschen Kolonien lebten und nur nach Berlin kamen, um sich neu einzukleiden. Manche ließen sich die Ware auch liefern. Wer in ein solches Kaufhaus ging, hatte Geld und suchte etwas Schönes. Wer zu C&A kam, brauchte dringend etwas Erschwingliches zum Anziehen.

Im Jahr 1906 setzten sich die Brüder Brenninkmeyer zu einer Strategiesitzung zusammen und überlegten, was für einen Arbeiter »erschwinglich« war. Detailliert listeten sie auf, was ein Industriearbeiter oder eine Angestellte im Monat verdiente, was sie für ihre Lebenshaltung, zum Beispiel Lebensmittel und Miete, ausgeben mussten, und was ihnen schließlich für Klei-

Werbegigant C&A: Die Eröffnung der ersten Deutschland-Filiale in Berlin kündigten die Brenninkmeyers 1911 mit zahlreichen ganzseitigen Zeitungs-Anzeigen an. Bis heute gehört C&A zu den Unternehmen in Deutschland, die am meisten Geld für Werbung ausgeben (Jahresetat 100 Millionen Euro).

dung übrig blieb. Danach richteten die Brüder ihre Preise aus: Eine Hose durfte nicht mehr kosten als der Wochenlohn eines Arbeiters, ein Mantel maximal so viel wie ein Monatsgehalt. An diesen Richtlinien orientierten die Brenninkmeyers sich über Jahrzehnte.

Für die Berliner war C&A ein Erlebnis. Hier konnte hereinspazieren, wer wollte, auch wenn er nur wenig Geld im Geldbeutel hatte. Bei C&A fand er trotzdem etwas. Der Laden war immer gut besucht. Die Brenninkmeyers zerbrachen sich den Kopf darüber, wie man die Mengen von Kunden zufrieden stellen könnte, ohne in jeder Abteilung zahlreiche qualifizierte und hochbezahlte Verkäufer beschäftigen zu müssen. Hohe Personalkosten waren in ihrem Konzept – preiswerte Mode für möglichst viele Menschen – nicht vorgesehen. Die Lösung, die sie fanden, war so unglaublich einfach wie neu: Sie ließen die Kunden ihre Kleidung einfach selbst aussuchen. Das heute so selbstverständliche Konzept war für die Kundschaft in den Textilgeschäften eine kleine Revolution. In anderen Kaufhäusern und Läden bediente Fachpersonal. Die Kunden nahmen auf Sesseln Platz, nannten ihre Wünsche und die Verkäufer brachten ihnen dann die Ware. Sie suchten die Röcke oder Mäntel, die eventuell gefallen könnten, und berieten bei Material, Qualität und Form. In den nobleren Modehäusern gab es in den Verkaufs- und Vorführräumen extra Personal, das die Kleidung vorführte, während die Kunden wie bei einer privaten Modenschau in bequemen Sesseln Platz nahmen und zuschauten.

Bei C&A konnten die – weniger wohlhabenden – Käufer sich die Ware, die fein säuberlich sortiert in Regalen entlang der Wände hing, zusammen mit den Verkäufern anschauen. Später, nach dem Zweiten Weltkrieg, gingen die Brenninkmeyers dann dazu über, die Kleider auf Ständer zu hängen, von denen die Kunden sich die Ware selbst herunternahmen, um sie in Umkleidekabinen anzuprobieren. Den Kunden gefiel das neue Modell und für C&A sparte es Kosten.

Das Berliner Kaufhaus warf so hohe Gewinne ab, dass Clemens Brenninkmeyer 1913 weitere Filialen in Köln, in Essen und in Hamburg sowie ein zweites Haus in Berlin in der Chausseestraße eröffnete. Dann stoppte der Kriegsausbruch die Entwicklung: Stillstand für die Textilbranche – außer für die Kriegslieferanten. Für Günther Quandt (BMW-Dynastie) als Chef mehrerer großer Tuchfabriken beispielsweise brachte der Kriegsausbruch eine gewaltige

Kaufappell an die gute Soldatenfrau: Während des Ersten Weltkriegs bleiben bei C&A wie im gesamten Einzelhandel die Kunden aus.

Auftragswelle. Die Nachfrage nach Uniformen für das preußische Heer stieg innerhalb weniger Wochen um das Zehnfache. Quandt hatte mit der Mobilmachung gerechnet und sich auf diesen Fall, anders als manche seiner Wettbewerber, gut vorbereitet. Die Fabriken der Quandts waren voll ausgelastet.

Der Textilhandel dagegen bekam die Not der Bevölkerung während der Kriegsjahre deutlich zu spüren. Die Branche zeigte sich bewusst patriotisch. In ganzseitigen Anzeigen, die C&A schon damals einmal in der Woche in verschiedenen Tageszeitungen schaltete, riefen sie die Frauen dazu auf, weiterhin bei ihnen einzukaufen. Trotz der widrigen Umstände, trotz des Krieges und für ihre tapferen Soldaten. Und sie betonten als Vorzug ihrer Ware, dass sie von »deutschen Arbeiterinnen« aus in Deutschland gefertigten Stoffen genäht wurden.

Nach Kriegsende 1918 ging es schnell wieder aufwärts im Textilhandel.

Diese Anzeige schaltete C&A nicht etwa während der NS-Zeit: Schon im Ersten Weltkrieg warb die Textilkette mit einschlägigen Slogans: »Deutsche Tracht für Deutsche Frauen«.

Es folgten die »goldenen Zwanziger« – die Blütezeit der Berliner Konfektion. Die Bürger drängte es nach »Amüsemang«, nach Tanztees, Theater, Kino. »Schnieke« wollten die Berliner sein. Die Frauen wurden selbstbewusster, die Kleider kürzer, die Zigarettenhalter länger. In der Damenmode überwog der »Garçonne«-Stil. Jungenhaft schlanke Frauen mit Bubikopf-Frisur trugen schmale, gerade Kostümjacken, lange Hosen und sogar Smoking mit Krawatte.

Die besten Kundinnen der Modesalons waren Filmstars wie Marlene Dietrich und Lilian Harvey. »Berliner Chic« wurde zum Exportschlager. Nach Paris, London und sogar nach Amerika lieferten die Deutschen ihre Textilien. In den Berliner Luxusgeschäften kauften die oberen Klassen. Wer sich die Garderobe der neuen Stars nicht leisten konnte, wartete auf die billigere Variante in den Kaufhausketten. Der gehobene Mittelstand ging zu Peek & Cloppenburg oder Hettlage. So hatte P&C in den 20er Jahren bereits Regenkleidung für die feinen Leute und »Auto-Fahrmäntel aus Leder oder Wollstoffen« im Angebot. Es war eine kleine, gehobene Käuferschicht, die sie damit ansprachen, denn wer fuhr in dieser Zeit schon ein eigenes Auto? C&A blieb bei seiner Strategie, Menschen mit geringem Einkommen einzukleiden. Das Unternehmen warb mit dem Slogan »C&A – ist doch vorteilhafter«.

Die Brenninkmeyers boten Mode für alle. Die C&A-Einkäufer griffen die Modetrends der Haute Couture aus Paris oder Berlin auf und kopierten die Modelle, nur waren diese Varianten aus sehr viel preiswerteren Stoffen und mit vereinfachten Schnitten gefertigt. Wenn die Jacken und Mäntel der Pariser Designer plötzlich alle mit einer diagonalen Linie zugeknöpft wurden, so dauerte es nur kurze Zeit, und die Kollektionen bei C&A hatten ebenfalls diagonale Linien. »Und das alles zu den bekannten niedrigen C&A-Preisen.« Für jedermann erschwinglich. Deshalb sprach das Textilunternehmen auch nicht von »Kopieren«, sondern von der »Demokratisierung der Mode«.

Die Brenninkmeyers konnten die Kleidung vor allem deshalb so günstig anbieten, weil sie in großen Mengen orderten. Die topmodischen Matrosenanzüge beispielsweise, die Clemens in den 20er Jahren bestellte, verkauften sie zeitgleich in ihren deutschen und englischen Filialen. Dabei stießen sie, so Roger Miellet, nur auf ein Problem: Es gab noch immer keine einheitlichen Größenstandards, so dass die Filialen große Ateliers unterhalten mussten, in denen die Kleidungsstücke je nach Lieferfirma den C&A-Größen angepasst wurden. Das muss doch anders gehen, dachte Clemens. Nach vielen erfolglosen Gesprächen mit verschiedenen Lieferanten entschied er sich schließlich dafür, die Produktion selbst in die Hand zu nehmen. Die erste Textilfabrik baute die Familie in der Karel du Jardinstraat in Amsterdam. Die Brenninkmeyers boten die Kollektionen nun in so vielen verschiedenen Größen an, dass sie kaum noch Änderungsschneidereien in den Geschäften brauchten. Jeder Kunde fand bei ihnen die passende Größe.

Die modische Ausgelassenheit wurde jäh durch die Inflation beendet, die die deutsche Wirtschaft 1923 zum Erliegen brachte. Von einem Tag auf den anderen kostete eine Schrippe in Berlin 120000 Mark. Auf dem Höhepunkt der Währungskrise zahlte man für einen Monatsbeitrag im Turnverein nicht mehr zehn Mark, sondern 20 Millionen. Eine Schachtel Zündhölzer kostete zeitweise gar 20 Milliarden Mark. Kleidung war vorübergehend unbezahlbar, die Mark auf den Devisenmärkten praktisch wertlos. Auf dem Höhepunkt der Geldentwertung, im Herbst 1923, kostete ein einziger Dollar 1,26 Billionen Mark. Nach der Währungsreform, mit Einführung der Rentenmark, erholte sich die Modebranche jedoch rasch von der Krise. 1927 überstiegen die Umsätze bereits wieder eine Milliarde Mark.

Clemens Brenninkmeyer hatte sich durch die Inflation nicht irritieren lassen. Der international versierte Geschäftsmann ließ die Einnahmen aus den deutschen Filialen jeden Abend nach Berlin transportieren und tauschte sie gleich am nächsten Morgen bei der Reichsbank in holländische Gulden, in harte Währung, ein. »Ein völlig legaler Vorgang«, wie die Familie Brenninkmeyer betont, »aus kaufmännischer Vorsicht und Umsicht.« So konnte C&A die Verluste durch die Geldentwertung minimieren. Zum Teil wurden die Tageseinnahmen aus den Filialen sogar mit dem Flugzeug in die Hauptstadt gebracht.

Die 20er und 30er Jahre veränderten das Textilgeschäft stark. Die Kaufhäuser nahmen allmählich die Form an, die wir heute kennen. Ein großer Schritt in diese Richtung war das Familienkaufhaus. Die Brenninkmeyers legten 1926 ein Damen- und ein Herrenkaufhaus zusammen, so dass die ganze Familie unter einem Dach einkaufen konnte (Kinderabteilungen gab es zu der Zeit noch nicht. Kinder trugen Herren- oder Damenmode in kleinen Größen). Zuvor war Damen- und Herrenmode immer in getrennten Geschäften angeboten worden. Die meisten Textilunternehmen hatten sich auf das eine oder das andere spezialisiert. P&C, Boecker und Hettlage waren in den 20er Jahren noch reine Herrenausstatter. Die Brenninkmeyers gehörten zu den wenigen, die Herren- und Damengeschäfte besaßen. Nur wenige Jahre nach der Eröffnung des ersten C&A-Hauses für Damen- und Herrenmode zogen die anderen Ketten nach. P&C Süd stieg 1936 in das Geschäft mit Damenmode ein, P&C Nord ein Jahr später.

C&A war in dieser Zeit sehr innovativ. Die Brenninkmeyers setzten in ihren Läden den Barkauf durch (zuvor hatten die Kunden meist in Raten gezahlt – plus Zinsen) und führten den Umtausch ein. Sie nahmen gekaufte Ware zurück, egal ob die Kleidung nicht passte oder nicht gefiel und in welcher C&A-Filiale sie gekauft worden war. Ein Service, den die Kunden schnell nicht mehr missen wollten. So blieb den Wettbewerbern nichts anderes übrig als nachzuziehen.

1928 besaßen die Brenninkmeyers acht Filialen in Deutschland. 1922, gut zehn Jahre nach der Eröffnung der ersten Deutschlandfiliale, wagte die Textilsippe den Sprung nach England. Natürlich ging Clemens Brenninkmeyer dort nicht irgendwohin. Nein, er eröffnete das erste C&A-Geschäft auf der Oxford Street in London. 5000 Quadratmeter und 15 Schaufenster umfasste das Bauwerk. Beeindruckende 80 Meter lang war die Giebelwand. Sogar in der holländischen Presse schaltete die Familie Anzeigen anlässlich dieser spektakulären Eröffnung. »Durch diese neue Erweiterung wird unsere Einkaufsmacht ... erheblich vergrößert, so dass wir in der Lage sind, noch preiswerter einkaufen und verkaufen zu können. Ein Vorteil, welchen wir vollständig an unsere Kunden weitergeben.« Das zweite und dritte Kaufhaus richtete Clemens in Birmingham und Liverpool ein, zwei dicht besiedelten industriellen Zentren.

Er dachte zu diesem Zeitpunkt bereits über eine Expansion von C&A nach Amerika nach. Um den Markt auszuloten, machte er eine lange Reise in die USA. Entmutigt kehrte er zurück. Gegen die starke Stellung der jüdischen Textilhändler in New York hatte er keine Chance, so realistisch beurteilte er die Lage. Ein Laden in Amerika, das wäre die Krönung seiner Karriere gewesen. Sein Traum sollte in Erfüllung gehen – allerdings erst nach seinem Tode. »Pastor Brenninkmeyer« starb 1938. Das erste USA-Geschäft eröffneten seine Nachfahren erst nach dem Zweiten Weltkrieg.

»Arisch« bis zum letzten Mitarbeiter

Es war in den frühen Morgenstunden am 10. November 1938. Normalerweise herrschte am Hausvogteiplatz um diese Zeit noch Ruhe. Der Krach, den die Lieferanten veranstalteten, wenn sie die Modegeschäfte rund um den Platz belieferten, begann erst später. An diesem Morgen aber splitterten hier die Scheiben, und Türen krachten zusammen. NSDAP-Mitglieder und zahlreiche Nazi-Helfer zerrten die behängten Kleiderständer aus den jüdischen Textilunternehmen auf den Platz und verbrannten sie dort. Wenn sich ein jüdischer Geschäftsmann blicken ließ, um gegen den Terror zu protestieren, wurde er verprügelt oder sofort verhaftet. Es war der Morgen der Reichspogromnacht, der vorläufige Höhepunkt der nationalsozialistischen Hetze gegen die jüdischen Industriellen.

Ein Großteil der jüdischen Textilhersteller hatte sich zu dem Zeitpunkt bereits aus Nazi-Deutschland abgesetzt. Ihre Geschäfte waren durch staatlich organisierte Boykotte in den Bankrott getrieben, enteignet oder von den Besitzern aufgegeben worden. Wer konnte, verkaufte die Häuser notgedrungen an »arische« Kaufleute, meist zu Schleuderpreisen weit unter ihrem wirklichen Wert. Auch die Brenninkmeyers erwarben in Leipzig und in Wuppertal so genannte »arisierte« Kaufhäuser.

Die Händler und -fabrikanten jüdischen Glaubens, denen die Flucht ins Ausland nicht gelang, wurden von den Nazis malträtiert und später in eines der Konzentrationslager deportiert. Viele von ihnen kamen in den KZs um.

Mit dem Aufstieg der Nationalsozialisten beginnt ein »schwarzes Kapitel in der Geschichte der Konfektion«, heißt es im Fest-Almanach *150 Jahre deutsche Konfektion*, der 1987 vom Verband der Berliner Bekleidungsindustrie herausgegeben wurde. Traditionell waren viele Modebetriebe in jüdischem Besitz gewesen. Am Hausvogteiplatz gab es Anfang der 30er Jahre »Leopold Levy Damen-Mäntel«, die Pelzwarenfabrik Rosenthal & Jacobsohn, Karl Lax' »Confection en gros« und viele andere jüdische Traditionsgeschäfte wie die von Herman Gerson und Nathan Israel. 90 Prozent der gesamten Branche, so lautete die Propaganda der Nazis, seien »in jüdischer Hand«. Das entsprach natürlich keinesfalls der Wahrheit, diente den Nationalsozialisten aber dazu, die dumpfen Ressentiments gegen diese Kaufleute als angebliche Bedrohung für die »arischen« Hersteller und Kaufmänner zu schüren.

Gleich nach der Machtübernahme im Januar 1933 begannen die Repressalien der Nationalsozialisten. Am 1. April rief Propagandaminister Joseph Goebbels zum Boykott jüdischer Geschäfte auf. Wie von der Nazi-Partei geheißen, postierten sich morgens um 10 Uhr bewaffnete SA-Leute und andere Hitler-Getreue vor den Läden der Juden und hinderten die Kunden daran, die

Geschäfte zu betreten. Vor dem Eingang zu Nathan Israels Geschäft rottete sich ein Dutzend Nazis zusammen, die Schilder mit »Deutsche! Wehrt Euch! Kauft nicht bei Juden ein« in die Höhe hielten.

Die Nationalsozialisten forderten eine »Mode der arischen Wesensart«, nicht die »Pariser Mode der jüdischen Fabrikanten«. Französische Einflüsse waren ebenso verpönt wie britische. Sogar das Wort »Konfektion« ließen die Nazis 1936 verbieten. Die Industrie- und Handelskammer Berlin geiferte daraufhin: »In weiten Kreisen ist bedauerlicherweise noch immer die unschöne Bezeichnung ›Konfektion‹ in Gebrauch.« Dabei habe »dieses durchaus überflüssige Fremdwort« einen »wenig angenehmen Beigeschmack«. Die Kammer riet, lieber von »Kleidung« oder »Bekleidung« oder von »Bekleidungsindustrie« zu sprechen.

Nicht nur die Sprache, auch die Mode sollte deutsch sein. Schlicht, rein und weiblich, so stellten die Nazis sich die Kleidung für die »arische« Frau vor. Der knabenhafte »Garçonne-Typ« der 20er Jahre gehörte der Vergangenheit an. Die Nazis vereinnahmten das Dirndl für ihre Ideologie. Der weite Rock mit Schürze, engem Mieder und braver Bluse entsprach ihrem Ideal einer Frau, vor allem der ländlichen Frau. Sie hatte mütterlich zu sein, mit runden Hüften, natürlich, ungeschminkt und mit geflochtenem Haar (Gretchenfrisur). Die Städterinnen durften sich schicker kleiden. Sie gingen abends in eng anliegenden Roben mit Schärpen aus. Erlaubt war auch ein weiter Ausschnitt, der den Busen betonte.

Die Mode wurde der Zensur unterworfen. Zwar durften die zuständigen Redakteure weiterhin zu den Messen an die Seine fahren – ausgerüstet mit einem »Modepass« und genau bemessenen Devisen –, sie mussten aber anschließend jedes Foto, das sie drucken wollten, und jede Zeichnung in Goebbels' Reichspropaganda-Ministerium prüfen lassen. Nur was sich für den »arischen Typ« eignete, wurde für die Veröffentlichung freigegeben.

Während der Kriegsjahre musste die Mode sich den schwierigen Verhältnissen anpassen. Sprich: Da die Stoffmengen rationiert waren, wurden die Röcke immer kürzer und enger und die Kostümjacken immer militärischer, mit Rosshaareinlagen an den breiten Schultern. Frauenhosen, die vorher als unschicklich gegolten hatten, waren plötzlich »modern« – aus dem einfachen Grund, dass sie sich gut als Arbeitskleidung in den Fabriken eigneten. Kleidung war Mangelware. Ab 1939 erhielten alle Deutschen eine Kleiderkarte. 100 Punkte standen jedem Bürger im Jahr zur Verfügung – ein Paar Strümpfe kostete vier Punkte, ein Anzug 60, ein Kostüm 45. Je länger der Krieg dauerte, desto moderner wurden Kostüme. Für sie brauchte man weniger Stoff als für Glocken- oder Faltenröcke und sie wirkten – der Kriegszeit entsprechend – militärisch und streng. Kein Wunder, dass Christian Dior nach dem Krieg mit seinem verspielten »New Look« einen Welterfolg erzielte: »Wir hatten eine Zeit des Krieges, der Uniformen, der dienstverpflichteten Frauen mit breiten Boxerschultern hinter uns. Ich zeichnete blumenhafte Frauen, sanft gewölbte Schultern, gerundete Brustlinien, lianenschlanke Taillen und wie Blumenkelche sich ausbreitende weite Röcke.«

Von einer solchen Mode war man im Jahr 1940 noch meilenweit entfernt. Damals wurden – aus der Not geboren – »Kombinationen« schick. Wegen der Stoffknappheit kombinierte man verschiedene Stoffe in verschiedenen Farben (»nationalblau«, »stahlhelmgrau« und »SA-uniformbraun« waren die Modefarben) miteinander. Gegen Endes des Krieges gab es kaum noch Kleidung zu kaufen. Die Textilhersteller begannen, alte Herrenmäntel aufzutrennen und daraus Kindermäntel zu nähen. C&A warb dafür mit dem Werbeslogan »Aus eins mach zwei«, aus einem großen Mantel fertigte man zwei kleine. Das Modehaus bot den Kunden auch Regenmäntel an, die aus alten, speziell behandelten Bettlaken gefertigt wurden.

Neue Stoffe waren Mangelware und mussten, so die Hitler-Order, für die Uniformen verwendet werden. »Wichtig ist vor allem, dass die Wehrmacht mit Uniformen und die in der Rüstung eingesetzten Arbeitskräfte mit geeigneter Arbeitskleidung versorgt werden«, hieß es. Das Volk musste alte Kleider und Schuhe auftragen, um den Soldaten an der Front zu helfen.

Die Nazi-Größen selbst nahmen sich von dieser Regel selbstverständlich aus. Von Goebbels beispielsweise heißt es, er habe für jeden Tag im Jahr einen Anzug besessen. Und die entsprachen nicht einmal den Uniform-Vorschriften, sondern waren Haute-Couture-Ware, Maßanfertigungen, die sich der Reichspropaganda-Minister, der in jeder Ansprache gegen die »Feinde im In- und Ausland« hetzte, heimlich aus dem Ausland kommen ließ. Die Frauen einiger Parteifunktionäre waren so unverfroren, in »jüdischen« Konfektionsgeschäften einzukaufen. Emmy Göring beispielsweise soll noch Mitte der

Kreativität war gefragt: C&A als Service-Unternehmen.

30er Jahre mehrfach in den Vorführ- und Verkaufsräumen der jüdischen Kaufhäuser im Berliner Konfektionsviertel gesehen worden sein – zu einer Zeit, in der Hitler, ihr Mann Reichsfeldmarschall Hermann Göring und Goebbels bereits mit aller Macht und Grausamkeit gegen »die Verjudung der Modebranche« kämpften.

Zu diesem Zweck gründeten die Nazis 1933 die ADEFA. Die »Arbeitsgemeinschaft deutsch-arischer Fabrikanten« übte massiven Druck aus, um die »jüdischen« Konfektionäre von arischen Zulieferbetrieben abzuschneiden und so in den Ruin zu treiben. Bis zur Damenunterwäsche hin warben die Hersteller für die Kleidung mit dem Etikett »garantiert arisch«. Das ADEFA-Verbandszeichen »verbürgte« dafür, dass die gekennzeichnete Ware ausschließlich von »arischer Hand« hergestellt wurde. Nur dann könne der Käufer sicher sein, »daß er deutschen Facharbeitern und Angestellten damit Brot und Arbeit verschafft, nicht aber, wie das früher aus Unwissenheit möglich war, sein Geld für den Profit des Konfektionsjuden ausgibt«.

In den ersten Jahren traten nur wenige Textilhersteller dem Verband bei. Die Industriellen hatten teils über Jahrzehnte mit Geschäftsleuten jüdischen Glaubens zusammengearbeitet. Durch den Abbruch dieser Geschäftsbeziehungen hätten sie sich automatisch ausgeklammert und ihr Geschäft ruiniert. Zudem, so berichten die Brenninkmeyers heute, sei die Zusammenarbeit zwischen Textilhändlern und -produzenten – egal welchen Glaubens – traditionell »gut und eng« gewesen.

Als die Nazis feststellten, dass die Industriellen ihrem Aufruf nicht freiwillig folgten, erhöhten sie den Druck auf die Branche. Ob die Brenninkmeyers mit ihren Unternehmen zur Textilherstellung, die sie zu der damaligen Zeit besaßen, der Organisation beitraten, ist mangels Unterlagen ungeklärt.

Wer der ADEFA fern blieb, bekam Ärger mit der Partei. So erging es Walter Girgner, dem »Blusenkönig« der 30er Jahre. Girgner hatte die Firma Trumpf 1932 in Berlin gegründet. Schnell wurde das Unternehmen zum größten Damenblusen-Hersteller in Deutschland. Als er sich weigerte, der ADEFA beizutreten, richteten die Nazis ihre Repressalien auch gegen sein Geschäft. Nach dem Zweiten Weltkrieg fing Girgner in München neu an. Das Unternehmen besteht bis heute, wenn auch die Nachfahren das Werk in Berlin mit 100 Mitarbeitern Ende 2003 schließen mussten.

Die meisten Produzenten und Händler arrangierten sich mit den Nazis. Auch die Brenninkmeyers taten dies über Jahre hinweg. Ihr Geschäft, ihre Aufträge hingen von der Gunst der braunen Machthaber ab. Und als holländischer Clan mit einem Großunternehmen hatten sie selbst immer wieder Probleme. Die Textilkette war den Nationalsozialisten zu groß, die Familie zu katholisch, das Geschäftsgebaren und die Herkunft zu undurchsichtig.

Wiederholt mussten die Brenninkmeyers den Nachweis erbringen, dass sie »arischer Abstammung« sind, um den Zwangsmaßnahmen zu entgehen, die ihre jüdischen Konkurrenten in den Konkurs trieben. So verweigerten die Nazi-Behörden ihnen 1938 die Ladenschilder mit der Klassifikation »arisch«. »Trotz wiederholter Bemühungen«, wie das Berliner C&A-Hauptbüro sich in einem Brief an Göring beschwert. Beigelegt war die Bescheinigung des Standesamtes Mettingen, die bestätigte, dass die acht Gesellschafter der Firma C&A Brenninkmeyer (August, Karl, Eugen, Felix, Franz, Johannes, Rudolf und Hugo Brenninkmeyer) »rein arischer Abstammung und die Familien Brenninkmeyer in Mettingen seit Anfang des 16. Jahrhunderts ansässig sind«. Weiter heißt es in dem Schreiben: »Eine Heirat von Familienmitgliedern mit nicht arischen Personen hat, soweit die hiesigen Urkunden dieses dartun, niemals stattgefunden. ... In den Gemeinden Mettingen und Recke hiesigen Amtes – Mettingen 5856 Seelen, Recke 4244 Seelen – hat seit Jahrhunderten ein Nichtarier überhaupt nicht gewohnt.«

Eine Heirat zwischen einem Brenninkmeyer und einer Frau jüdischen Glaubens wäre damals völlig unvorstellbar gewesen und ist es vermutlich heute noch. Die Familie war durch und durch katholisch. Sie heirateten katholisch, sie kauften in katholischen Geschäften und sie stellten ausschließlich Katholiken ein, keine Protestanten, keine Juden. So hat der strenggläubige Clan es immer schon gehandhabt. Diese Praxis hatte bereits 1930, also drei Jahre vor der Machtübernahme durch die Nationalsozialisten, den Ärger jüdischer Verbände auf sich gezogen. Die Frankfurter Ortsgruppe des »Centralvereins Deutscher Staatsbürger jüdischen Glaubens« wandte sich mit einem Brief an die C&A-Geschäftsleitung, in dem es heißt: »Der Zentralverband der Angestellten teilt uns mit, dass Sie das Arbeitsamt ersucht haben, Ihnen jüdische Bewerber für offene Stellen in Ihrem Geschäft nicht zu schicken, da Sie jüdisches Personal nicht einstellen. Wir bitten um gefällige Mitteilung, ob dies zutrifft, weil wir annehmen, dass Sie in diesem Falle auch auf jüdische Kundschaft keinen Wert legen, und wir unsere Mitglieder hiervon in Kenntnis setzen möchten.« Der Verband erhielt auf diesen Brief – auch auf Nachfrage hin – nie eine Antwort von den Brenninkmeyers.

Die Herren von C&A wollten wirtschaftlich vorankommen und ihr Filialnetz ausbauen. Zu diesem Zweck war ihnen auch die antisemitische Nazi-Propaganda recht. So schrieben sie mehrere hetzerische Briefe an Göring, als die Nationalsozialisten in Leipzig die Eröffnung einer neuen C&A-Filiale verhindern wollten. Die Brenninkmeyers hatten in Leipzig 1937 von einem Berliner Fabrikanten jüdischen Glaubens, mit dem sie eine jahrelange Geschäftsbeziehung verband, ein Gebäude gekauft. Der Fabrikant hatte Deutschland verlassen. Die Brenninkmeyers erwarben das Gebäude in einer Zwangsversteigerung. Aber die braunen Stadtobersten verweigerten ihre Zustimmung für die neue C&A-Filiale. Sie verwiesen auf das Expansionsverbot für Großbetriebe (C&A hatte damals 14 Filialen). »Nach dem Einzelhandelsschutzgesetz muss ein Filialunternehmen, das ein weiteres Zweiggeschäft eröffnen will, den Nachweis für das Bedürfnis eines solchen Geschäfts erbringen, um die Ausnahmebewilligung nach dem genannten Gesetz zu erlangen.« Die NSDAP-Kreisleitung Leipzig sah den »Bedürfnisnachweis« nicht als erbracht an. Eine neue Filiale in Leipzig sei wirtschaftlich bedenklich (»Ein Hinzutreten einer Groß-Filiale der Firma Br. in Leipzig, die einen Umsatz von rund 4 Millionen RM tätigen will, muss die geringe Gewinnspanne der jetzt bestehenden Geschäfte aufzehren oder in Verlust verwandeln.«) und politisch unerwünscht (»Zudem scheint die Fa. Br. ein Schulbeispiel des Kampfes des Großkapitals gegen den Mittelstand zu sein.«). In dieser Zeit kämpften die Wettbewerber im Einzelhandel mit harten Bandagen. Die Leipziger Kaufleute beschimpften Brenninkmeyer als »Schädling des Einzelhandels«, als »rigorosen Großkapitalisten, von welchem man sagt, dass er seinen Lieferanten ein Halsabschneider und schlimmer als ein Jude sei«. So betitelte die Mitinhaberin der Firma »Hellinger Wolf«, Marie Wolf, den Filialisten in einem Beschwerdebrief an den Stellvertreter des Führers, Rudolf Heß, Anfang 1938.

Die Brenninkmeyers wandten sich an Hermann Göring, den Beauftragten für den Vierjahresplan. Der Wirtschaftsminister und Reichsfeldmarschall war dem Unternehmen Brenninkmeyer offenbar wohlgesonnen. In dem Brief, den die C&A-Hauptzentrale an ihn schrieb, heißt es wörtlich: »Wir waren eines von den Unternehmen, die vor dem Kriege in die Vormachtstellung eindrangen, die der jüdische Textileinzelhandel besaß, und haben uns gegen die Kapitalmacht des Waren- und Kaufhauses und gegen die Vormachtstellung der gesamten jüdischen Konkurrenz durchsetzen müssen und durchgesetzt. Es ist seit der Gründung niemals ein Nichtarier bei uns beschäftigt worden. Unser Unternehmen ist von Anfang an ein reines Familienunternehmen gewesen, das in Form einer offenen Handelsgesellschaft betrieben wird. Die Inhaber sind sieben Herren Brenninkmeyer, die das Geschäft in der dritten Generation besitzen und selbst ausschließlich leiten. Hinter ihnen stehen als vierte Generation nicht weniger als 40 Nachkommen, davon 20 männliche, die die Firma dereinst weiter führen sollen. Die Familien Brenninkmeyer sind rein arisch und nachweisbar seit dem Anfang des 16. Jahrhunderts in Mettingen in Westfalen ansässig.«

Der NS-Jargon verfehlte seine Wirkung auf Göring nicht. Der Verweis auf die jüdische »Vormachtstellung« und die jüdische »Kapitalmacht« bediente perfekt die Ressentiments der Nazis. Ein Argument für die Notwendigkeit der Filiale war es jedoch nicht. Dafür führten die Brenninkmeyers an: »Durch unsern Zuzug nach Leipzig dürfte in erster Linie den breiten Schichten der Bevölkerung gedient werden. Der Zuzug würde auch vornehmlich an der Ausbreitung der heimischen Rohstoffe im Rahmen des Vierjahresplans mitwirken, denn er würde im verstärkten Maße die aus heimischen Stoffen hergestellten Produkte an eine große Verbraucherschaft heranbringen.«

Göring gab das Schreiben an seinen Mitarbeiter weiter, mit der Bitte, die Angelegenheit zügig zu regeln – im Sinne der Brenninkmeyers. Kurz darauf erhielten diese von Göring die nötige Genehmigung. Der hatte befunden, dass in Leipzig der »Index für die Gegenstände der Herren- und Damenkonfektion, in der Hauptsache Anzüge und Kleider, erheblich höher war als im übrigen Reich«. Dafür hatte er einen Vertrauensmann im ganzen Land Kleider und Anzüge kaufen und die Preise vergleichen lassen. Das Fazit: Die Leipziger Geschäfte lagen mit ihren Preisen bis zu 60 Prozent höher als anderswo. »Daraufhin genehmigte ich der Konfektionsfirma Brenninkmeyer, eine Niederlassung in Leipzig aufzutun«, erklärte Göring schriftlich.

Allerdings gaben die Leipziger Parteigenossen nicht klein bei. Durch bürokratische Tricks versuchten sie weiterhin, die Öffnung der Filiale zu verzögern. Die Brenninkmeyers hatten ihr Geschäftshaus inzwischen eingerichtet, 130 Mitarbeiter eingestellt und die komplette Ware vor Ort. Aber die Türen mussten weiterhin geschlossen bleiben.

Als dem mächtigen Parteifreund Göring zu Ohren kam, dass sich die Gauleitung über seine Intervention hinweggesetzt hatte, tobte er. Erzürnt über den Ungehorsam wandte er sich im April 1938 an den Parteigenossen Mutschmann in Leipzig: »Ich kann nun keineswegs zulassen, dass bei einem deutschen Wirtschaftsunternehmen der Eindruck entsteht, dass ich zwar im ganzen übrigen Reich die letzte Autorität für die Wirtschaftsführung bin, in Sachsen jedoch meine Weisung nichts gilt, ja sogar darüber hinaus nicht einmal mein Wort, das gegründet war auf die Zusage der dortigen Instanzen. Für die Firma sind bereits jetzt durch die Bezahlung der 130 Personen, die nichts zu tun haben, hohe Kosten entstanden, und es entstehen täglich neue Ausgaben, und zwar Ausgaben aufgrund meiner Zusage und meiner Übermittlung ... Ich kann unter keinen Umständen dulden, dass auch nur noch einen Tag länger meine Autorität derart lächerlich gemacht wird.« Das half.

Ein »deutsches Wirtschaftsunternehmen«, wie Göring schrieb, das war C&A Brenninkmeyer. Aber wie sah das mit der Familie aus, die hinter dem Unternehmen stand? Waren die Textilhändler Deutsche oder – wie dem Unternehmen in Hitler-Deutschland immer wieder vorgeworfen wurde – doch Holländer? Die Geschäftsleitung in Berlin wehrte sich vehement gegen die geschäftsschädigende Äußerung, die Firma gehöre Holländern. Ansonsten hätten sie womöglich einen deutschen Treuhänder an die Seite gestellt beziehungsweise vor die Nase gesetzt bekommen. In der Tat aber hatten alle Brenninkmeyers, auch die in Deutschland lebenden, holländische Pässe. Das machte die Argumentation für die Familie kompliziert. Sie mussten ihre jahrhundertealte Verbundenheit mit Mettingen bemühen. In einem Schreiben an Göring »zu der uns zur Kenntnis gebrachten Behauptung, ›die Firma C&A Brenninkmeyer sei zwar eine deutsche Gesellschaft, ihre Inhaber seien jedoch Holländer, die als Devisen-Inländer deklariert seien‹«, erklärten sie, »dass die Familie Brenninkmeyer nachweisbar schon seit dem 16. Jahrhundert in Mettingen i. Westf. ansässig ist«. Ihre Vorfahren »mussten« 1787 auf

Grund eines Dekretes das holländische Bürgerrecht erwerben, »obwohl sie in Mettingen mit Grund und Boden ansässig waren und ihre Familien nie den deutschen Boden verlassen hatten. Sie haben sich aber damals mit Erfolg geweigert, dem Verlangen der holländischen Behörden, ihre Familien nachkommen zu lassen, zu entsprechen. Bis heute hat die Familie Brenninkmeyer niemals ihre Ansässigkeit in Mettingen aufgegeben, ist stets mit Grund und Boden dort ansässig gewesen und somit seit dem 16. Jahrhundert ununterbrochen mit ihrem Heimatland verbunden.«

Die meisten Anfeindungen der Nazi-Deutschen richteten sich gegen den strengen Katholizismus des C&A-Clans. »Katholisch« war bei den Nazis nur als Gegensatz zu »jüdisch« von Vorteil und erschien ihnen ansonsten eher verdächtig.

Immer wieder landeten Beschwerdebriefe bei den Behörden. Die Händlerfamilie gewähre Katholiken Rabatte, wenn diese einen Brief ihres Pfarrers vorzeigten, hieß es darin. Die Familie lasse Kleidung in Klöstern nähen und finanziere sich mit katholischen Kirchengeldern. In der Berliner C&A-Zentrale wusste man, was für Auswirkungen solche Gerüchte haben konnten. Aber wie könnte man sie am wirkungsvollsten widerlegen und ein für allemal unterbinden? Man müsste Göring auf seine Seite bekommen. Dann könnten die niederrangigen Parteigenossen nichts mehr gegen das Unternehmen ausrichten.

Also wandte sich das Brenninkmeyer-Management 1938 wieder in einem Brief an das Bundeswirtschaftsministerium. Die Vorwürfe räumten sie mit der boshaften Bemerkung aus dem Weg, »dass alle diese üblen Äusserungen aus jüdischen Quellen stammen. Als wir im Jahre 1930 unser Haus in Frankfurt eröffneten, haben Juden diese und andere üble Schmähungen erfunden und herausgebracht und auch schon jahrelang vorher uns mit derartigen Verleumdungen zu schädigen versucht ... Wir können es abschliessend nur bedauern, dass Leipziger Kreise auf diese jüdischen Erfindungen und Verleumdungen eingegangen sind und sie vorbehaltlos aus Anlass unserer Bekämpfung genommen haben.« Dass die Firma Insassen von katholischen Klöstern in Heimarbeit beschäftigt habe, sei »eine glatte Erfindung, wenn nicht eine niederträchtige Verleumdung«. Und mit Kirchengeldern finanziere das Unternehmen sich schon gar nicht. »Die Firma C&A Brenninkmeyer hat vom ersten Tage ihres Bestehens an nur und ausschließlich mit dem eigenen Geld ihrer Inhaber gearbeitet.«

Diese Briefe liegen im Institut für Zeitgeschichte in München. Als der *Zeit*-Journalist Hans Otto Eglau Anfang der 70er Jahre auf die Mikrofiche-Dokumente stieß und sie veröffentlichte, war bei der Familie Brenninkmeyer niemand zu einem Gespräch bereit. Auch zu diesen Vorfällen gab es keinen Kommentar von den Nachkommen. Keine Rechtfertigung, keinen Leserbrief. Die Zeitung wurde auch nicht zu einer Gegendarstellung aufgefordert. Der Riese schwieg weiter.

Heute bricht die Familie dieses Schweigen erstmals. Sie bedauerte »ausdrücklich, dass diese Briefe so geschrieben wurden«, erklärt die graue Eminenz der Familie. Und sie räumt ein, dass ihre Vorfahren in ihrem Verhalten »zu weit gegangen sind«. Die Briefe seien aber nicht »Ausdruck innerer Überzeugung« gewesen, sondern »Mittel zum Zweck«, Absicht der »in der Tat unschönen Briefe« sei es gewesen, die eigene Geschäftstätigkeit zu retten.

Man kann die Brenninkmeyers dafür kritisieren, dass sie sich an die braunen Machthaber angepasst haben, dass sie opportunistisch gehandelt haben, um möglichst unbehelligt ihren Geschäften nachgehen zu können. »Ihr extrem gefestigtes Wertesystem hat die Familie aber davor bewahrt, bei größeren Sauereien der Nazis mitzumachen«, sagt ein Vertrauter der Familie.

Die Herren von C&A wehren sich vehement gegen den gelegentlich in der Presse geäußerten Vorwurf, die Familie sei mit Göring befreundet gewesen. Es habe keinerlei private Kontakte gegeben. Geschäftlich allerdings hatten sie Kontakt. Schließlich ist Emmy Göring über Jahre hinweg in Berlin zu C&A gegangen, um sich mit Kinderkleidung und Damenschürzen für die »Wohltätigkeitsveranstaltungen« einzudecken, die sie regelmäßig auf ihrem Landsitz für bedürftige Familien ausgerichtet hat. Dabei ist sie auch von ihrem Mann begleitet worden. Die Familie hatte sich in diesen Jahren so weit es ging zurückgezogen. Franz Brenninkmeyer wollte das so. Das Hauptstadt-

»In der Tat unschöne Briefe«: Der Briefauszug aus dem Jahr 1938 belegt den Opportunismus der Brenninkmeyers während der Nazi-Diktatur. Fast 70 Jahre später entschuldigt die Familie sich erstmals für ihr Verhalten. Ihre Vorfahren seien »zu weit gegangen«. Quelle: Institut für Zeitgeschichte, München, MA 613

C&A

C. & A. BRENNINKMEYER

HAUPTBÜRO

BANK-VERBINDUNGEN
A. SCHARFENBERGER & CO.
DEUTSCHE BANK UND DISCONTO
GES. DEP.-KASSE KÖNIGSTR. 43–44
FERNRUF SAMMEL NUMMER
E 2 KUPFERGRABEN 5151
DRAHTWORT CENABREN

M./W.

ZWEIGNIEDERLASSUNGEN:
BERLIN C2 KÖNIGSTR. 33, N4 CHAUSSEESTR. 113
SO 36 ORANIENSTR. 40, CHARLOTTENBURG 4,
WILMERSDORFERSTR. 108, ALTONA, BREMEN,
BRESLAU, DORTMUND, DUISBURG, DÜSSELDORF,
ESSEN, FRANKFURT/M., HAMBURG, HANNOVER,
KÖLN, MAGDEBURG, W.-BARMEN.

BERLIN C 2 25. Februar 198
KÖNIGSTRASSE 33

An den
Beauftragten für den Vierjahresplan
Herrn Generalfeldmarschall G ö r i n g,

B e r l i n W.9.

Unter ergebener Bezugnahme auf die Besprechung vom heutigen Tage im dortigen Staatsamt nehmen wir zu den verschiedenen Vorwürfen, die uns im Anschluss an die Genehmigungserteilung für Leipzig bekannt gegeben sind, wie folgt, Stellung:

Die Erfindungen und Verleumdungen der oben stehenden Art sind uns nicht unbekannt, im Gegenteil wissen wir, dass alle diese üblen Ausserungen aus jüdischen Quellen stammen. Als wir im Jahre 1930 unser Haus in Frankfurt eröffneten, haben Juden diese und andere üblen Schmähungen erfunden und herausgebracht und auch schon jahrelang vorher uns mit derartigen Verleumdungen zu schädigen versucht. Wir haben es abgelehnt, uns mit derartig trüben und schmutzigen Quellen zu befassen und dagegen vorzugehen. Ebenfalls in Frankfurt istbder Versuch gemacht worden, unser Geschäft zu boykottieren und zwar von Seiten des Centralvereins Deutscher Staatsbürger Jüdischen Glaubens. Wir behändigen Ihnen hierüber die Photokopie zweier Schreiben aus dem Jahre 1930.

Wir können es abschliessend nur bedauern, dass Leipziger Kreise auf diese jüdischen Erfindungen und Verleumdungen eingegangen sind und sie bevorbehaltlos zum Anlass unserer Bekämpfung genommen haben. Wir unsererseits sind der Überzeugung, dass mit derartigen verwerflichen Mitteln ein Erfolg schliesslich doch nicht zu erzielen ist.

Heil Hitler!
C. & A. BRENNINKMEYER
Scharfenberger

büro in Berlin wurde während der NS-Zeit – heimlich – bis auf die Rechts- und die Personalabteilung nach Mettingen verlegt. Der »lange Franz« regelte die Geschäfte von der westfälischen Provinz aus und mied die Hauptstadt.

In einem Fall haben die Brenninkmeyers unter erheblichem persönlichen Einsatz einen Nazi-Verfolgten außer Landes gebracht. Der Kölner Jesuit Josef Spieker berichtet in seinen Erinnerungen, dass er 1937 seine Flucht nach Holland und weiter nach Chile Magda Brenninkmeyer verdankt. Er war mit der Familie schon seit der Schulzeit befreundet, besonders mit dem Mann Magda Brenninkmeyers, der bis zu seinem frühen Tod das Kölner C&A-Haus leitete. Pater Spieker war einer der Ordensbrüder, die offen gegen das Nazi-Regime Stellung bezogen. Bereits 1934 wurde er mehrfach von der Gestapo inhaftiert, zeitweise in einem Konzentrationslager festgehalten und wegen »Kanzelmissbrauchs« angeklagt. Seine Predigten stuften die Nazis als »staatsfeindlich« ein. Pater Spieker war entsetzt über das Grauen, das er im KZ sah und erlebte. Als er zwischenzeitlich auf freien Fuß gesetzt wurde, berichtete er, wo immer es ging, von den furchtbaren Ereignissen im KZ. Seine Ordensbrüder aber distanzierten sich weiter und weiter von ihm, je mehr Ärger er mit den Machthabern bekam. »Als die Verhaftung mit all ihren Folgen kam, war mein Handeln in den Augen mancher kirchlicher Behörde und mancher Oberer ›unklug‹ gewesen.« 1937 entschloss der Pater sich zur Flucht aus Deutschland. Während eines kurzen Freigangs rief er Magda Brenninkmeyer an und fragte, ob sie ihn nach Holland bringen könnte. In heftigem Schneetreiben brachte die Witwe ihn mit ihrem Chauffeur nach Aachen und dort über die Grenze bis nach Valkenburg in das Ignatius-Kolleg. Auf dem Rückweg wurde sie an der Grenze angehalten. Die Gestapo hatte herausgefunden, dass der Jesuit fliehen wollte, und ließ sämtliche Grenzübergänge Richtung Holland überwachen. Frau Brenninkmeyer räumte ein, Spieker nach Valkenburg gebracht zu haben. »Wie können Sie diesen Mann nur so behandeln?«, fragte sie die Gestapo entrüstet. Danach musste sie mehrere Hausdurchsuchungen über sich ergehen lassen. In zahlreichen C&A-Filialen suchten die Gestapo-Spitzel nach Verbindungen zu dem Staatsfeind Spieker. Der Pater war zwar wohlbehalten in Holland angekommen, doch auch dort fühlte er sich nicht sicher: »Als KZler und Nazi-Verfolgter war ich nicht gern gesehen; man wünschte, dass ich bald wieder verschwände.« Pater Spieker organisierte seine Abreise nach Chile. Die Reisekosten und die ganze Ausstattung für Chile hat die Firma C&A Brenninkmeyer übernommen.

1940 bekam die Familie die Gestapo-Methoden am eigenen Leib zu spüren. Als Deutschland das Nachbarland Holland überfiel, inhaftierten die Nazis die in Berlin greifbaren Brenninkmeyers, die ja holländische Staatsbürger waren. Die Familienmitglieder, die die Berliner Filialen leiteten, mussten mehrere Tage lang in Haft bleiben und sich als »ehrbare Deutsche« beweisen. Schließlich ließen die Nazis sie laufen.

Trotz dieser persönlichen Anfeindungen und der Hilfe für Menschen in Not haben die Brenninkmeyers ihre Vorteile aus dem Nazi-Regime gezogen. Deswegen hat sich die Familie 50 Jahre nach dem Zweiten Weltkrieg mit zwei Millionen Euro an dem Zwangsarbeiter-Fonds beteiligt. Von 1942 bis 1944 arbeiteten russische Näherinnen bei ihnen in Berlin in der »Herfa«-Fabrik. Als Unterkunft errichteten sie in Kreuzberg eine Baracke für 288 Personen. Die Brenninkmeyers hatten Aufträge für Wehrmachtsuniformen erhalten – wie P&C und andere Unternehmen auch – und sie haben ihren Vorteil aus dem staatlich organisierten Boykott der jüdischen Konkurrenz gezogen, als sie in zwei Fällen die Geschäfte übernahmen.

Neben dem Kaufhaus in Leipzig, das vormals in jüdischem Besitz war, erwarben sie ein »arisiertes« Kaufhaus in Wuppertal – und zwar zu einem Preis, der weit unter dem Marktwert lag. Die Stadtverwaltung suchte für das Haus, das zu dem Zeitpunkt bereits leer stand, einen »arischen« Käufer und drückte bei den Kaufverhandlungen mit dem jüdischen Vorbesitzer vehement den Preis. Anfang der 50er Jahre strengte der Vorbesitzer ein Wiedergutmachungsverfahren an. Die Brenninkmeyers zahlten, wie sie selbst einräumen, »einen wirklich nennenswerten Betrag« nach.

Als Wirtschaftsminister Hermann Göring am 12. November 1938 mittels der »Verordnung zur Ausschaltung der Juden aus dem deutschen Wirtschaftsleben« jegliche Zusammenarbeit von »Ariern« und Juden verbot, war die fast 100-jährige Textiltradition am Hausvogteiplatz schon zerschlagen. 200 der besten Modemacher und Konfektionäre hatten die Stadt und das Land verlassen. Das bedeutete das Aus für die internationale Mode in Berlin. Im Jahre 1936, so stellte das Wirtschaftsblatt der Berliner Industrie- und Handelskammer fest, war der Außenhandel in der Textilbranche ganz zum Erliegen gekommen.

Anfang 1939 hatte man alle jüdischen Geschäfte »zwangsarisiert«, also die Hälfte aller Berliner Ateliers. Nichtjüdische Mitarbeiter oder »arische« Geschäftsleute übernahmen die Betriebe und nannten sie um. Die neuen Besitzer stammten in vielen Fällen nicht aus der Branche, hatten oft nicht einmal eine kaufmännische Ausbildung. Ihre Qualifikation war das NSDAP-Parteibuch und die Nähe zur braunen Elite. Das Gerson-Geschäft am Kudamm hieß von da an nach seinem neuen Besitzer »Horn«. Die beiden Kaufhauskonzerne von Hermann und Leonhard Tietz, deren bedeutendstes Kaufhaus das 1907 gegründete KaDeWe war, wurden mithilfe der deutschen Großbanken »arisiert«. Die Familie Tietz flüchtete über Holland nach Palästina. Aus Hermann Tietz wurde »Hertie« (Her(mann) Tie(tz)), aus Leonhard Tietz der »Kaufhof«. Dort arbeitete damals ein junger Einkäufer namens Helmut Horten. Der kaufte im Zuge der Arisierung im Alter von 26 Jahren das Alsberg-Haus in Duisburg und feierte die Einweihung mit der Anzeige: »Das ist Horten! Jawohl, Sie haben richtig gesehen: Das Alsberg-Haus hat seinen Hausherrn gewechselt, ist in arischen Besitz übergegangen.« Den Vorbesitzern, der Familie Lauter, gelang die Emigration in die USA – bis auf die Mutter, Amalia Lauter, die im Alter von 70 Jahren zuerst nach Theresienstadt und später nach Auschwitz deportiert wurde.

In Essen besaß die jüdische Familie Grundmann gegenüber der Marktkirche, Am Markt 5, ein Textilgeschäft. Es war eines der größten Spezialgeschäfte für Damenmode und Pelzkonfektion in Deutschland. Die Vorfahren der Grundmanns hatten es bereits 1868 gegründet. 1936 musste die Familie es unter dem Druck der Nationalsozialisten verkaufen. Es wurde »arisiert«. Käufer war das Modehaus Boecker. Die Töddenfamilie aus Mettingen führte das Geschäftshaus bis zur Insolvenz der gesamten Modekette im Jahr 2003. Als die Boeckers 1993 das 125-jährige Jubiläum des Hauses feierten, gab es in der Stadt einigen Wirbel. Die Nachfahren der Familie Grundmann und die Alte Synagoge Essen widersprachen der Darstellung in Boeckers Firmenchronik. Das Haus Boecker sei nicht aus dem Haus Grundmann »entstanden« oder »hervorgegangen«, erklärte der Sohn der Gründer. Grundmann sei auch nicht durch die Krise der 30er Jahre so »ungewöhnlich stark getroffen worden«, dass nur durch Übernahmeverhandlungen mit der Firma Boecker der Bankrott hätte abgewendet werden können, wie die *Westdeutsche Allgemeine Zeitung (WAZ)* zum 100-jährigen Jubiläum schrieb. Das jüdische Unternehmen sei vielmehr durch den staatlich organisierten Boykott in den wirtschaftlichen Ruin getrieben worden. Die Familie hatte das Haus erst an Boecker vermietet (die Firma zahlte die Miete allerdings erst nach gerichtlichen Auseinandersetzungen) und später aus dem holländischen Exil verkauft, als der Besitz im Ausland lebender Juden beschlagnahmt werden sollte. Zur Eröffnung hatte das Geschäft Boecker eine Werbung in der Essener Nationalzeitung geschaltet: »Grundmann ist verkauft – Essen hat wieder sein leistungsfähiges Fachgeschäft – Die neuen arischen Inhaber sind: Boecker«. Das war 1936.

Einer der jüdischen Textilhersteller, die am längsten in Deutschland ausharrten, war Wilfried Israel, der Nachfahr von Nathan Israel. Er blieb, obwohl ihm längst klar war, dass er in Deutschland keine Zukunft hatte. Schon 1935 war er von den Nazis von der Geschäftsführung in seinem eigenen Unternehmen entbunden worden. Schon damals hätte er das Land verlassen sollen. Aber Israel ging weiterhin jeden Tag in sein Geschäft – nunmehr als gewöhnlicher Mitarbeiter. Heimlich verfolgte er eine andere, gefährliche Aufgabe. Er hatte gute Beziehungen zum englischen Foreign Office. Mit Hilfe der Briten organisierte er die Emigration tausender Juden. Am 10. November 1938 stürmten mit Schlagstöcken und Eisenstangen bewaffnete Männer in Zivil sein Geschäft, demolierten die Schaufenster, die Auslagen, die Einrichtung und verhafteten die gesamte jüdische Belegschaft. Israel, der noch immer über einen gewissen Einfluss, über Geld und Beziehungen zu den Behörden verfügte, kämpfte erfolgreich für die Freilassung seiner Angestellten. Sie waren die nächsten, um deren Ausreise er sich kümmerte. Nur drei Monate nach dem »Kristallnacht« genannten Pogrom war auch sein Haus arisiert. Es hieß nun »Haus im Zentrum«. Für Israel wurde es eng in Deutschland. Für seine eigene Ausreise war alles vorbereitet. Aber er war noch mit einer Aufgabe beschäftigt, die er um jeden Preis abschließen wollte: dem Exodus Tausender jüdischer Kinder. Erst als diese sicher außerhalb der Landesgrenzen waren, floh er selbst nach England.

4000 Juden aus dem Bekleidungshandel wurden von den Nazis deportiert, einige davon in Vernichtungslagern ermordet. Wer heute die Treppe an der U-Bahnhaltestelle Hausvogteiplatz heraufgeht, findet dort die Namen der Holocaust-Opfer aus dem Modeviertel in die Stufen eingeritzt – Mannheimer steht hier, Gerson, David Leib Levis.

Nach Kriegsende existierte die deutsche Konfektion praktisch nicht mehr. 95 Prozent der Ware war vor dem Krieg in Berlin hergestellt worden. Nun aber lagen der Hausvogteiplatz und das gesamte Textilviertel in Schutt und Asche. Ein Großteil der Textilhersteller war emigriert, enteignet oder ermordet worden.

Und die Mode ist bis heute nicht nach Berlin zurückgekehrt. Die Unternehmen siedelten sich nach 1945 eher in anderen Großstädten an. C&A verlegte seine Zentrale 1949 nach Düsseldorf. Klaus Steilmann gründete sein Textilimperium in Bochum-Wattenscheid. Ebenfalls im Ruhrgebiet hatten Hettlage (Düsseldorf und Münster) und Boecker (Essen) ihre Sitze. Die Zentralen von P&C befinden sich in Düsseldorf und Hamburg. Hugo Boss siedelte sich im Schwäbischen an. Die größte Modemesse findet jedes Jahr in Düsseldorf statt. Erst mit Beginn des 21. Jahrhunderts versucht die »Bread&Butter«-Messe, wieder an die Berliner Tradition der 1920er Jahre anzuknüpfen.

Im C&A-Imperium waren 1945 bis auf zwei alle der 17 Kaufhäuser völlig zerstört. Die Brenninkmeyers hatten sich nach Mettingen zurückgezogen. 1948 wanderten sie nach Holland aus. Dort mussten sie dann beweisen, dass sie stets gute niederländische Staatsbürger gewesen waren. In diesem Fall funktionierte die Argumentation umgekehrt: Die Brenninkmeyers wiesen darauf hin, wie früh sie bereits holländische Bürger geworden sind und dass sie deshalb sogar unter den Nazis ins Gefängnis mussten.

Die Geschäfte in Deutschland nahmen sie zügig über ein Dutzend »externer« – sprich nicht zur Familie Brenninkmeyer gehöriger – Geschäftsführer und Getreue wieder auf. Die zuvor persönlich haftenden Gesellschafter August und Franz Brenninkmeyer lösten das Unternehmen C&A Brenninkmeyer auf. Acht Kaufleute wurden Geschäftsführer der neu gegründeten C&A Brenninkmeyer GmbH mit Sitz in Düsseldorf. Sie haben bereits 1945 ein Geschäft in Berlin wieder eröffnet.

Anfang der 50er Jahre nahmen die Brenninkmeyers die Zügel wieder selbst in die Hand. Ihr Misstrauen gegenüber Deutschland hinderte sie nicht daran, das Land zum Schwerpunkt des C&A-Geschäfts zu machen. Bis 1971 stieg die Zahl der deutschen Filialen von 17 auf 72. Das Firmenkapital wurde in der gleichen Zeit von 9,1 auf 230 Millionen Mark erhöht. C&A Deutschland wuchs und wuchs – scheinbar unaufhaltsam. Es waren die goldenen Jahre für die Textilbranche.

Neuanfang nach dem 2. Weltkrieg: Als C&A die ersten zerbombten Geschäfte wieder öffnet, ist Kleidung noch Mangelware. Im Angebot sind Hosen aus alten Pferdedecken und Secondhand-Ware, die aufgetrennt und neu zusammengenäht wird.

Auf zum Mond

1957 betitelte der *Berliner Tagesspiegel* C&A bereits als »Weltfirma«. Die Brenninkmeyers eröffneten damals gerade ihre dritte Filiale in Berlin. »Fast beängstigend« sei das Gedränge vor den Schaufenstern des neuen Hauses in Steglitz am »Premierentag« gewesen, schrieb die Tageszeitung. Zu Tausenden waren Schaulustige und Käufer gekommen, genauso wie Vertreter aus Verwaltung, Politik und Wirtschaft. Die Herren von C&A persönlich ließen sich nicht sehen, zumindest gaben sie sich nicht zu erkennen. C&A war wichtig. Die Textilkette feierte die Eröffnung ihrer 24. Niederlassung in Deutschland! Und in Berlin war das Unternehmen mit 70 Millionen Mark Umsatz im

Jahr der wohl »größte Auftraggeber für die West-Berliner Bekleidungsindustrie«. 23 Häuser besaß die Kette zu dem Zeitpunkt in England, 22 in den Niederlanden und zwei in New York.

Und das Wachstum ging weiter. 1963 hatte sich die Zahl der Kaufhäuser in Deutschland auf 43 erhöht, also fast verdoppelt. In England und Holland

Jahrmarktstimmung: In den 50er und 60er Jahren drängten sich bei jeder Kaufhaus-Eröffnung von C&A Tausende kaufwilliger Kunden

war die Zahl ähnlich hoch – allerdings waren dies immer Schätzungen, exakte Angaben verweigerte der Konzern.

In den 60er, 70er Jahren herrschte bei C&A die vierte Generation, die in guter Tradition zu allem schwieg. An der Spitze saß Rudolf Wilhelm Brenninkmeyer. Hatten sich seine Vorgänger noch darauf beschränkt, auf öffentliche Anfragen zum Geschäft mit dem Standardsatz »Kein Kommentar« zu antworten, so erweiterte er das Repertoire der Familie um zwei ganze Sätze. Dem amerikanischen Magazin *Business Week* sagte er: »Sie wissen, dass wir keine Kommentare geben. Ich kann leider nicht mit dieser Tradition brechen.«

Rudolf Wilhelm war Chef bei der Intercena, dem inoffiziellen Zentrum des Brenninkmeyer-Reichs in Amsterdam. Die Intercena war keine Holding. Die graue Eminenz der Brenninkmeyers bezeichnet sie als »eine Art Forum der Familie«. Sie war der Vorläufer der heutigen Anthos-Gruppe, die von der Vermögensverwaltung bis hin zu den persönlichen Belangen alles regelt, was die Familie betrifft. Solange es keine Welt-Holding gab (die wurde erst 2001 unter dem Namen Cofra gegründet), tagten die Familienmitglieder in Amsterdam in der Weesperstraat. Rudolf Wilhelm war Anfang der 30er Jahre geboren und hatte an der katholischen Universität im niederländischen Tilburg Wirtschaftswissenschaften studiert.

Ausnahmezustand: In Bochum mussten Polizisten 1951 die Wartenden bändigen, bis die neue C&A-Filiale endlich ihre Türen öffnete.

Er führte die Expansion der Textilkette fort, wie sie seinem Großvater Clemens vorgeschwebt hatte. 1962 fügte er Belgien als neues Land zum C&A-Reich hinzu. Und ein Jahr später gelang ihm, was Clemens' Traum gewesen war: der lang ersehnte Großeinstieg in Amerika. Elmar Brenninkmeyer war Vize-Präsident bei der Textilkette Ohrbach's. Als sich abzeichnete, dass der Präsident des Unternehmens, der Sohn des Gründers, sich aus dem Geschäft zurückziehen wollte, schlugen die Brenninkmeyers zu. Elmar übernahm 1963 dessen Posten und gliederte die neun Ohrbach's-Geschäfte in das Unternehmensreich des Brenninkmeyer-Clans ein.

Mit diesem Zug habe sich die Familie Brenninkmeyer, so schrieb das *Handelsblatt* damals, einen Brückenkopf im amerikanischen Einzelhandel verschafft. Wenige Jahre später ging Ansgar Brenninkmeyer nach Kanada und baute dort einen Geschäftszweig auf. Nach und nach kauften die Brenninkmeyers sich in Nordamerika ein gewaltiges Textilimperium zusammen. Sie übernahmen »Maurices« mit seinen 400 Young-Fashion-Läden und »Eastern Mountain Sports« (EMS), einen Outdoor-Anbieter mit 80 Läden. Zu dem Amerika-Geschäft gehörten auch die beiden Töchter, bei denen der heutige Deutschlandchef Dominic Brenninkmeyer das Kaufmanns-Handwerk lernte – weit weg von seiner britischen Heimat und doch im Familienverbund: Millers Outpost in Los Angeles und Woman's World in San Diego. Zeitweise vereinte die Familie in der American Retail Group (ARG) in New York etwa 1000 Läden in den USA und war einer der großen Mode-Multis des Landes.

Zurück zu den 60er Jahren und nach Deutschland – eine traumhafte Zeit für die Textilbranche. Wirtschaftswunder, Wohlstand für alle, das waren die Stichworte. Es gab 5600 Textilbetriebe in Deutschland mit mehr als 400000 Arbeitnehmern. Die Eisen- und Stahlindustrie benötigte weniger Arbeitskräfte. Die wenigsten Fachleute sahen damals voraus, wie radikal sich die Modewelt ändern sollte. In den 80er Jahren halbierte sich die Zahl der Betriebe und Angestellten. Allein 1981/82 schlossen 400 Fabriken, 40000 Beschäftigte landeten auf der Straße. Die Fabrikanten suchten ihr Heil in der Verlagerung ins kostengünstigere Ausland, anfangs nach Osteuropa, später zunehmend nach Asien. Im Jahr 1986 war die Zahl der Textilunternehmen in Deutschland auf 2388 gesunken – die Hälfte von 1966. Auch die Zahl der Beschäftigten hatte sich halbiert. Der Umsatz der gesamten Branche lag bei 22,9 Milliarden Mark. Die Textilindustrie in Deutschland wurde nach und nach ausradiert – welch ein Kontrast zu den Träumen der 60er Jahre!

Damals schien das Wachstum keine Grenzen zu kennen, alles war irgendwie möglich. Die ersten Menschen betraten den Mond und C&A griff nach den Sternen. C&A wollte die Mondlandung für einen PR-Coup nutzen. Die Werber sollten sich etwas einfallen lassen. Monatelang brüteten die Kreativkräfte in Düsseldorf darüber, wie C&A einen Gag landen könnte. Als schließlich der US-Astronaut Neil Armstrong im Juli 1969 als erster Mensch seine Moonboots auf den Mond setzte (»Ein kleiner Schritt für mich, aber ein großer Schritt für die Menschheit«), strahlten die Textilhändler ihren Mondspot aus. Zur besten Werbezeit, schon damals direkt vor der Tagesschau, zeigte C&A eine Frau zusammen mit einer Mondfrau in einer bunten Weltraumkapsel – beide in sportlichen Hosenanzügen. »Aber wo haben Sie denn den Anzug gekauft?«, fragt die Mondfrau. »Auf der Erde«, antwortet der Erdling.

»Ist da nicht alles viel teurer?« »Nicht überall. Bei C&A kostet dieser Hosenanzug noch nicht einmal 200 Erdmark«, sagt die Frau. »Oh, das sind ja nur 100 Mondtaler. So was ist bei uns viel zu teuer.« »Wieso«, fragt die Erdbewohnerin. »C&A hat doch jetzt auch auf dem Mond Filialen – C&A, wo Mode weniger kostet.«

Die Mondlandung war geglückt, der Spot gesendet, und in der C&A-Zentrale atmeten alle durch. Sie hatten viel Arbeit in ihr Mondmärchen gesteckt. Es hatte Ärger gegeben, weil sich das öffentlich-rechtliche Fernsehen anfangs geweigert hatte, den Spot zu senden. Der Film entspreche »in keiner Weise den Ansprüchen, die man an die Wahrheit in der Werbung stellen muss«, beschwerten sich die Offiziellen bei der C&A-Zentrale. Erst nach heftigen Auseinandersetzungen wurde der Ausstrahlung schließlich zugestimmt. »Da ... die Aussage offensichtlich falsch ist, kann man vermuten, dass sie von den Zuschauern als Gag verstanden wird«, räumten die Fernseh-Wächter schließlich ein.

Was C&A nicht hatte beeinflussen können, war eine andere Frage: Was tun, wenn die Mondbegehung scheitert? Noch Sekunden vor oder auch während der Landung hätte etwas schief gehen können, und der Spot hätte deplatziert gewirkt. Vorsichtshalber schickten die C&A-Chefs für den Notfall einen zeitlosen Ersatzspot mit zum Sender. Der Einsatz hatte sich auf jeden Fall gelohnt. Der C&A-Spot war die Werbesendung mit der höchsten Zuschauerzahl des Jahres. Am nächsten Tag wurde überall darüber geredet (über Neil Armstrong natürlich auch).

Die Mondfrau wartet noch immer vergeblich auf ihre C&A-Filiale, auf der Erde aber lief es blendend, um nicht zu sagen intergalaktisch für die Brenninkmeyers: In den 70er Jahren war der Clan unangefochten die Nummer eins in der Modeszene – in Deutschland, wie in Europa insgesamt. 1971 verkaufte C&A in mehr als 180 Filialen in Deutschland, den Niederlanden, England, Belgien und den USA Kleidung für schätzungsweise mehr als fünf Milliarden Mark. In Deutschland unterhielt die Familie mehrere »Cunda«-Kleiderwerke, die in Essen, Mettingen und Wuppertal Herrenmäntel und -anzüge herstellten, in Neu-Ulm Strickwaren und in Ludwigshafen Damenkleidung. Etwa zehn, zwanzig Prozent des Sortiments ließ die Textilkette von eigenen Tochterunternehmen fertigen.

Deutschland war schon damals der wichtigste Markt für C&A. Aus den großen Kaufhäusern wurden damals täglich 1000 Damenmäntel und dreimal so viele Kleider hinausgetragen. Die Nummer zwei hieß zu der Zeit noch Müller-Wipperfürth – der »Hosenkönig«, dessen Imperium mit fantasieloser Billigware drei Jahre später, 1974, einbrach – mit 155 Millionen Mark Umsatz. Das war nicht einmal ein Zehntel von dem, was C&A einnahm.

In ihren 72 Häusern in Deutschland erwirtschafteten die Brenninkmeyers einen Umsatz von rund 2,7 Milliarden Mark, mehr als die Hälfte des Gesamtumsatzes des Konzerns. Anfang der 80er Jahre überschritt C&A sogar die Sechs-Milliarden-Mark-Grenze (1984: 6,3 Milliarden Mark). Die nächstgelegenen Konkurrenten waren Karstadt mit 3,93 Milliarden Mark sowie Quelle und Kaufhof mit jeweils gut drei Milliarden Mark. Ketten wie Boecker (600 Millionen) oder die beiden Hettlage-Gruppen erreichten zusammen gerade ein Zehntel des C&A-Umsatzes. P&C Düsseldorf kam auf 850 Millionen, der kleine Hamburger P&C-Bruder auf 320 Millionen Mark.

Von den 600 C&A-Geschäften, die es heute gibt, befinden sich 250 in der Bundesrepublik. Die Deutschen tragen 60 Prozent (oder 2,8 Milliarden Euro im Jahr 2003) zum weltweiten Konzernumsatz bei. Deutschland ist Kernmarkt für C&A geblieben. Aber die Konkurrenz schläft nicht, wie ein alter Tödden-Spruch warnt. Von einer Spitzenstellung in Deutschland, wie C&A sie bis in die 80er Jahre hinein hatte, kann die fünfte Generation der Brenninkmeyers, die nun die Fäden in der Hand hält, nur träumen. Von ehemals 15 Prozent Marktanteil sind acht geblieben. Und während C&A in den 70ern mehr Kleidung verkaufte als die vier Warenhauskonzerne Karstadt, Hertie, Kaufhof und Horten zusammen, so haben diese C&A inzwischen abgehängt. Das ist sicherlich auch ein Nebeneffekt der Konsolidierung im Handel, bei der im wesentlichen zwei Kaufhausketten überlebten: Karstadt-Quelle und Galeria Kaufhof (als Tochter des Metro-Konzerns). Heute liegt C&A beim Textilumsatz nach Karstadt-Quelle und Otto auf Platz Nummer drei. Er schiele nicht auf den Platz eins, sagt Deutschlandchef Dominic Brenninkmeyer. »Wir konzentrieren uns auf uns. Hauptsache, wir machen unser Geschäft gut.« So recht will man ihm die Bescheidenheit nicht glauben.

Wer einmal die Nummer eins war, der strebt für gewöhnlich immer an die Spitze. Und Dominic Brenninkmeyer hat die Zeiten noch mit erlebt, als

C&A ganz oben war, als das *Manager Magazin* 1982 schrieb, C&A sei »weltweit die Nummer eins im Handel mit Bekleidung« – mit mehr als sechs Milliarden Mark Umsatz und allein 119 Filialen in Deutschland. *Capital* nannte C&A damals »die Nummer eins im europäischen Textileinzelhandel« und die *Frankfurter Allgemeine Zeitung* schrieb Ende der 70er, dass das Verhalten des »Giganten C&A« am Bekleidungsmarkt immer mit »größter Aufmerksamkeit« verfolgt würde. »Die Strategien dieses Einzelhandelskonzerns haben Bedeutung für die Mode und für die Preise.«

C&A hatte Macht. C&A machte Mode. Wenn die Truppe von 100 bis 150 C&A-Einkäufern die Farben Braun oder Orange orderte, bestellte die Konkurrenz auch Braun oder Orange. »Zumindest wenn sie schlau war«, erzählt ein Peek&Cloppenburg-Mitarbeiter von damals. »Was C&A im Geschäft hatte, wollten die Kunden bei uns auch kaufen, sonst gingen sie gleich wieder.« Wenn C&A seine neuesten Modelle in der Werbung zeigte, so schrillten noch am gleichen Tag bei den Textilherstellern die Telefone: Die Konkurrenz rief an, um sich, wie die *FAZ* 1968 die Macht des Konzerns beschrieb, »mit einem Eilauftrag an ihre Lieferanten an die von der Anzeige zu erwartende Nachfrage ›anzuhängen‹«.

Auch die Zulieferer bekamen den Druck des Branchenriesen zu spüren. Sie erhielten im Jahr 1968 einen Eilbrief von der C&A-Geschäftsführung. Das Schreiben bestand aus einem einzigen Satz: »Auf Grund der Auswirkungen der Mehrwertsteuer sehen wir uns gehalten, ab sofort unseren Abnahmebedingungen für künftige Aufträge einen Eilskontosatz von 4,5 Prozent zugrunde zu legen.« Branchenüblich waren vier Prozent Abschlag bei Zahlung innerhalb von zehn Tagen. Der Bekleidungsindustrie blieb keine andere Wahl, sie war auf Aufträge von C&A angewiesen (und immerhin war die Modekette als zuverlässiger Zahler bekannt). Der Handel aber drohte mit Gegenmaßnahmen. Das Vorgehen bewege sich »auf der Linie eines Missbrauchs der Marktmacht«, klagten die Branchenvertreter. Die Verbände der Einzelhandelsbetriebe, die sowieso keine Freunde der Brenninkmeyers waren, forderten gleiche Zahlungskonditionen für alle, ansonsten seien im Bereich des Einzelhandels mit seinen 2,5 Millionen Beschäftigten innenpolitische Konsequenzen zu erwarten. Der Textilkonzern blieb eisern. Das Bundeskartellamt wurde eingeschaltet. Erst Bundeswirtschaftsminister Karl Schiller, der Verbände und C&A zu sich nach Bonn einlud, konnte den Streit schlichten. C&A setzte die 4,5 Prozent durch.

Die Marktmacht des Brenninkmeyer-Konzerns ging so weit, dass er einen neuen Begriff prägte: »die Twens«. Diese Bezeichnung für die 20- bis 30-Jährigen setzte sich erst durch das C&A-Label für dessen junge »Twen«-Linie allgemein durch. Und auch der Minirock verdankt seinen Siegeszug in Deutschland zu einem großen Teil den Brenninkmeyers.

Ja, ausgerechnet die stockkonservativen Katholiken verhalfen dem Kleidungsstück der 68er-Generation zum Durchbruch. Die Modedesigner hatten einen Kontrast zum langweiligen Look der 50er gesucht und ihn im Minirock gefunden. Viele wetterten gegen das unzüchtige Stück Stoff, das in den folgenden Jahren immer kürzer wurde, bis der Mini nur noch knapp den Po bedeckte. Coco Chanel empörte sich aus ästhetischen Gründen: Das Knie sei das Unattraktivste an einer Frau, sagte sie. »Das gilt es zu verbergen.«

Der Ober-Kreative der Brenninkmeyers dagegen, August Brenninkmeyer, war hellauf begeistert und wusste genau: Der Mini wird Trend für die Massen. Sofort schickte er seine Einkäufer los. Er wollte den kurzen Fummel vor der Konkurrenz in den Läden haben. Und tatsächlich: Die C&A-Schaufenster waren bei der Mini-Mode Pionier. Die Kundinnen griffen zu, anders als bei den wadenlangen »Midi«-Röcken, von deren Siegeszug C&A ebenso überzeugt war, die sich dann aber als grandioser Flop herausstellten. Bei den Bikinis hatte C&A dafür wieder die Nase vorn. Wie der Mini passte diese Bademode optimal zum Brenninkmeyer-Konzept: Gewinne optimieren, indem die Produkte auf ein Minimum reduziert werden. Nur die Verkäuferinnen durften es nicht wagen, im Mini im Geschäft aufzutauchen.

Eine Zeit lang ließen die Brenninkmeyers sogar den französischen Haute Couturier André Courrèges für sich arbeiten. Er wetteifert mit der Britin Mary Quand darum, wer von ihnen den Minirock erfunden hat, da beide zur gleichen Zeit mit kurzen Rockmodellen Aufsehen erregten. So gebührt eigentlich beiden die Ehre. Oder auch keinem. Als eine Art Kompromissvorschlag hat Mary Quand einmal gesagt, sie habe den Minirock nicht erfunden, das hätten die Mädchen auf der Straße getan.

Diese Mädchen wollten tragen, was sie bei dem zwirndünnen Supermodel »Twiggy« sahen, bei den Beatles mit ihren Pilzköpfen, bei den Rolling

Stones. Sie wollten das »blaue Wunder« von Levi Strauss, der mit seinen Jeans 1970 gute 350 Millionen Dollar umsetzte. Aber viele Mädchen konnten sich die teuren Markenjeans nicht leisten. Sie griffen zu der billigeren »Jinglers« mit Glöckchen von C&A. Die »Jinglers« waren eine C&A-Eigenkreation

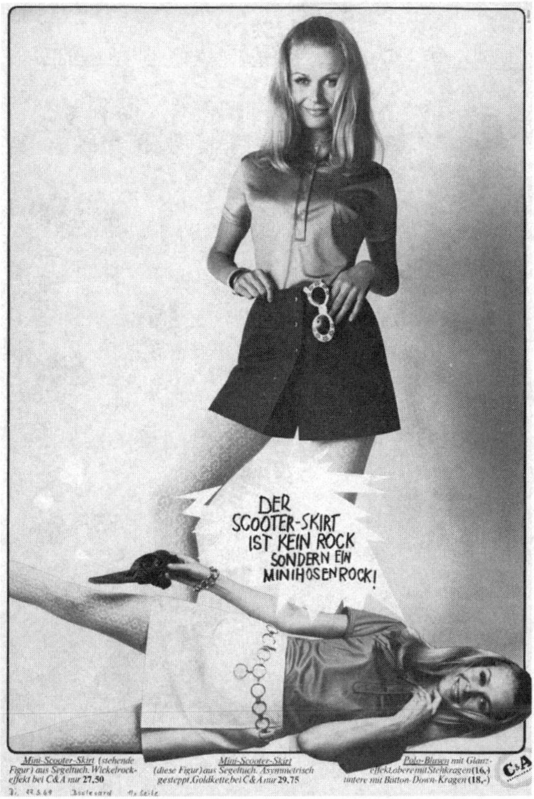

Durchbruch dank C&A: Die konservativen Brenninkmeyers erkannten mit als Erste das Potenzial des gewagten Kleidungsstücks

und wurden 1971 erstmals verkauft. In ihrer ausgefallensten Variante waren die C&A-Jeans damals zweifarbig, im Schritt innen hell, außen dunkel. Unten hatten sie einen weiten Schlag und – ganz wichtig – ein kleines Glöckchen. Der Klassiker aber war eine schlichte Blue Jeans, die sich zwischen 1982 und

1989 eine Million Mal verkaufte, ohne dass C&A das Modell in irgendeiner Form geändert hätte.

Die »Jinglers« sind zu einem Symbol für die 70er Jahre geworden. 30 Jahre später waren sie in einer der Nebenrollen in dem DDR-Nostalgiefilm *Sonnen-*

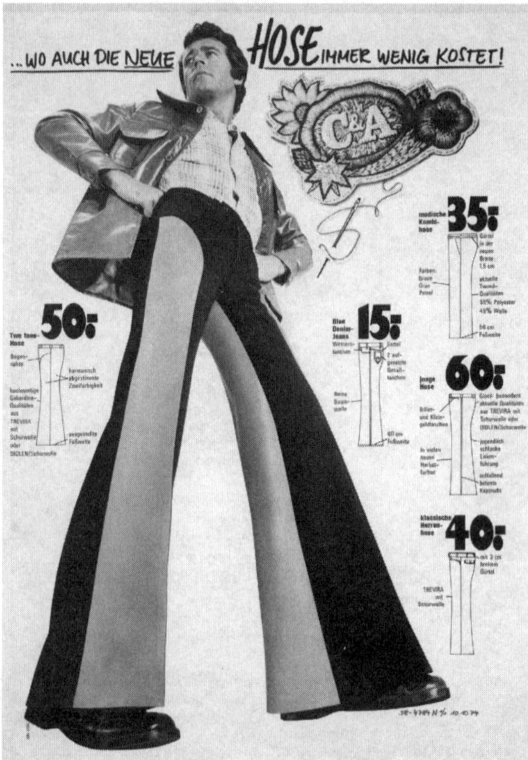

Gewöhnungsbedürftig: Die ersten Jinglers-Jeans bei C&A waren zweifarbig und hatten einen weiten Schlag. Viele liebten sie, anderen waren sie ein Graus.

allee zu sehen. In der Verfilmung des Buches von Thomas Brussig (Regie: Leander Haussmann) gibt es für die Jugendlichen in Ostberlin kaum eine wichtigere Frage als die, wie sie eine original C&A-Jinglers ergattern könnten. Bis heute noch erinnern sich die Jugendlichen aus Westdeutschland an den Klassiker: »Jinglers? Das waren doch diese unmöglichen Jeans mit dem Klingeln.«

Die Brenninkmeyers hatten den richtigen Riecher für die Trends der Masse. Sie setzten auf »Mode für die Leute, die Straßenbahn fahren«. So kreisten sie intern die Zielgruppe ein. Mit dieser Masche erwirtschaftete die Familie ein Vermögen. Jede vierte Mark, die die Bundesbürger damals für Kleidung ausgaben, floss in die Kassen der Herren von C&A. Alle paar Mo-

»Jinglers grow everywhere«: Das Glöckchen war ihr Markenzeichen.

nate machte die deutsche Durchschnittsfamilie einen Ausflug in die nächstgelegene größere Stadt, um »bei Brenninkmeyer« einzukaufen. Die Eltern versorgten die ganze Familie für die nächste Saison mit Kleidung. Die Kinder langweilten sich entsetzlich während der stundenlangen Ankleideprozeduren. »Wir standen irgendwo zwischen den Kleiderständern, durften nicht rumrennen, nicht Verstecken spielen und immer wieder zwängte unsere Mutter uns in irgendwelche fürchterlichen Jacken, die wir nicht haben wollten«, erinnert sich eine Bankerin an die C&A-Tortur. Für manche Kinder hatte der »Ausflug zu Brenninkmeyers« aber auch etwas Gutes. »Wir durften samstags dafür die Schule schwänzen«, erzählt ein Ingenieur. »Das war was! Das durften wir sonst nie.«

Die englische *Sunday Times* schrieb damals: »Auf die Frage nach den reichsten Familien Europas würden die meisten wahrscheinlich nur die Rothschilds, Krupps oder Agnellis nennen. Aber vielleicht werden all diese Familien zur Zeit von dem scheuen, zurückgezogen lebenden, aber reichen holländischen Clan übertroffen.«

Schon seit Jahrzehnten wird die Familie zu den wohlhabendsten europäischen Dynastien gezählt. Seit Zeitungen sich die Mühe machen, eine Liste der Reichsten der Reichen zu veröffentlichen, tauchen die Brenninkmeyers regelmäßig darauf auf. Auch wenn die Ranglisten auf geschätzten Vermögenswerten basieren und damit nicht wirklich zuverlässig sind, sagen sie etwas über die Größenordnung aus. In Holland rangierte C&A Anfang der 70er hinter Shell, Unilever, Philips und dem Chemiekonzern Akzo auf Platz fünf, heute ist der Clan dort die Nummer eins. In Deutschland landeten die Textilfürsten 2002 unter den reichsten Deutschen auf Platz 25.

Die ersten Plätze gehen seit Jahren an die Gebrüder Albrecht, die Gründer und Inhaber von Aldi, mit 14,6 respektive 12,6 Milliarden Euro Vermögen, gefolgt auf Platz drei von Susanne Klatten, geborene Quandt, Großaktionärin von BMW und Altana. Dahinter kamen Werner Otto (Otto-Versand) und Reinhard Mohn (Bertelsmann). Direkt vor den Brenninkmeyers auf Platz 24 stand die Familie Braun und hinter ihnen Herr Merckle von Ratiopharm.

Das amerikanische Wirtschaftsmagazin *Forbes* hielt die Brenninkmeyers 1987 noch für die reichste Familie Deutschlands. Ihr Vermögen schätzte das Magazin damals auf fünf Milliarden Dollar. Die Milliardärsfamilien Flick, Henkel und Quandt, die Unternehmer Mohn, Oetker und die Bankiers von Oppenheim rangierten mit deutlichem Abstand hinter den Textilunternehmern. Drei Jahre später lagen die Brenninkmeyers laut *Forbes* europaweit auf Platz zwei – direkt hinter der englischen Königin Elizabeth II., der damals reichsten Frau Europas.

Alle Unternehmer-Familien sind verschwiegen und zurückhaltend. Man erfährt nicht viel über sie. Aber keine der anderen Dynastien war so verschroben wie die Brenninkmeyers bis zum Jahr 1998. Allerdings sind die wenigsten anderen Familien so groß und weit verzweigt (abgesehen von den Haniels). Oder sie sind untereinander zerstritten und haben das Erbe längst aufgeteilt. »Einen so großen Clan wie den der Brenninkmeyers mit Hunderten von Familienmitgliedern zusammenzuhalten geht gar nicht anders als durch außerordentliche Disziplin«, sagt ein Hettlage-Nachfahre. Und der muss es wissen, stammt er doch selbst aus einer kinderreichen Töddenfamilie, bei der die Enkel und Urenkel diese Disziplin nicht aufbrachten, bis das Imperium am Ende zersplittert war.

IV. Der Mythos

C&A – ein ganz normales Unternehmen?

»Wir sind ein ganz normaler Konzern.« Das sagt Dominic Brenninkmeyer, bis Anfang 2006 Chef von C&A in Deutschland. Er betont die angebliche Normalität so deutlich, dass es schon wieder verdächtig ist. Und tatsächlich: Was die Herren von C&A unter »normal« verstehen, ist höchst ungewöhnlich, zumindest für ein Unternehmen dieser Größe, mit Milliardenumsätzen rund um den Globus.

Das beginnt schon bei der Frage der Eigentümer. Bei gewöhnlichen Konzernen heißen die Aktionäre. Bei C&A heißen sie alle Brenninkmeyer. Und wenn die sich zur Gesellschafterversammlung treffen, steht am Anfang der gemeinsame Kirchgang. Für die Nachfahren der Tödden ist ihre Religion »sinnstiftend«. Sie leben den Katholizismus. Er ist das Fundament ihres Denkens und ihres Imperiums. Keine Filialeröffnung ohne vorherige Messe. Der Verhaltenskodex des Konzerns fußt auf den Regeln des heiligen Benedikt, dem Begründer der abendländischen Mönchskultur. Moderne Begriffe der Betriebswirtschaftslehre wie beispielsweise Corporate Governance waren in dem Clan lange unbekannt. Transparenz? Klare Strukturen im Unternehmen? Nicht bei C&A.

So behandelten es die Brenninkmeyers lange als striktes Geheimnis, wer von den zahlreichen Brüdern, Onkels und Cousins gerade welche Position im Konzern innehatte. Den Angestellten wurde prinzipiell nicht gesagt, welcher Herr B. gerade welchen Bereich leitete, von wem sie also ihre Anweisungen erhielten. »Das war auch unerheblich«, berichtet ein langgedienter Mitarbeiter. »Auftrag war Auftrag. Brenninkmeyer war Brenninkmeyer.« Und die »Bs«, wie die Angestellten die Angehörigen der Dynastie nennen, sind alle gleich, so wollte es die Legende (die spätestens mit dem Krach Ende der 90er Jahre widerlegt wurde).

Die Brenninkmeyers sehen sich als Gemeinschaft, das bekräftigt auch die jüngste Generation. Man hebe »ungern auf Einzelpersonen« ab. Und doch hat sich der Clan geändert, bekommen die Spitzenleute allmählich ein Gesicht. Wer heute fragt: »Wer hat das Amerika-Geschäft aufgebaut?«, erhält immerhin eine Antwort, wenn auch widerwillig: »Das war Willi, aus der dritten Generation.« Keine spektakuläre Information, aber immerhin. Bis vor kurzem wurde derartige Neugier schlicht ignoriert. Das hatte außerhalb der Familie niemanden zu interessieren. Bis ins Jahr 1998 war »Non-Kommunikation« fester Bestandteil der Firmenpolitik, wie die jungen Brenninkmeyers heute einräumen. Egal wie banal die Fragen waren, Journalisten bekamen keine Antwort. Sie erreichten nicht mal einen Ansprechpartner. Pressearbeit fand nicht statt. Anrufer wurden konsequent abgewimmelt, notfalls von einem der Hausjuristen.

Noch heute ist selbst mit hartnäckigster Recherche nicht zu ermitteln, wie viele Nachfahren von Clemens und August Brenninkmeyer nun exakt an den Schalthebeln des Konzerns sitzen. Zwischen 40 und 60 vermutlich. »In jedem Fall weniger als 100«, sagt der Mann, der als graue Eminenz die Privatangelegenheiten des Clans regelt. Um die vielen Herren Brenninkmeyer voneinander zu unterscheiden, lassen sie sich im Unternehmen mit ihrem Vornamen ansprechen. Nachfolger von Deutschland-Chef »Herr Dominic« ist »Herr Bart«. Der »Herr Erik« sitzt in der Holding in der Schweiz und der »Herr Lucas« regiert die C&A-Europazentrale in Brüssel. Als wäre das der Geheimniskrämerei nicht genug, wechseln die Brenninkmeyers hin und wieder ihre Vornamen. So ließ sich Kurt Brenninkmeyer schon mal Conrad nennen und Robert Günther taucht als Richard auf. Ein C&A-Art Direktor erzählte: »Mancher, der Karl genannt wird, heißt in Wirklichkeit Hugo.« Dabei stiften die in jeder Generation wiederkehrenden Namen der Augusts, Gerhards, Bernhards, Heinrichs und Wilhelms schon genug Verwirrung.

Das Verwirrspiel gehörte unwiderruflich zum Stil der Familie, bei persönlichen Angelegenheiten genauso wie bei der Struktur des Konzerns. Mit Raffinesse hat der Clan ein kaum zu entwirrendes internationales Geflecht von Firmen und Tochtergesellschaften aufgebaut, mit Unmengen von Querverbindungen zu familieneigenen oder -nahen Stiftungen.

Es gelingt der Dynastie bis heute fast überall, der Publizitätspflicht zu entgehen, da Familienunternehmen ihre Zahlen erst ab einer gewissen Größe veröffentlichen müssen. Aus dem Grund haben die Brenninkmeyers von den Unternehmen ihres wachsenden Imperiums stets dann Teile ausgegliedert, wenn sie zu groß wurden.

Oder sie haben die Rechtsform geändert. Die Textilkette in Deutschland war bis 1969 eine GmbH, eine Gesellschaft mit beschränkter Haftung. Weil aber der Deutsche Bundestag damals die Offenlegungsvorschriften für GmbHs verschärfte, wandelte die Familie sie kurzerhand in eine Kommanditgesellschaft (KG) um. Dieser Kunstgriff verhilft den Eignern zu Diskretion. Die Geschäftszahlen bleiben weitgehend unter Verschluss. Dafür muss zumindest ein Teil der Gesellschafter mit seinem Privatvermögen haften.

Genauso halten es auch die britischen und niederländischen Verwandten. In den Niederlanden wurde die C&A Brenninkmeyer – die größte geschlossene Familien-AG Hollands – zwei Jahre nach dem Wechsel der Rechtsform in Deutschland ebenfalls in eine Kommanditgesellschaft umgewandelt, in die C&A Nederland.

Hintergrund war auch hier, dass sie von dem Jahr an wie alle Aktiengesellschaften ab einer bestimmten Größe verpflichtet gewesen wäre, ihre Ergebnisse zu veröffentlichen. Auf die Frage, warum sie Zahlen so scheute, antwortete die Geschäftsleitung damals knapp wie immer: »Wir lassen die Ware für uns sprechen.«

Einzig in Deutschland muss C&A aufgrund seiner Größe seit dem Geschäftsjahr 1971 eine Bilanz inklusive Gewinn-und-Verlust-Rechnung veröffentlichen. Jahrelang verweigerte die Geschäftsführung allerdings jegliche Erläuterungen zur Bilanz. Das nackte Zahlenwerk, das im Anzeigenteil des *Handelsblatts* abgedruckt wurde, konnte höchst unterschiedlich interpretiert werden. Als »Herr Dominic« Anfang 2001 seinen Posten als Deutschlandchef antrat, änderte er diese Tradition. Er führte eine jährliche Bilanzpressekonferenz ein, auf der er, der persönliche haftende Gesellschafter, Fragen zu den Zahlen – bis zu einem gewissen Grad – freundlich und bestimmt beantwortet.

Abgesehen von Herrn Dominic schweigen die Brenninkmeyers sowohl in Europa als auch in Südamerika über Umsatz, Gewinne oder Verluste der Textilketten. Die Familie gibt einzig für 2003 den Jahresumsatz ihrer damals etwa 600 C&A-Filialen in 11 Ländern mit 5,2 Milliarden Euro an. Bis in die 80er Jahre hat die Familie nicht mal die Zahl ihrer Filialen, ihrer Mitarbeiter oder – anscheinend auch ein großes Mysterium – die ihrer Lastwagen verraten.

Einiges ist trotz der Geheimniskrämerei in den Jahrzehnten, in denen die zweite, dritte und vierte Generation die Geschäfte leitete, publik geworden. Besonders die jahrelange Recherche zweier Journalisten hat dazu beigetragen. Hans Otto Eglau hat Anfang der 70er Jahre ein Buch über die großen Handelsfamilien geschrieben. Darin widmet er ein Kapitel den Brenninkmeyers. Daneben hat Walter Pellinghausen in einer vierteiligen Serie Mitte der 80er Jahre in dem Wirtschaftsmagazin *Capital* versucht, die verworrenen Unternehmensstrukturen aufzudecken. Das bescherte dem Magazin zahlreiche Unterlassungsklagen durch die Anwälte der Brenninkmeyers.

Im Jahr 2001 hat die Dynastie die Textil- und Finanzwelt mit der offiziellen Nachricht überrascht, dass sie sich mit einer Zentrale in der Schweiz niederlässt.

Zuvor liefen die Fäden in Amsterdam zusammen, offiziell waren die einzelnen Landesgesellschaften der Familie voneinander unabhängig. Es gab keinen internationalen C&A-Konzern, keine Brenninkmeyer-Gruppe. Es gab nur einzelne Textilketten in mehreren Staaten. Da die Familie eisern schwieg, erfuhr die Öffentlichkeit nur von einigen wenigen Puzzlestücken ihres Imperiums. Mit Hunderten von Beteiligungsgesellschaften, Immobilienfirmen und Stiftungen war die Familie schon vor Jahrzehnten in allen Teilen der Welt vertreten: in Amsterdam, in New York, London, Düsseldorf und Zug. In São Paulo, Charlottetown, Luzern oder an den einschlägigen Steuersparorten wie dem Fürstentum Lichtenstein, Jersey, Nassau und Isle Of Man.

Die Liste der Brenninkmeyer-Gesellschaften, die Capital 1983 auflistete war so lang, dass hier ein Ausschnitt genügen muss: Amcena in New York, Bahamas International Trust Ltd. in Nassau, Belunion S.A. in Luxemburg, Brador Constructions in London, Bregal AG in Zug. Dazu jede Menge (Beteiligungs- und Immobilien-) Firmen mit netten Namen: Cabrisca, Camel, Canda,

Cunda, Carla, Cavendish Tust, Cenova, Claire, Claudia, Claudima, Cofra, Comark, Cordima, Codula, Delsina, Ducena, Eta, Eteha, Intercena, Sahara Investments, Sita. Außerdem gab es eine Vielzahl an Stiftungen wie Stichting Benevolentia, Stichting Clementer et Auguste, Stichting Unitas in Amsterdam, Stichting Anthuria, Stiftung Boncordia in Liechtenstein, Educena-Stiftung in Luzern, Fondation Argidius und Fondation Auxilium in Fribourg.

Bis zur Errichtung der Weltholding in der Schweiz fielen alle wichtigen finanzpolitischen und personellen Entscheidungen in einem schmucklosen, fünfstöckigen Verwaltungsgebäude in Amsterdam. Dort trafen sich die Chefs einer Gesellschaft namens »Intercena«. Kein Firmenlogo deutete auf die Intercena, schon gar nichts auf C&A. Der Eingang lag versteckt im Hinterhof. »Das Konstrukt der Brenninkmeyers war bis vor kurzem ein schlichtes Chaos«, sagt ein Berater der Familie. »Von der Struktur eines modernen Weltkonzerns keine Spur.« Die junge Generation der Brenninkmeyers hat sich nun ans Aufräumen und Gliedern gemacht. »Sie hat den Willen dazu. Ich hoffe, sie hat auch einen langen Atem«, sagt der Ökonom.

Seit Ende 2001 besteht nun die Cofra Holding AG, die Dachgesellschaft über alle wirtschaftlichen Aktivitäten des Clans (inklusive derer jenseits des Textilhandels). Auch in deren Bürogebäude verrät nichts, dass von hier aus das Milliarden-Vermögen der Brenninkmeyers gesteuert wird. Nur das »C« und »A« an Anfang und Ende von »Cofra« weist auf die Erben von Clemens und August hin. Der Name sei Zufall, keine Spielerei mit den Initialen, behauptet ein Vertrauter der Familie. »Es war einfach ein Firmenmantel, den wir mal erworben haben.«

Welchem Familienmitglied dabei welche Anteile gehören und wie diese an die folgende Generation weitergegeben werden, bleibt striktes Familiengeheimnis. »Das geht niemanden etwas an«, sagt Europachef Lucas Brenninkmeyer kategorisch. »Das ist Privatsache«, erklärt Dominic Brenninkmeyer sehr bestimmt. Sicher ist: Teilhaber können ausschließlich Nachfahren von Clemens und August werden. Die Anteilseigner müssen einem Kreis von Personen angehören, die als Abkömmlinge der Gründer des C&A Brenninkmeyer-Unternehmens, der Brüder Clemens und August Brenninkmeyer, miteinander verbunden sind, heißt es im Gesellschaftervertrag.

Die unsichtbaren Helfer

Es hat gewisse Vorteile, als Brenninkmeyer geboren zu werden. Einer davon heißt »Anthos«. Auch das ist eine Gesellschaft aus dem weiten Reich der Herren von C&A. Standort: der unscheinbare fünfstöckige Büroklotz in Amsterdam. Alleiniger Geschäftszweck: die Familie glücklich zu machen. »Anthos« kümmert sich um alle Belange der Clanmitglieder – von der Vermögensverwaltung bis zur Steuererklärung, von der Taufe bis zum Todesfall.

Unter wohlhabenden Clans in Amerika sind Einrichtungen dieser Art, so genannte Family Offices, weit verbreitet, und auch in Europa lernt man sie schätzen. Die Haniels leisten sich ein Family Office, die Quandts, die Heraeus-Familie und etliche andere Unternehmer-Dynastien. In den Büros arbeiten Rechtsanwälte, Betriebswirte und Steuerexperten, unsichtbare Helfer, die das absolute Vertrauen der Familien besitzen.

Im Fall der Brenninkmeyers sind die Anthos-Mitarbeiter alles in einem: Steuerberater, Rechtsberater, Bank, Vermögensverwalter, Reisebüro, Bodyguard und Mädchen für alles. Die Gruppe hat einen einzigen Kunden, und den betreut sie rund um die Uhr: die Familie Brenninkmeyer. In jedem Land der Welt, in dem einer der Herren von C&A lebt, gibt es ein Family Office, das sich um ihn und seine Familie kümmert, also die Reisen organisiert, Geld anlegt, Autos und Chauffeure mietet, Anzüge einkauft und so weiter. »Nur so bleibt den Brenninkmeyers genügend Zeit, sich voll auf ihre anstrengenden Jobs zu konzentrieren«, erklärt ein Mitarbeiter.

In Deutschland residiert das Family Office in Düsseldorf, einen Häuserblock entfernt von der C&A-Hauptverwaltung. Ein schlichter Altbau, mit Blick ins Grüne und zahlreichen Briefkästen an der Tür. Ein Dutzend Unternehmen der Brenninkmeyers ist unter dieser Adresse beim Handelsregister Düsseldorf eingetragen.

Eine hochkarätige Truppe von Experten regelt von hier aus dezent die Belange für die in Deutschland wohnhaften oder nach Deutschland reisenden Familienmitglieder. Für diesen Rundumservice wurde eine Vielzahl an Gesellschaften gegründet. Um die Verwaltung der Immobilienbestände kümmern sich in Düsseldorf Firmen wie die Tecura, Ulla, Era, Sita, R.E.E.

Immobilien, Reutera, Mateor und Claudia. Vermögensangelegenheiten und Beteiligungen regeln Gesellschaften wie Vortec, Franca, Dorada, Bregal, Eucunda.

Daneben werden von den Büros aus Lebensversicherungen an die C&A-Mitarbeiter (Prudentia-Lebensversicherung) verkauft und die Betriebsrenten der Angestellten verwaltet. Und da sich die Brenninkmeyers nach wie vor meist in Mettingen begraben lassen, egal in welchem Winkel der Erde sie gelebt haben, kümmert sich das Düsseldorfer Family Office auch häufig um Begräbnisse.

Harte Sitten, gute Werke – der Führungsstil

Vor der Amsterdamer Anthos-Zentrale im Hinterhof der Weesperstraat 113 steht eine Bronzeplastik mit zwei Männern. Auf der einen Seite müht sich ein Reisigsammler, ein ganzes Bündel Reisig in einem Mal über das Knie zu brechen. Auf der anderen Seite nimmt ein Mann jeden Zweig einzeln und bricht sie so alle mühelos. »Eendracht maakt macht«, »Gemeinschaft macht stark«, so hat der Bildhauer auftragsgemäß die Aussage des Kunstwerks zusammengefasst. Im Reich der Brenninkmeyers herrscht die Gemeinschaft. Und jeder der Mitarbeiter in der Weesperstraat und all die Brenninkmeyers, die hier ein- und ausgehen, gehen an der Plastik vorbei. Auf dass sie die Botschaft nie vergessen.

Bis in die 90er Jahre hielt die Familie das alte Tödden-Prinzip eisern durch. Mit unglaublicher Disziplin, die den Nachkommen eingetrichtert wurde. Mit Härte und Korpsgeist. Mit »klösterlicher Zucht«, wie der *Spiegel* 1980 schrieb. Erst in jüngster Zeit hat sich an diesem Führungsstil etwas geändert – in dem Augenblick, als die fünfte Generation die Schaltstellen des Konzerns übernommen hat.

Für diese Generation stehen vor allem die Cousins Dominic, Lucas und Erik Brenninkmeyer, die heutige Führungsspitze. Sie selbst sind noch nach den strikten Regeln erzogen worden. Ihre Kindheit, das waren die 60er Jahre

– als C&A bis zum Mond wollte. Ihre Jugend, das waren die 70er Jahre – als C&A ganz oben und die Familie Brenninkmeyer schon unheimlich wohlhabend war. Ihre Eltern schickten sie zu regelmäßigen Aufenthalten nach Mettingen, wo Cousins und Cousinen vom Familien-Senior, dem »langen Franz«, in die Geheimnisse der Clan-Historie eingeführt wurden. Zur Schule gingen sie auf ausgesuchten Privatschulen, anschließend auf Elite-Universitäten in der Schweiz, Deutschland, den Niederlanden oder England.

Den letzten Schliff aber erhalten die Tödden-Nachkommen nach wie vor im eigenen Konzern, im »Family Training Programme«. Während der Ausbildung muss sich unter den Brüdern und Cousins ersten, zweiten und dritten Grades bewähren, wer Karriere im Familienunternehmen machen will. Für die anderen werden auch geeignete Posten im Imperium gefunden, oder sie entscheiden sich für einen Weg außerhalb der Dynastie. Früher galt das jedoch als Makel. Wille der Familie war es, dass sich alle männlichen Nachkommen im Unternehmen engagieren. Wem das gar nicht lag, der konnte Priester werden. Es gibt unter den Brenninkmeyers Jesuiten-Pater und Dominikaner, einen Bischof, einen Vize-Vorsitzenden der Bischofskommission für die katholische Krankenpflege und einen Ehrenkammerdiener des Papstes.

»Früher war es nicht leicht, ›Nein‹ zur Familie zu sagen«, erzählt der 48-jährige Stephen Brenninkmeyer, der als einer der wenigen in der Öffentlichkeit auftritt. Als Teenie träumte er von einer Karriere als Popstar. Damals lebte er im Taunus, bei Frankfurt, und tingelte mit seinen Brüdern und Schulfreund Werner Seifert von Schulparty zu Schulparty. Sie spielten Beatles-Songs und andere Hits der 60er Jahre. Die Band »Appleton« nahm 1969 eine eigene Single auf, gesponsert von den C&A-Eltern. Aber dann verlief sich das Ganze. Die Familie erklärte Stephen, man dürfe sein Hobby nicht zum Beruf machen. Also entschied er sich für die C&A-Karriere, war 23 Jahre lang bei der Textilkette in Europa, Amerika und Japan und hat 2002 den Venture-Capital-Fonds »Andromeda« aufgelegt, eine hundertprozentige Tochter der Familienholding Cofra. »Im Nachhinein bin ich froh, dass sie mir eine Musikerkarriere untersagt haben«, sagt der Wirtschaftswissenschaftler mit MBA heute. Er ist sich sicher, dass die Entscheidung damals richtig war. »Ich mache immer noch Musik.« »Appleton« hat sich 1996 wieder zusammengefunden – »older, a bit wiser and a little more grey« seien sie geworden, schreiben sie im Bandprospekt. Sie geben Konzerte in England, Deutschland und den Niederlanden und haben gerade eine CD aufgenommen. Die Brenninkmeyer-Brüder sind dabei, ebenso ihr Schulfreund Werner Seifert, inzwischen Chef der Deutschen Börse. »Und meine Tochter. Als Sängerin«, erzählte Stephen Brenninkmeyer stolz.

Heute haben die Brenninkmeyer-Nachfahren es leichter bei der Berufswahl. Ausdrücklicher Wunsch der Eltern ist es zwar, dass die Kinder bei C&A anfangen. »Aber gezwungen wird niemand«, sagen Herr Stephen und Herr Dominic übereinstimmend. »Wer nicht ins Unternehmen will, dem stehen heute alle anderen Berufswege offen.« Nach dem Schulabschluss wird jeder Brenninkmeyer von der Familie gefragt, ob er im Familienunternehmen einsteigen möchte – seit ein paar Jahren gilt dieses Angebot sogar für die Brenninkmeyer-Mädchen. Drei Jahre lang haben sie Zeit, sich das Angebot zu überlegen. Entweder sie akzeptieren es und sind von da an ein Teil der Familien-Maschinerie, oder sie lehnen ab, dann sind sie draußen. Manche werden Drehbuchautoren, Architekten, Naturwissenschaftler, Schauspieler – oder eben Hausfrau und Mutter.

Und natürlich gibt es auch Erben, die sich nicht für eine Brenninkmeyer-Laufbahn eignen. »Über die Karriere im Unternehmen entscheidet allein die Leistung«, betont Dominic Brenninkmeyer. Seine Karriere ist sehr schnell und gradlinig verlaufen. Stufe um Stufe ist er aufgestiegen. Alle zwei Jahre ein neuer Job, ein neues Land, ein neues Unternehmen innerhalb der Brenninkmeyer-Gruppe. »Ein Brenninkmeyer ist immer nur so gut wie sein letzter Job«, hat Cousin Stephen dem holländischen Wirtschaftmagazin *Values* gesagt. Das heißt: »Wenn du einen Job im Unternehmen gut erledigt hast, wird dir als Nächstes ein Job in einer verantwortungsvolleren Position angeboten.«

Naturgemäß können nicht alle gleich schnell aufsteigen, auch schaffen es nicht alle an die Spitze. Als einfacher Verkäufer in der Herrenabteilung ist aber noch kein Familienmitglied geendet. »Wenn man merkt, einer schafft es nicht, dann wird ihm nahe gelegt, sich seinen Fähigkeiten entsprechend einen Job außerhalb der Brenninkmeyer-Gruppe zu suchen«, erzählt Stephen. »Ganz unten in der C&A-Hierarchie stecken zu bleiben, ist auch für die Betreffenden deprimierend. Es würde dann immer heißen: ›Ach, das ist der Brenninkmeyer, der es nicht weiter geschafft hat.‹«

Für den Familiennachwuchs beginnt die Karriere in Holland, bei C&A Rotterdam. Dort fangen sie ganz unten in der Geschäftshierarchie an, so wie alle anderen Auszubildenden bei C&A. Wer zu dem Zeitpunkt noch kein Niederländisch kann, lernt es dann. Während seiner Ausbildung in den 70er Jahren hat Herr Dominic wie seine Cousins und Onkels in geschlossenen Haushalten gelebt. Kaderschule könnte man dazu auch sagen. Die Textil-Nachfahren wohnen in eigenen C&A-Häusern, mit Personenschutz und katholischer Haushälterin. Die putzt, kocht, kauft ein und achtet darauf, dass es keinen Damenbesuch und keine Exzesse gibt.

Was für die eigenen Kinder gilt, galt bis vor kurzem auch für den externen Führungsnachwuchs bei C&A – auch sie wohnten in C&A-Klöstern, wenn auch getrennt von den Brenninkmeyer-Nachfahren. »Bullenkloster« wurden diese eigenartigen Wohngemeinschaften genannt. Europachef Lucas Brenninkmeyer nennt die Häuser »einfach eine Wohnmöglichkeit mit Betreuung, Wäsche waschen und Essen kochen«. Das sei praktisch gewesen, weil die Auszubildenden häufig den Einsatzort wechselten und von einer 35-Stunden-Woche höchstens träumen konnten. »Man muss wissen, dass die jungen Männer 60 bis 70 Wochenstunden gearbeitet haben.« Trotzdem haben die Bs die meisten Haushalte abgeschafft. »Das war nicht mehr zeitgemäß«, räumt Dominic Brenninkmeyer ein.

Fünf bis zwanzig Männer lebten in einem »Bullenkloster« zusammen, meist zwei auf einem Zimmer. Jeder hatte seine Aufgaben im Haushalt – als »Kulturminister«, »Haushaltsvorstand« oder auch als »Bierminister«. Was der Kulturminister für den Haushalt organisierte, beispielsweise ein Opernbesuch oder ein Rockkonzert, wurde vom Arbeitgeber bezahlt. Gemeinsame Wochenendausflüge, Wandertage, Seminare bei dem berühmten Benediktiner-Pater Anselm Grün oder anderen Mönchen sowie Bier-Abende gehörten zum Programm. Gebete und Kirchgang ebenso.

In die Messe geht man bei Brenninkmeyers nicht nur am Sonntag. Jeder besondere Anlass wird mit einem Gottesdienst gefeiert – und sei es die Einweihung einer x-beliebigen Filiale. Das Erscheinen der Mitarbeiter wird selbstverständlich erwartet. »Das tut einfach gut«, sagt George L. Brenninkmeijer, der nach der Wende 32 Geschäfte in Ostdeutschland eröffnet hat. Am Abend vor der Premiere setzte er sich jedes Mal zusammen mit seinen Mitarbeitern in eine kleine Kirche und lauschte den Worten des Priesters. Wettbewerber H&M feiert an solchen Abenden eine wilde Party, je schriller, desto besser. Andere Unternehmen werfen noch bis in die Morgenstunden ein paar Mal das Konzept um. Die Leute von C&A gehen in die Kirche. »Das ist eine Sache der Einstellung und der Planung«, sagt der 48-Jährige. Eine kurze Pause der Besinnung sei wichtig nach der monatelangen Anspannung und Plagerei.

Manche Gottesdienste für die Brenninkmeyers klangen wie »Textilmessen«. Besondere Mühe dabei hat sich vor Jahren der Pfarrer der Amsterdamer Dominicus-Kirche gegeben. Er versah seine Predigt im September 1968 mit angemessenen Bibelzitaten für die Textilsippe. Aus dem Matthäus-Evangelium las er vor: »Und was macht ihr euch Sorge um die Kleidung? Betrachtet die Lilien des Feldes, wie sie wachsen! Sie arbeiten nicht und spinnen nicht und doch sage ich euch: selbst Salomon in all seiner Pracht war nicht gekleidet wie eine von ihnen.« Und er bekräftigte den gottesfürchtigen Textilclan in seinem Glauben und seiner Arbeit: »Clemens und August, C&A, das ist weit über unsere Grenzen hinaus zu einem Begriff geworden. Was der Allgemeinheit und vielleicht auch vielen Beschäftigten des Unternehmens allerdings nicht so bekannt sein dürfte, ist die Tatsache, dass es noch einen Dritten gibt, der beim Aufstieg dieses Konzerns von Anfang an eine Rolle gespielt hat: der liebe Herrgott.« Das ist den frommen Brenninkmeyers, die zu seinen Füßen saßen, sicherlich runtergegangen wie Balsam. Heute betonen die Brenninkmeyers lieber einen Vierten im Bunde: die Angestellten.

Die harten Lehrjahre belohnt die Familie mit guten Aufstiegschancen – bis zu einer gewissen Stufe in der Hierarchie. Ganz oben steht immer ein Brenninkmeyer, dieser Grundsatz weicht erst allmählich auf. Heute sitzen im Vorstand der C&A-Europazentrale in Brüssel teils Familienmitglieder, teils »weltliche« Führungskräfte, wie die Manager sich manchmal – sehr zum Verdruss der Brenninkmeyers – nennen. Das Gleiche gilt für die Holding in der Schweiz und auch für die Führung der Ländergesellschaften.

Im mittleren und gehobenen Management – als Einkäufer, Filialleiter, Vertriebschef etc. – gab es schon früher lukrative Positionen für familienfremde Führungskräfte. »Wer bei C&A keine Löffel geklaut hat, dem war ein Job auf Lebenszeit garantiert. Fast wie bei den Beamten«, erzählen Manager aus verschiedenen C&A-Ländern. Das änderte sich erst Ende der 90er Jahre, als die Ur-Ur-Enkel von Clemens und August erstmals seit der Firmengründung Tausende von Mitarbeitern auch aus dem Management entlassen mussten.

Bis dahin begannen die potenziellen Führungskräfte direkt nach dem Abitur mit der Ausbildung bei C&A. Ausgeschieden sind sie bei Erreichen des Rentenalters. Und wenn sie Söhne hatten, holten die Brenninkmeyers diese gerne ins Unternehmen nach. Ein Vater, Bruder oder Onkel im Konzern ist nach wie vor der beste Türöffner bei C&A. Treue zählt bei den Brenninkmeyers. Sie vertrauen über Generationen denselben Zuliefererbetrieben, sie rekrutieren Angestellte über Generationen aus denselben Familien.

Je enger die Bindung der Mitarbeiter an die Firma, desto größer ist die Loyalität. »Von Mitarbeitermotivation verstehen sie was«, meint ein ehemaliger Mitarbeiter. »Ein bisschen Freundlichkeit hier, ein bisschen persönlicher Zuspruch da und schon arbeiten die Mitarbeiter ohne zu murren ein bisschen länger, ein bisschen schneller, ein bisschen engagierter.« Die »Internierung« während der Ausbildung schweißt das C&A-Personal zusammen. Manager, die den Drill überstanden haben, verhalten sich in der Regel gegenüber der Familie Brenninkmeyer und untereinander absolut loyal.

Die Brenninkmeyers sind fest davon überzeugt, dass sie ihrer Firmenphilosophie das Überleben des Konzerns verdanken. Nicht externe Manager oder Unternehmensberater mit ihren Weisheiten haben der Firma den Weg aus der Krise der 90er Jahre gewiesen, sondern der eigene Nachwuchs. Viele Manager in den Teams, die in endlosen Nachtschichten eine Lösung für die katastrophale Lage des Modegiganten suchten, kannten sich noch aus der gemeinsamen Zeit in den Haushalten.

Sie alle gehören zu der großen C&A-Familie. Und wie es in einer richtigen Familie das Oberhaupt tut, so hat die Geschäftsführung dezent ein Auge auf die Familien der Mitarbeiter. Sie fragt immer mal nach, wie es den Kindern geht und ob in der Ausbildung alles glatt läuft. Wenn sich die Kinder während der Schulzeit mit guten Leistungen hervortun, so haben sie einen leichten Weg zu C&A. Qualifiziert sind alle, die Abitur haben und unter 24 Jahre alt sind. »Und die vom Pfarrer ein gutes Führungszeugnis erhielten«, erzählt ein Mitarbeiter. »Das war – zumindest früher – wichtig.«

Berufs- oder Lebenserfahrung dagegen ist nicht wirklich erwünscht, ein Studium ebenso wenig. Traditionell war das den Nachwuchskräften aus der Familie vorbehalten. »Nach einem Studium ist man zu eigenständig, zu alt und nicht mehr formbar genug«, erklärt einer, der C&A vor Jahren verließ, um BWL zu studieren. Obwohl sich auch das inzwischen geändert hat, sieht man es immer noch als ein gewisses Risiko an, Leute von außen zu holen, weil sie einen anderen Background haben, andere Wertvorstellungen vielleicht. Bei dem eigenen Managernachwuchs wird da früh lenkend eingegriffen. Der Auszubildende, der später BWL studierte, hatte nach dem Abitur bei C&A begonnen. Bei seinem Vorstellungsgespräch saß er mit einem Brenninkmeyer-Chef zusammen. »Ich glaube, das war damals der Ernest«, erzählt er. Ernest, mit vollem Namen Ernestus Ludgerus Brenninkmeyer, war Mitte 50, hohes Clan-Mitglied und damals Deutschlandchef. Da die Brenninkmeyers die Nachwuchs-Rekrutierung für wichtig hielten, nahmen sich die obersten Chefs wenn irgend möglich die Zeit für Vorstellungsgespräche. Die Atmosphäre war »recht angenehm«, erinnert sich der Auszubildende. Es wurden allerdings recht ungewöhnliche Fragen gestellt. »Von mir wollte Ernest Brenninkmeyer wissen, ob es gerechtfertigt wäre, Saddam Hussein zu töten.« Anderswo hätte ihn das vermutlich überrascht. »Bei C&A wusste ich ja, was mich erwartete und was ich antworten musste.« Schließlich hatte auch sein Vater schon bei C&A gearbeitet und ihn gebrieft. Töten darf man bei den Brenninkmeyers unter keinen Umständen, auch einen Saddam Hussein nicht.

Als er seine Ausbildung begann, war es wichtig, dass er keine feste Freundin hatte. Die vielen Ortswechsel, die in den kommenden Jahren anstanden, sollten nicht durch eine Beziehung belastet werden. Ein Techtelmechtel zwischen Mitarbeitern war sowieso strikt verboten. Kam es dennoch zu einer Liaison am Arbeitsplatz, hieß es generell: entweder heiraten oder gehen. Und wenn geheiratet wurde, musste die Frau trotzdem ihren Job aufgeben. In den letzten Jahren war dieses Prinzip nicht mehr durchzuhalten. Die Geschäftsleitung ging dazu über, die Augen zu verschließen und die Beziehungen zu ignorieren, solange es eben ging. Einer, der wegen der Liebe das Unternehmen verlassen hat, sagt heute: »Man hat mich damals vor die Wahl gestellt: Entweder ihr lasst es uns nicht merken, dass ihr eine gemeinsame Wohnung habt, oder ihr müsst gehen.« Er ist zur Konkurrenz gewechselt.

Auch die C&A-Karriere von Klaus Steilmann ist an der Liebe gescheitert. Der Grandseigneur der Modebranche hatte 1950 seine Ausbildung bei C&A angefangen und 1956 erfolgreich abgeschlossen. Als Einkäufer wurde er übernommen. Einer steilen Laufbahn im Hause Brenninkmeyer stand nun nichts mehr im Wege. Aber Steilmann verliebte sich in eine Mitarbeiterin. Das Verhältnis flog auf und beiden wurde nahegelegt zu kündigen. »Ich hätte auch in eine andere Filiale wechseln können«, sagt er. Aber das sah er nicht ein.

Steilmann war schon damals ein Sturkopf. Er hatte es sich beim Vorstellungsgespräch erkämpft, nicht in einem der Haushalte wohnen zu müssen. »Ich habe gerne Zeit für mich«, erklärte er. Diese Freiheit räumte ihm das Unternehmen zähneknirschend ein. Steilmann lebte die ersten Jahre alleine – in C&A-nahen Unterkünften. Die Vermieter waren Freunde, Vertraute der Familie Brenninkmeyer. So hatten sie ein Auge auf ihn, auch wenn er nicht mit dem anderen C&A-Nachwuchs zusammen lebte.

In Essen holte die Familie ihn dann doch zu sich. Der Geschäftsführer des dortigen C&A-Hauses rief Steilmann zu einem Gespräch zu sich: In einem Haushalt gebe es Probleme bei Zucht und Ordnung, ob er nicht als Haushaltsvorstand dort ein bisschen die Zügel anziehen könnte? Steilmann willigte ein. »Verantwortung zu tragen, habe ich von Kindheit an gelernt«, sagt der gebürtige Pommer. »Es fiel mir nicht schwer, Ordnung zu schaffen.« Sein Haushalt verhielt sich von da an vorbildlich. Die vielen Regeln, die das Ausgehen, Zigaretten, Alkohol und Frauenbesuche betrafen, wurden nun eingehalten. Bis Steilmann selbst eine Frau dazwischenfunkte.

Für den Modemenschen war der Weggang von C&A keine schlechte Wendung in seinem Leben. Er machte sich mit einer kleinen Textilfabrik in Bochum selbstständig und mauserte sich zum größten deutschen Textilhersteller. Einer seiner ersten Kunden war C&A. Noch heute liefert er Röcke, Kostüme und Kleider an die Brenninkmeyers. Die Trennung verlief ohne Verbitterung – auf beiden Seiten. Steilmann spricht mit ungeheuchelter Hochachtung von seinen ersten Arbeitgebern. »Ich schätze die Brenninkmeyers und den geschäftlichen Umgang mit ihnen. Sie haben mir beziehungsweise meinem Unternehmen sogar mal das Leben gerettet«, erzählt er.

Zwei, drei Jahre, nachdem er sich selbstständig gemacht hatte, war das Frühjahr relativ warm. Die Kunden verlangten schon früh Unmengen an sommerlicher Ware. Steilmann sagte alle Aufträge zu, schon aus Prinzip (»Das mache ich immer so.«). Er deckte sich mit Stoffen ein, um nachliefern zu können. Aber er schaffte das Pensum nicht und bekam Lieferprobleme. »Ich hatte zu viele Aufträge angenommen. Es ging nicht mehr.« Mehrere Kunden nahmen die zu spät gelieferten Kleidungsstücke nicht mehr an. Der Jungunternehmer blieb auf Ware für 1,5 Millionen Mark sitzen. »Das wäre mein Aus gewesen«, erzählt er 40 Jahre später. Mit einem leichten, luftigen Sommerkleid in der Tasche machte er sich in letzter Not auf den Weg zu C&A. Der Chef-Dameneinkäufer kannte ihn noch gut aus seiner Lehrzeit. Er hielt große Stücke auf Steilmann und kaufte ihm die Ware – zu einem sehr guten Preis für C&A – auf einen Schlag ab. »Für mich war das ein Segen. Für ihn hat es sich auch ausgezahlt«, meint Fabrikant Steilmann.

So unerwünscht Liebesbeziehungen zwischen Angestellten bei C&A sind – eine feste Partnerschaft ist hochwillkommen. Möglichst zügig nach Abschluss der Ausbildung sollte geheiratet werden. Auch hier haben sich die Sitten inzwischen etwas gelockert. Das Privatleben der Angestellten gehe die Firma nichts an, sagen die Offiziellen – »solange Ruhe an der privaten Front herrscht«.

Ihre Vorgänger nahmen ihre Vorsorgepflicht ernster. In Gutsherrenmanier nahmen die Herren von C&A Anteil an einer geplanten Lebensverbindung. Dezent informierte die Familie sich über die Verhältnisse der Zukünftigen, über Elternhaus, Konfession, ihren Beruf, den Arbeitgeber und die Einkommensverhältnisse. Sollte die Verlobte nicht katholisch sein, so erwartete die Geschäftsleitung ihre Konversion, zumindest aber ihr Einverständnis zu einer katholischen Trauung und zur Kindererziehung im Sinne der katholischen Kirche.

Scheidungen waren tabu – innerhalb der Familie Brenninkmeyer genauso wie bei Firmenangehörigen. »Die förmliche Auflösung der Ehe bedeutete auch das Ende der C&A-Laufbahn«, bestätigen die Mitarbeiter. Und sie fügen hinzu: »Nirgendwo gibt es so viele Ehen auf dem Papier wie in diesem Laden.« Auch diese Regel hat sich in den vergangenen Jahren verwässert. Heute gilt vielmehr: Scheidungen sind unschön und ungewollt, wenn aber das Unternehmen nicht direkt damit konfrontiert wird, mischt sich die Geschäftsleitung nicht ein. Die Familie macht keinen Hehl daraus, dass ihr Unternehmen auf »christlichen Moralvorstellungen« basiert. Der strenge Katholizismus ist einem christlichen Kodex gewichen.

Eine große, intakte Familie, das ist das Brenninkmeyersche Ideal. Dafür richtet die Firma familiäre Schonfristen ein. »Wenn dein Kind gerade eingeschult wurde, kannst du sicher sein, dass du die nächsten vier Jahre beruflich nicht versetzt wirst«, berichtet ein Ex-Manager. Und das sei kein Zufall, sondern folge einem bestimmten Konzept. »Die Brenninkmeyers achten darauf, dass sie deiner Familie nicht schaden.« Nach Abschluss der Grundschule folgt allerdings mit hoher Wahrscheinlichkeit eine Versetzung.

Schließlich sind vier Jahre an einem Ort bei C&A eine ungewöhnlich lange Zeit. Flexibilität ist Pflicht. Die sechsjährige Ausbildung für Nachwuchskräfte, wie es sie bis Ende der 90er Jahre gab, sah vor, dass die Substituten zig Stationen durchlaufen mussten, meist im Jahresrhythmus. Zweimal im Jahr gab es den so genannten Function Day, der von den Auszubildenden mit Spannung oder auch mit Furcht erwartet wurde. Mittwochsmorgens um 10 Uhr versammelten sich die Substituten in einem Konferenzraum. Dort erfuhren sie dann von den Vorgesetzten ihren nächsten Einsatzort. Antritt in der neuen Filiale: am Montag danach. Wie lange sie am neuen Ort bleiben sollten, wurde ihnen nicht gesagt, auch nicht, was als nächstes Ziel vorgesehen war. Viel Zeit zum Planen blieb den jungen Männern da nicht, aber das wurde ihnen auch abgenommen. Ein Umzug in Diensten von C&A war eine einfache Sache. Die Auszubildenden packten nur ihre Koffer und um den Rest kümmerte sich die Firma – Unterkunft, Möbel, Umzugswagen. Und ein halbes Jahr später war wieder Function Day und es ging in eine neue Stadt.

Heute haben die Angestellten etwas mehr Zeit, sich auf einen Ortswechsel vorzubereiten, und sie können sich Zielorte wünschen. »Dem wird häufig sogar entsprochen«, meint ein Ex-Lehrling. »Früher war das nicht so. Da wusste man, wenn man München als Wunsch angibt, landet man dort mit Sicherheit nicht.«

Aber auch hochrangige Mitarbeiter müssen ständig mit Überraschungen rechnen. Der Leiter einer ostdeutschen Filiale wurde Mitte der 90er Jahre während einer Besprechung aus dem Raum gerufen. Als er zurückkehrte, brach er das Treffen ab. »Das Gespräch ist hiermit beendet, da ich ab Montag nicht mehr hier Geschäftsführer bin, sondern in Hamburg.« Dabei zuckte er kurz mit den Schultern, als wolle er sich entschuldigen, da einige Gesprächspartner vergebens von weit her angereist waren. Aber übel nahm ihm das niemand. Dann musste eben ein neuer Termin mit dem Nachfolger vereinbart werden.

Wer ab Montag auf seinem Stuhl sitzen würde, konnte der scheidende Leiter allerdings nicht sagen – diese Information wurde ihm vorenthalten. Er wusste nur, was für ihn relevant war und dass alles Organisatorische für ihn geregelt wurde.

»Das hat etwas Bevormundendes, klar«, meint eine Ex-Managerin. »Aber wer damit nicht zurechtkommt, der arbeitet nicht bei C&A.« Denn das Unternehmen funktioniert einfach so. In gewissem Maße auch heute noch – auch wenn inzwischen manche Vertragsregel gestrichen wurde, weil sie »nicht mehr dem Zeitgeist entsprach«, wie es Dominic Brenninkmeyer kommentiert. Nicht mehr zeitgemäß war es beispielsweise, einen Teil des Gehalts der Auszubildenden einzubehalten und in deren Namen auf ein Sparkonto zu legen (auch wenn der Zinssatz marktgerecht war und der Angestellte auf diese Weise nach der Ausbildung etwa 15000 Mark ausgezahlt bekam).

Ebenfalls gestrichen wurde der Passus, in dem der Arbeitgeber den Auszubildenden untersagte, ein Auto zu fahren. Der Besitz eines Wagens war auch bei den eigenen Brenninkmeyer-Kindern bis zum 28. Geburtstag unerwünscht. Die Familie handelte dabei im Geiste der Gründer Clemens und August, die mit ihrer Sparsamkeit den Grundstock für das Imperium gelegt haben. Diesen Geist versucht die Milliardärsfamilie ihren Kindern bis heute zu vermitteln, trotz allem Luxus und der kosmopolitischen Lebensart.

Bei dem Autoverbot trieb die alten Herren vorrangig die Sorge, dass sich die jungen Leute finanziell übernehmen könnten. Diese Furcht war auch nicht ganz unbegründet, da die Auszubildenden nicht ihr ganzes Gehalt zur eigenen Verfügung hatten, sondern nur ein Taschengeld von anfangs um die 350 Mark bis zu 800 Mark bei Abschluss der Ausbildung. Selbst ein 30-Jähriger war laut Vorschrift des Konzerns dazu verpflichtet, »in jedem Fall vor Inbetriebnahme eines Kraftfahrzeuges die Hauptverwaltung zu benachrichtigen« – und zwar mit Angabe von Wagentyp, Kaufpreis, Finanzierung und Höhe der monatlichen Aufwendungen für Haftpflichtversicherungen und andere Belastungen.

Außerdem wurde das Leben der Auszubildenden vom Konzern so organisiert, dass sie sowieso keinen Wagen benötigten. Die Haushalte lagen entweder in direkter Nähe zum Geschäft oder sie hatten Anschluss an öffentliche Verkehrsmittel. Heimfahrten an den Wochenenden waren nicht gerne gesehen und mussten bei der Verwaltung gemeldet werden. Schließlich waren auch die Tödden früher nicht ständig nach Hause gefahren. Die alten Leinenträger verdienten ihr Geld oft monatelang fern der Heimat. Dass die Erben der Textilhändler diese Tradition bis an die Schwelle zum 21. Jahrhundert beibehielten, hat einen einfachen Grund: Drill. Die jungen Leute sollten lernen, was Arbeit ist. Ablenkung konnte da nur schaden. Werktags hatten sie dazu sowieso kaum Gelegenheit, da sie die ganze Zeit im Geschäft waren. Die Auszubildenden sperrten morgens die Türen des Kaufhauses auf und löschten abends hinter sich die Lichter, erzählt Lucas Brenninkmeyer. Vor 20 Uhr seien sie nie zu Hause.

Es entsprach auch der guten alten Tödden-Manier, dass die Brenninkmeyers an einer Geheimsprache für die wirtschaftlichen Dinge festhielten. Sobald es um Geschäftszahlen ging, verfielen die C&A-Mitarbeiter in einen geheimen Code. Das Codewort lautete bis vor wenigen Jahren »Alberdingk«. Die Buchstaben stehen der Reihe nach für die Zahlen von eins bis zehn. Jeden Abend nach Geschäftsschluss mussten die Auszubildenden telefonisch die Umsatzzahlen ihrer Filiale an die C&A-Zentrale melden – in der Geheimsprache, versteht sich. Nach ein paar Wochen konnten sie sich darin im Schlaf verständigen. Bekleidungsstücke und Fabrikanten hatten feste Nummern, die sich die Auszubildenden ebenfalls merken mussten. Bei Verhandlungen mit Lieferanten sprachen sie sich mit Hilfe ihres Codes ab. »BKG bei Anton für 16 von 847 ist günstiger« hieß dann etwa: »135 Mark bei 5000 Stück für die Regenmäntel von Meyer ist günstiger.«

Im Geschäft mussten sie wie die Herren Brenninkmeyer selbst einen Anzug im »Mettinger Blau« tragen. Das ist ein unauffälliges Dunkelblau von der C&A-Stange. Sich einen Bart wachsen zu lassen, war dem Management untersagt. »Die sehen aus wie umgekleidete Pfarrer«, mokierte sich Anfang der 90er Paul Giertz von der Gewerkschaft HBV. Aber die Geschäftsleitung meinte es sehr ernst mit dieser Vorgabe – und verteidigte die Rechtmäßigkeit der Kleiderordnung sogar mit Erfolg vor Gericht.

Inzwischen haben sich auch diese Regeln abgeschliffen. Es muss nicht unbedingt Mettinger Blau sein. Selbst Dominic Brenninkmeyer trägt heute mal Grau, mal Blau, Hauptsache, es ist ein gedeckter Ton. Als die Sitten lockerer und die Kleidung bunter wurden, fanden die Angestellten Faltblätter auf ihren Schreibtischen vor. Darin wurde beschrieben, was in der neuen Saison im Büro an Farben und Modellen sowie an Rocklängen und Ausschnitten getragen werden durfte.

Wie die Tödden-Vorfahren lernen die Führungskräfte noch heute das Geschäft von der Pike auf. Sie putzen die Türöffner und helfen an der Kasse aus. Sie müssen Dienst in der Pförtnerloge verrichten, als Fahrstuhlführer einspringen oder beim Auspacken, Einräumen, Fegen und Putzen helfen. »Da denkt man, man macht Karriere bei C&A und hält plötzlich einen Besen in der Hand.« Das geht manchem gegen den Strich. »Viele verlieren bald die Lust«, erzählt einer von denen, die während der Ausbildung abgesprungen sind.

Auch der Name Brenninkmeyer schützt nicht vor niedrigen Diensten. Die Nachkommen von Clemens und August müssen wie alle anderen anpacken, wo es gerade Arbeit gibt. »Wer nie ein Hemd genäht hat, kann auch keine Verhandlungen führen«, ist die Devise der alten Herrschaften. Stephen Brenninkmeyer vom Andromeda-Fonds musste ganz am Anfang eine Bluse nähen. Die hat er dann seiner Frau geschenkt. »Seither hab ich sie nicht mehr gesehen.«

»Man verkauft seine Seele an den Konzern Brenninkmeyer«, urteilt eine Ex-Mitarbeiterin, die sich vor kurzem mit einer kleinen Firma selbstständig gemacht hat und sich jeden Tag über diese Freiheit freut. »Viele sehen es aber auch anders. Die sagen, die Familie Brenninkmeyer kümmert sich um ihre Mitarbeiter.« Das erinnert fast an eine japanische Unternehmenskultur.

Es kursieren viele Geschichten über Notfälle bei Angestellten, in denen die Brenninkmeyers helfend eingesprungen sind. Wie bei dem kranken Kind eines Mitarbeiters, dem nur eine aufwändige und sehr teure Operation bei amerikanischen Experten helfen konnte. Da die Eltern sich die Behandlung nicht leisten konnten, zahlte die C&A-Familie. Bestätigen wollen die Brenninkmeyers solche Fälle nicht. Über ihre Wohltaten reden sie nicht, auch aus Angst, dass die Großzügigkeit der Familie missbraucht wird. »Wir behalten uns vor, etwas anders zu unseren Mitarbeitern zu sein als andere Unternehmen. Aber wie wir entscheiden und was wir tun, hängt vom Einzelfall ab.« Das sagt Dominic Brenninkmeyer, klassisch ausweichend.

Hurra, die erste Chefin!

Mimi Lamote ist die Vorzeigefrau der Brenninkmeyers. Wann immer ihnen vorgeworfen wird, dass nur Männer bei C&A in die Führungsriege aufsteigen können, zeigen sie auf diese Frau: »Schauen Sie doch nach Belgien.« Dort nämlich ist Frau Lamote Landeschefin und somit der lebende Beweis dafür, dass »Frauen die gleichen Chancen haben wie Männer. Alles andere ist Quatsch«. 1300 Angestellte führt Mimi Lamote und etwa 70 Filialen in Belgien und Luxemburg. 2004 wurde ein Umsatz von etwa 325 Millionen Euro erwirtschaftet. Die Zentrale kann mit ihrer Chefin in Benelux zufrieden sein. Die Einnahmen steigen. C&A hat seine Position als Marktführer ausgebaut. Mimi Lamote eröffnet neue Läden und ist ein Liebling der belgischen Presse. Jung, hübsch und selbstbewusst kämpft sie für die Karrierechancen der Frauen und sagt: »C&A nimmt eine Vorreiterrolle ein.«

1988 hat sie nach Studium und MBA mit der Management-Ausbildung bei C&A begonnen, als eine der ersten Frauen überhaupt. Zuvor hatte es diese Einstiegschance bei dem Textilkonzern nicht gegeben. »Damals war das wirklich eine Neuheit für uns«, räumen die Herren von C&A heute ein. Lamote stieg schnell auf. Erst in Belgien, dann im europäischen Zentraleinkauf in Düsseldorf. Sie orderte Damenbekleidung für alle europäischen Länder. Röcke, Blusen, Hosen in gewaltigen Mengen. Das Konzept mit dem zentralen Einkauf haben die Brenninkmeyers 2000 wieder verworfen, der Karriere der Jungmanagerin hat das nicht geschadet. Lamote kehrte nach Belgien zurück, erst als Regionalleiterin, eine Stufe unter dem Landeschef. Als der sich 2001 in den Ruhestand verabschiedete, bewarb sie sich bei Europachef Lucas Brenninkmeyer um die Nachfolge und bekam den Posten – trotz zahlreicher männlicher Mitbewerber. »Mein Profil hat am besten gepasst«, sagt Mimi Lamote selbstbewusst in einem Interview. Sie habe bei C&A nie das Gefühl gehabt, als Frau benachteiligt oder ausgebremst zu werden. »Als Mann wäre ich nicht schneller aufgestiegen.«

Wenn die belgische Chefin erzählt, wird der katholische C&A-Clan zum Hort des Fortschritts. Und tatsächlich: Alle ihre Kollegen in Belgien, die Chefs der anderen Textilketten, sind männlich. Generell gebe es zu wenig Frauen im Top-Management, bedauert Mimi Lamote. »97 Prozent aller Chefposten sind in Männerhand. Die entscheiden über die Personalfragen und viele von ihnen können sich noch immer nicht recht vorstellen, dass Frauen Führungsposten gut schaffen.« Wenn ein Vater mit zwei Kindern und eine Mutter mit zwei Kindern sich um den gleichen Job bewerben, meint sie, werde bei der Frau stets überlegt: »Kann sie das vereinbaren?« Bei einem Mann stellt sich die Frage nicht.

Lamote selbst hat keine Kinder. Das ist auf dieser Führungsebene bei C&A mindestens so ungewöhnlich wie die Tatsache, dass die Belgien-Chefin eine Frau ist. Unter ihren sechs Länderchef-Kollegen findet sich keine andere Frau. Auch der C&A-Europavorstand ist durchgehend männlich besetzt, die Cofra-Holding ebenso. Unter den Chefeinkäufern gibt es zumindest einige weibliche Managerinnen. Deutschlandchef Herr Dominic hat eine Frau in sein vierköpfiges Direktionsteam in Düsseldorf geholt. Frauen leiten bei C&A inzwischen auch zahlreiche Filialen.

Auffällig ist nur, dass keine einzige von ihnen den Nachnamen Brenninkmeyer trägt. Dabei hat der Clan Anfang der 90er Jahre beschlossen, dass auch Mädchen ins Familiengeschäft einsteigen dürfen. Bis die nach oben gelangen, können aber noch ein paar Jahre vergehen. Es habe einige Zeit gedauert, »bis sich die ersten Frauen für eine Ausbildung im Unternehmen entschieden haben«, erklärt Herr Dominic. Erst vor zwei, drei Jahren haben die ersten Brenninkmeyer-Mädchen das »Family Training Programme« begonnen. So ganz einig war die Familie wohl nicht in der Frage. Jedenfalls befinden sich die Mädchen noch auf den unteren Karrierestufen. Und überspringen dürfen sie keine, so wenig wie ihre Cousins. Der Nachwuchs lernt das Geschäft von der Pike auf. Das gilt für beide Geschlechter.

Die unterschlagenen Frauen

Das Vermögen der Brenninkmeyers liegt ausschließlich in der Hand der männlichen Nachkommen von Clemens und August. Obwohl der Gesellschaftervertrag das nie verlangt hat (die Formulierung darin ist geschlechtsneutral), sind die weiblichen Nachfahren de facto vom unternehmerischen Erbe ausgeschlossen. »Schauen Sie sich die patriarchalischen Strukturen an in der Familie. Da bedurfte es keiner schriftlichen Fixierung«, erläutert ein Vertrauter. Die Frauen erhielten statt eines Firmenanteils eine Apanage. Für die Aussteuer hat die Familie diverse Pensionsfonds eingerichtet.

Heute gilt das ungeschriebene Gesetz nicht mehr. Sagt die Familie. Irgendwann werde es auch bei C&A Gesellschafterinnen geben – wenn die ersten Mädchen aus der Familie in Führungspositionen aufgestiegen sind. »Das dauert natürlich noch«, sagt Dominic Brenninkmeyer. »Aber dem steht nichts mehr im Wege.« Ihr Recht haben die Frauen sich unter Androhung juristischer Schritte erstritten.

Lange hatten die Herren von C&A das stockkonservative Frauenbild der Patriarchen Clemens und August bewahrt. In den Zeiten der Tödden war das Geschäft reine Männersache. Ein paar Jahrhunderte später, 1985, hatte sich daran noch nicht viel geändert. »Wir Frauen wussten nicht, was in den Meetings besprochen wurde. In der Familie zählen Frauen nicht viel«, hat eine geborene Brenninkmeyer damals einem Journalisten berichtet. Über Jahrzehnte hinweg durften die Frauen noch nicht mal bei C&A einkaufen. Sie hätten ja sonst zu Hause an der Kleidung oder an den Kaufhäusern rummäkeln können. Das Geschäft ging sie nichts an. Eine Frau Brenninkmeyer hatte nicht zu arbeiten, sondern Kinder zu gebären und den Haushalt zu führen – wie das eben früher der Fall war. Sie konnte sich Pferde halten, segeln, Kunst kaufen. Und beim Pfarrfest in der katholischen Gemeinde Kaffee ausschenken.

Was die Behandlung und Wertschätzung der weiblichen Familienmitglieder angeht, unterschieden sich die Brenninkmeyers nicht von den anderen westfälischen Tödden-Familien. »Darin sind sie alle gleich«, erzählt die Nachfahrin aus einer anderen Mettinger Sippe. »Die Frauen fallen unter den Tisch.« Das wird besonders deutlich, wenn man sich die Familien-Stammbäume anschaut. Über Generationen hinweg tauchen dort nur die Söhne auf. »Als ob nie eine Tochter zur Welt gekommen wäre.«

Dabei finden sich unter den Töchtern und Ehefrauen der Tödden-Familien zuhauf eifrige und gebildete Frauen. Die Gattinnen der Wanderhändler jammerten nicht, wenn sie monatelang mit einem Dutzend Kinder und der Landwirtschaft allein zu Hause waren. Ihren Töchtern waren sie ein Vorbild. Die Mädchen wuchsen in dem strengen Familiengefüge auf und wurden von Anfang an auf ihre Rechte und vor allem auf ihre Pflichten vorbereitet.

Wichtig war es natürlich, den richtigen Gatten für die Mädchen zu finden. In Mettingen gab es reichlich Männer – ein entfernter Brenninkmeyer ging, ein Lampe war immer recht, ein Voss, ein Hettlage, ein Boecker ebenso. Auch andere Industriellenfamilien wie die Hortens oder die Herders (Buchhändler aus Freiburg) verbandelten sich mit der Familie Brenninkmeyer. Im Falle der Familie Bierbaum, die seit 1895 ein Textilunternehmen in Borken besitzt (und heute der führende Hersteller von Bettwäsche ist), geschah das sogar mehrfach.

Wollte eine junge Frau der traditionellen Rolle entkommen, musste sie mit dem Widerstand der Familie rechnen – bis in diese Generation. Eine der erfolgreichen »Ausbrecherinnen« ist die Designerin Siggi Spiegelburg. Als Enkelin von Franz Brenninkmeyer, dem »langen Franz«, ist sie auf dem Gut Langenbrück nahe Mettingen aufgewachsen. Schon als Mädchen träumte sie von einer Karriere als Modedesignerin. Die ersten Entwürfe nähte sie zu Hause am Küchentisch. Als sie sich vor Jahren selbstständig machte, provozierte das in der Familie Unverständnis. Eine Frau Brenninkmeyer hat nicht zu arbeiten, hieß es. Die junge Siggi ließ sich davon nicht beirren und entwirft heute – durchaus erfolgreich – ihre eigenen Kollektionen unter dem Label Siggi Spiegelburg. Gemeinsam mit ihrem Mann, dem Verleger Wolfgang Hölker, führt sie in Münster zudem ihr eigenes kleines Firmenimperium: das Reich der Kinder-Kultfigur Hase Felix.

Hölker ist Chef des Coppenrath Verlags, der mit seinen Felix-Büchern in den letzten zehn Jahren zu einem der erfolgreichsten Kinderbuchverlage in Europa aufgestiegen ist. Fünf Millionen Exemplare haben sich von den Felix-Büchern innerhalb von fünf Jahren verkauft. Die Abenteuer des reiselustigen Hasen Felix wurden in 20 Sprachen übersetzt. Und noch wichtiger als die Bücher – zumindest aus finanzieller Sicht – ist das Sortiment an Felix-Accessoires. Der so genannte Non-Book-Bereich des Verlags firmiert unter dem Label »Spiegelburg«. Hier hat Siggi Spiegelburg das Sagen. Sie entwirft alles, was Kinder sich mit Motiven des Bücher-Hasen wünschen könnten: rot-weiß karierte Felix-Bettwäsche, Felix-Koffer, Felix-Uhren, Regenkleidung, Hosen, T-Shirts und Badeanzüge. Wie viel der Verlag mit den Merchandising-Artikeln verdient, verraten die Münsteraner nicht. Wenig dürfte es nicht sein. Siggi Spiegelburg jedenfalls muss den männlichen Verwandten das C&A-Imperium nicht neiden. Sie hat eine eigene Boutique in Münster und einen Verlag am alten Hafen, dem Kreativviertel der Stadt. Sie lebt auf einem restaurierten Wasserschloss mitten im Grünen. Und sie fährt zum Urlaub nach Mettingen. Was will sie mehr?

Der Kampf gegen Verbände und Gewerkschaften

Patriarchen haben selten etwas für Gewerkschaften übrig. Dies gilt in besonderem Maße für die Herren von C&A, bei denen es für Klassenkämpfer nie etwas zu gewinnen gab. Die Brenninkmeyers stellten ihre Angestellten durch übertarifliche Löhne und Sozialleistungen besser als deren Kollegen in anderen Einzelhandelsunternehmen. »Aus einer Mischung von Raffinesse und katholischer Moral« lasse die Familie die Mitarbeiter nicht zu kurz kommen, so das Statement von Paul Giertz vom Hauptvorstand der Gewerkschaft Handel, Banken und Versicherung (HBV) Anfang der 90er Jahre. »So hält sie sich die Gewerkschaften vom Hals.«

Die Beschäftigten zeigen sich stets loyal gegenüber ihrem Arbeitgeber. Streiks und Proteste hat es nie gegeben. Wer sollte dazu auch aufrufen? C&A ist praktisch eine gewerkschaftsfreie Zone. Es gibt so gut wie keine organisierten Angestellten, das haben C&A-Manager im kleinen Kreis immer wieder stolz verkündet. Zwischen 1,5 und drei Prozent schwankt der Anteil der Gewerkschaftsmitglieder innerhalb der Belegschaft. Nur zum Vergleich: Beim Autohersteller Volkswagen liegt die Quote deutlich über 90 Prozent.

Ehemalige C&A-Beschäftigte berichten von einer »sehr engen Zusammenarbeit« zwischen Betriebsräten und Geschäftsleitung. Interne Protokolle von Betriebsratssitzungen würden häufig noch am gleichen Tag in die Chefetage weitergereicht. Die Loyalität sichern sich die Brenninkmeyers durch großzügige Konditionen. Das 13. Monatsgehalt wurde schon im Jahr 1950 eingeführt. Außerdem gewährte C&A wenig später bereits vier Wochen Mindesturlaub. Personal in leitenden Positionen erhielt sogar sechs Wochen. Das Unternehmen zahlte seinen Mitarbeitern Kindergeld (75 Mark im Monat für jedes Kind) und bot Ausbildungsversicherungen für die Kinder an (in Höhe bis zu 15000 Mark). Ende der 60er Jahre führte C&A als eines der ersten Einzelhandelsunternehmen die Fünftagewoche ein. Als die Gewerkschaften in Deutschland für eine Verkürzung der Wochenarbeitszeit kämpften (»Samstags gehört Vati mir«), war diese bei C&A längst umgesetzt. Bei guten Leistungen erhielten die Verkaufskräfte durch Prämien eine weit übertarifliche Bezahlung.

Während der Krise Ende der 90er Jahre hat C&A die übertariflichen Leistungen zum Teil gestrichen (Ausbildungsversicherung) oder gekürzt (Weihnachtsgeld). Nach wie vor aber zahlt das Unternehmen ein Kindergeld (77 Euro im Monat pro Kind), wenn nur ein Elternteil arbeitet. Es gibt 358 Euro Heiratsbeihilfe, 358 Euro bei der Geburt eines Kindes und Jubiläumsgelder. Zudem werden die Angestellten durch umsatzbezogene Sonderzahlungen am Erfolg des Unternehmens beteiligt. Wenn eine Filiale im Vergleich zum Vorjahr den Umsatz steigert, landet alle zwei Monate ein Bonus auf den Konten der Mitarbeiter. »Das sind häufig mehrere hundert Euro zusätzlich«, erzählt ein Angestellter. In den Augen von Gewerkschaftern sind das hingeworfene Bröckchen. »Die Brenninkmeyers sehen in uns ein Werk des Satans«, mokierte sich ein Funktionär und beschwert sich über die mangelnde Transparenz des Clans. Schon wegen der Konkurrenz könnten sie keine Informationen an Arbeitnehmervertreter herausgeben, so lautete stets die Begründung der Textilkette. Die Geheimniskrämerei nahm teilweise skurrile Formen an. So forderte der nationale Lastwagen-Verband in den Niederlanden C&A über Jahre hinweg auf, die Anzahl der Lastwagen zu nennen, die für das Unternehmen fahren – aus dem harmlosen Grund, da sich danach der Beitrag für den Verband berechnet. Eine simple Anfrage, sollte man denken, nicht das geheimste aller Betriebsgeheimnisse. Trotzdem hat C&A die Auskunft nicht erteilt. Der Verband schätzte daraufhin die Größe der Lastwagenflotte. Den daraus errechneten Beitrag hat C&A dann jedes Jahr anstandslos überwiesen.

1991 boykottierte C&A auch eine Umfrage der Amsterdamer Handelskammer, die sich einen Überblick über die in der Stadt beschäftigten Personen verschaffen wollte. Begründung von C&A: Man könne solche Daten nicht preisgeben, da das Unternehmen nur ein einziges Produkt führe, nämlich Bekleidung. Wenn sie an der Umfrage teilnähmen, könnte die Konkurrenz diese Offenheit ausnutzen.

Ein Weltkonzern, der nicht sagen will, wo er wie viele Angestellte zu welchen Konditionen beschäftigt, ist der natürliche Gegner jeder Gewerkschaft. Und die Antipathie ist gegenseitig. So nennt Deutschlandchef Dominic Brenninkmeyer Margaret Thatcher als politisches Vorbild, ausgerechnet jene eiserne Lady, die die Macht der britischen Gewerkschaften gebrochen hat.

Die Hakeleien mit den Gewerkschaften ziehen sich bei den Brenninkmeyers durch die Jahrzehnte. Schon Anfang der 50er Jahre traf man sich vor Gericht. Es ging um den langen Samstag. Die Gewerkschaften forderten ein Verkaufsverbot nach 14 Uhr. Die Brenninkmeyers wollten sich nicht vorschreiben lassen, wann sie ihre Läden zu schließen haben. Der Bundesarbeitsgemeinschaft der Mittel- und Großbetriebe des Einzelhandels (BAG) wurde der Konflikt zu heiß, sie distanzierten sich von ihrem Mitglied C&A. Daraufhin traten die Brenninkmeyers wütend aus dem Verband aus, der eigentlich ihre Interessen vertreten sollte. So war Deutschlands größter Textilhändler lange Zeit bei keinem Einzelhandelsverband Mitglied. Inzwischen haben sich die Wogen wieder geglättet, und Herr Dominic sitzt im Präsidium beim BAG-Handelsverband.

Das Verhältnis zu den Gewerkschaften aber blieb gespannt. Das erklärt sich auch aus der Vorgeschichte: 1954 riefen die Deutsche Angestellten-Gewerkschaft (DAG) und die Gewerkschaft Handel, Banken und Versicherungen (HBV) wegen der Öffnungszeiten zum Protest gegen C&A auf. Etwa 10000 Demonstranten zogen damals durch die Münchener Innenstadt zur C&A-Filiale, es gab Pfui-Rufe und Sprechchöre (»Wir werfen faule Eier auf Brenninkmeyer«). Auf Plakaten warfen sie C&A vor, das Unternehmen gehe

»über Leichen«. Die Situation eskalierte. 3000 Polizisten versuchten vergeblich, die Situation in den Griff zu bekommen. Die Demonstranten zerrten leitende Angestellte des Textilhauses aus einem Restaurant und prügelten auf sie ein. Von da an trafen Brenninkmeyers und Gewerkschaften sich nur noch vor Gericht – bis die Auseinandersetzungen mit dem 1956 verabschiedeten Ladenschlussgesetz endeten, das auch die Öffnungszeiten am Samstag eingrenzte.

Der Erfolg der Gewerkschaften hielt einige Jahrzehnte lang. Die Debatte um den Ladenschluss wurde zu einem Symbol für die Reformunfähigkeit Deutschlands. Wenigstens für den Samstag konnte sich der Gesetzgeber schließlich zu einer Verlängerung der Öffnungszeiten durchringen, erst bis 16 Uhr und dann bis 20 Uhr. Für die Brenninkmeyers war das eine späte Genugtuung. »Wenn das Geschäft gut läuft, lassen wir bis 20 Uhr auf, wenn nicht, dann ändern wir das wieder«, sagt Dominic Brenninkmeyer. »Das regelt der Markt. Da brauchen wir keine Vorschriften.«

Im Visier der Globalisierungs-Gegner

Ihre erste Fabrik bauten die Brenninkmeyers 1919 in Amsterdam. Clemens, der Sohn von Gründer August Brenninkmeyer, wollte von Lieferanten unabhängig sein, um schneller produzieren zu können, mit besserer Qualität und mit einheitlicher Kleidergröße für alle seine Kaufhäuser. Über Jahrzehnte blieben seine Nachfolger bei dieser Strategie. Sie bauten und kauften Fabriken in Holland, Deutschland und England. Allein in Deutschland produzierten sie an 12 Standorten. In den 70er Jahren, als die Textilfabrikanten sich nach und nach aus Mitteleuropa verabschiedeten, suchten auch die Herren von C&A nach Alternativen in Billiglohnländern. Als Erstes schlossen sie die Fertigungsstätten in England. Mitte der 80er Jahre folgten die Fabriken in Holland.

Hemden, Hosen und Kleider produzierten fortan Näherinnen in Ländern wie Tunesien, Südkorea und Taiwan. Auch in Deutschland hat C&A nach und nach alle seine Canda-, Herfa, Fabra- und Gloria-Werke geschlossen, die in Hochzeiten bis zu einem Viertel der C&A-Ware hergestellt haben. Am längsten hielt die Geschäftsleitung an den kümmerlichen Resten der Standorte in Essen und Mettingen fest. Dort fertigten kleine Teams die Muster, die die Einkäufer dann mit nach Fernost nahmen, um danach ihre Aufträge nähen zu lassen. In Essen soll dies auch weiterhin der Fall sein. In Mettingen ist Schluss. Die eine Hälfte der Ware lassen die Brenninkmeyers heute in Fernost, vor allem in China und in Indien fertigen, die andere Hälfte in Osteuropa und Nordafrika.

Wie alle Vorreiter der internationalen Arbeitsteilung traf auch C&A deshalb der Bannstrahl von Globalisierungsgegnern, organisiert in den so genannten NGOs. Die Non-Government-Organisationen warfen C&A in einen Topf mit den anderen multinationalen Konzernen wie Nike oder Coca-Cola. Sie alle sehen sich regelmäßig mit dem Vorwurf konfrontiert, menschenunwürdige Produktionsverhältnisse und Ausbeutung der Arbeitskräfte in Entwicklungsländern zu tolerieren. Häufig geht es in diesem Zusammenhang auch um das Thema Kinderarbeit.

So kehrte ein Reporter des Londoner Sonntagsblattes *Mail on Sunday* 1995 von einer Recherchereise nach Indien zurück und berichtete von Kinderarbeit in einer C&A-Fabrik in Tirupur. Tirupur ist eine Stadt in Südindien, in der die Textilindustrie mehr als 200000 Menschen beschäftigt. Diese produzieren nicht für den lokalen Markt, sondern für die großen Kaufhausketten im Westen. Zur Modemesse fliegen die Einkäufer der Konzerne alljährlich nach Südindien. Sie begutachten die Stoffe, vorwiegend Baumwollstoffe, und handeln die neuen Aufträge aus. »The Dollar-City« heißt Tirupur deshalb auch, »T-Shirt-City« oder »das indische Manchester«. Jeder zehnte Näher oder Färber hier ist jünger als 14 Jahre.

Die Fabrik war nach der Schilderung des englischen Reporters ein verfallenes Gebäude. Darin schufteten zehn, zwölf Arbeiter und Arbeiterinnen. Ein 12-jähriges Mädchen berichtete dem britischen Journalisten, seit dem zehnten Geburtstag in dem Schuppen zu arbeiten. Zwölf Stunden am Stück für 25 Rupien, sprich einer Mark, am Tag. In einer Ecke entdeckte der Journalist einen Stapel fertiger Kapuzenoberteile mit dem C&A-Label und einer Waschanleitung auf Englisch. Groß war der Wirbel, den die Story nach ihrer Veröffentlichung im Januar 1995 bei den Brenninkmeyers auslöste: Wie sollten sie auf die Anwürfe reagieren? Ein routiniertes »Kein Kommentar« reichte hier nicht, so viel war den Herren in Amsterdam und London klar. Das hätte wie ein Schuldeingeständnis gewirkt. Die Geschäftsleitung musste agieren.

Konkret warf der Artikel dem Unternehmen vor, über die indische Vertragsfirma Poppys Kinder zu Hungerlöhnen auszubeuten. Nur drei Tage nach dem Erscheinen des Artikels flog der Leiter der C&A-eigenen Importfirma »Mondial« von Brüssel aus nach Indien – direkt zu der Firma in Tirupur. Dort fand er die Arbeiterinnen, mit denen der Brite sich unterhalten hatte. Er ließ sie in das nächste städtische Krankenhaus bringen und untersuchen. Ergebnis: Beide »Kinder« waren laut physischer Erscheinung ungefähr neunzehn Jahre alt, und nicht zwölf, wie sie dem Journalisten erzählt hatten. C&A konnte zudem den Nachweis erbringen, dass in der Fabrik nur acht Stunden am Stück gearbeitet wurde. Und der Tageslohn war doppelt so hoch wie in dem Artikel angegeben. Im Fall Tirupur war C&A folglich nichts vorzuwerfen. Aufatmen in der Zentrale. Dort erinnerte man sich noch gut an einen Fall in Bangladesch, wo Kinder tatsächlich für einen Lieferanten des Brenninkmeyer-Konzerns gearbeitet hatten, und der an die Öffentlichkeit gekommen war. Zweimal stand der Ruf von C&A auf dem Spiel. Die Brenninkmeyers mussten handeln, um nicht das geschäftsschädigende Etikett »krude Ausbeuter« angeheftet zu bekommen.

In Bangladesch kündigten die Textilherren als Konsequenz dem Zulieferer die Zusammenarbeit auf, da er durch Kinderarbeit nachweislich gegen die Verträge mit C&A verstoßen hatte. Im indischen Tirupur unterstützt C&A inzwischen mehrere Projekte von Hilfsorganisationen. Zusammen mit »terre des hommes« (und H&M) haben sie eine Berufsschule für ehemalige Kinderarbeiter eingerichtet. Daneben helfen sie einer lokalen Initiative, die in 50 Dörfern Abendschulen für Kinderarbeiter leitet, und unterstützen ein von Don Bosco-Padres geführtes Berufsschulzentrum, das 120 Mädchen und Jungen im Jahr eine Ausbildung ermöglicht. Die Kinder erhalten ein kleines Stipendium, lernen lesen und schreiben und können Schneider, Mechaniker, Elektriker oder Klempner werden.

Außerdem entwickelte C&A im Jahr 1996 einen »Code of Conduct« und richtete eine betriebsinterne Überwachungsorganisation (SOCAM) ein. Der

Kodex legt fest, dass in den Fabriken, die für C&A produzieren, niemand unter 14 Jahre beschäftigt sein darf. »Kinderarbeit ist für uns völlig inakzeptabel«, erklärte Herman Brenninkmeyer bei der Einführung des Kodex. Die Löhne müssen zudem den örtlichen Tarifen und Gesetzen entsprechen – und dem »Prinzip fairen und ehrlichen Umgangs«. Inzwischen hat C&A auch einen Passus aufgenommen, der die »Freiheit der Arbeitnehmer, einer Organisation ihrer Wahl beizutreten« anerkennt. Die Kontrollorganisation SOCAM (»Service Organisation for Compliance Audit Management«) sitzt in Brüssel und Singapur. Um die Standards in den Zulieferbetrieben zu überprüfen, tauchen ihre Mitarbeiter weltweit unangemeldet in den Produktionsstätten auf. Hält sich ein Zulieferer nicht an die Vorgaben, die er unterschrieben hat, wird er verwarnt. Ändert er daraufhin nichts an den Arbeitsbedingungen, werden die Verträge gekündigt.

Seit 1996 hat C&A tatsächlich in mehr als 220 Fällen die Zusammenarbeit beendet. Bei jedem siebten Besuch verwarnen die Kontrolleure die Geschäftspartner. Sie alle zu kontrollieren, ist freilich illusorisch. »Der C&A-Konzern allein hat mehr als 1000 Hauptlieferanten, die mit etwa 10000 Unterlieferanten zusammenarbeiten«, erklärt ein Schweizer Rechtsberater von C&A. Da müssen Stichproben genügen.

Für viele NGOs sind das reine Lippenbekenntnisse. Sie kritisieren, dass C&A sich nicht zu einer Zusammenarbeit mit einer externen, unabhängigen Kontrollinstanz bereit erklärt. Die SOCAM-Angestellten seien abhängig vom C&A-Management, mäkelt die »Clean Clothes«-Kampagne (CCC), die sich weltweit für faire Arbeitsbedingungen in der Textilbranche einsetzt. CCC wurde 1990 gegründet, und gleich die erste Protestaktion richtete sich gegen holländische C&A-Läden, vor denen Aktivisten zum Käuferstreik aufriefen. Von da an gewann die Bewegung der Globalisierungsgegner an Fahrt. Die kanadische Frontfrau Naomi Klein schrieb sich mit *No logo*, einer Kritik an internationalen Großkonzernen wie Nike, in die Bestsellerlisten. Die Modeunternehmen, die früh die komplette Produktion in Länder der Dritten Welt ausgelagert haben, gerieten Ende der 90er Jahre zunehmend unter Rechtfertigungsdruck.

C&A weist in der Debatte jede Kritik weit von sich. Ihr Code of Conduct beruhe »auf weltweit anerkannten Normen und Konventionen, wie sie unter anderem von der International Labour Organisation formuliert wurden«. Die Forderung der NGOs nach externer Kontrolle geht der Familie zu weit. Sie betont die Eigenverantwortlichkeit und Unabhängigkeit der SOCAM. Die Händler – und dieses Recht haben sie als Familienunternehmen – wollen Fremden keinen Einblick in ihre Geschäftsbücher und -verträge gewähren. Egal wie honorig deren Anliegen sind.

V. Die Krise

Mit Designern gegen »Cheap & Awful«

Die 80er Jahre, das war die Zeit von Gap, von Esprit, Benetton und Lacoste. Geschniegelte Popper trugen gebügelte Poloshirts mit dem grünen Krokodil auf der Brust, dazu die biederen Pullunder von Benetton und Collegeschuhe. Wer sich für einigermaßen jung hielt, kehrte vom Einkaufsbummel mit einer Esprit-Tüte zurück und aus dem Amerikaurlaub mit einer Tasche voller Gap-Jeans. Die Klamotten durften ruhig teuer sein. Hauptsache Marke, Hauptsache modisch. Deutschland war noch weit entfernt vom »Geiz ist geil«-Fieber.

C&A mit seinem altbackenen Konzept wirkte da wie ein Fremdkörper in der Modeszene. Die Brenninkmeyers verschliefen wichtige Veränderungen am Markt. Überall sprossen kleine Boutiquen aus dem Boden, in denen die Erlebniskäufer shoppen gingen. Die Trends wechselten schneller, folglich mussten auch die Kollektionen häufiger ausgewechselt werden.

C&A aber war erstarrt. Die Firmenphilosophie stammte noch aus der Mitte des 19. Jahrhunderts. Die Denkweisen waren festgefahren. Wollte man dennoch auf den Wettbewerb reagieren, wirkte das oft panisch und wenig durchdacht. Dem Management unterliefen dabei eine Vielzahl handwerklicher Fehler, die C&A immer tiefer in die Krise rissen. Die verstaubten Filialen wurden nicht modernisiert, bei den Kollektionen herrschte ein planloses Allerlei: Mal hip, mal bieder, mal teuer, mal billig. Die treuen Stammkunden wurden vergrault, ohne dass die Herren von C&A das gleich merkten. Sie träumten von der Haute Couture. Gerade zu der Zeit, als die Umsatzkurve nach unten knickte, wollten sie die Filiale in einem höheren Segment positionieren, wie es so schön im Beraterdeutsch heißt. Die Textilerben wollten C&A schicker machen, als es war – und das hat sich bitter gerächt. Zugegeben, der Gedanke war verführerisch: 140 Jahre lang hatte die Familie billige Mode für die Masse verkauft. Damit ließen sich bequeme Profite erwirtschaften. Wie viel mehr könnte man dann mit höherpreisiger Ware verdienen, mit schönen, teuren Stoffen, mit maßgefertigten Anzügen und edler Abendgarderobe?

Die Tödden-Kollegen von Peek & Cloppenburg beispielsweise hatten sich auf die gehobene Kundschaft spezialisiert und boten neben ihren einfachen Eigenmarken – sehr erfolgreich – teure Designermode von Boss, Armani und Escada an. Die Brenninkmeyers wollten sich vom dem lukrativen Kuchen wenigstens ein Stück abschneiden. Es musste doch möglich sein, meinten führende C&A-Manager, Designerware für die Masse zu verkaufen und das muffige Image von C&A durch hochwertigere Ware zu entstauben. So könnte auch die kaufkräftige Klientel angelockt werden, die bisher bei P&C, Hettlage, Boecker oder in Boutiquen einkaufte – Kunden, die Pelzmäntel für 4500 Mark kauften.

»Uptrading« hieß das Stichwort, das in den Köpfen der Brenninkmeyers herumspukte. C&A stieg ins Pelzgeschäft ein. Die Pelze konnten aber natürlich nicht auf den Ständern zwischen den Billigblousons hängen. Also richtete C&A eigene Pelzabteilungen ein, ebenso neue Bereiche für teure Lederware und Sportmode. Das Interieur schaute man sich bei den Boutiquen ab. Still und heimlich nahmen die Brenninkmeyers Kontakt zu renommierten Designern auf. Anfangs waren diese skeptisch. Aber die Brenninkmeyers überzeugten sie von dem Konzept »Designer für die Masse«. Die Konkurrenz war völlig überrascht und vor den Kopf gestoßen, als plötzlich Weltstars der Modebranche für die Kette arbeiteten wie zum Beispiel Karl Lagerfeld, der für die Brenninkmeyers eine Designerjeans entwarf.

Als der Franzose Yves Saint Laurent seine Lizenzrechte in Deutschland an C&A vergab, knallten die Sektkorken. Die Brenninkmeyers hatten einen der bekanntesten Haute Couturiers für sich gewonnen. Das war ein Coup, und was für einer! Saint Laurent entwarf nicht nur ein einzelnes Kleidungsstück für C&A, sondern gleich eine ganze Kollektion. Mit großem Tamtam wurde die Zusammenarbeit mit dem französischen Modeschöpfer Ende

1981 gefeiert. Voller Stolz ließ C&A sich gar zu einer öffentlichen Mitteilung hinreißen, was selten genug vorkam: »In seinem unerschöpflichen Tatendrang hat sich der Meister entschlossen, dem deutschen Jedermann und dessen Damenwelt die Möglichkeit zu geben, sich mit Haute Couture von der Stange zu schmücken« – »einschließlich dem begehrten Etikett«. Der Schriftzug sah zwar etwas anders aus als bei der original Haute-Couture-Kollektion

Die Versuchung: Top-Designer wie YSL sollten in den Krisenjahren das miese Image von C&A (cheap&awful) aufpeppen. Das Uptrading scheiterte, da der typische C&A-Kunde keine Designer-Ware sucht.

und der Laurent-Rive-Gauche-Kollektion, die nur in bestimmten Verkaufsstätten erhältlich waren. Dafür kostete die C&A-Kollektion auch nur etwa ein Zehntel der Originalmodelle bei Laurent-Rive-Gauche.

Bei C&A hieß YSL »Yves Saint Laurent Go-Wear«. Die Luxuslinie, die in 56 Geschäften angeboten wurde, bestand aus 30 sportlichen Modellen, die miteinander kombinierbar waren: Hosen und Röcke aus Baumwollsamt, Baumwoll-Satin, Krepp oder lackierter Viskose, dazu Jacken, Blusen und T-Shirts aus feinem Baumwoll-Jersey, Nicki oder Denim. Wenn sich eine Kundin mit einem kompletten Modell einkleiden wollte, so musste sie deutlich tiefer in die Tasche greifen, als sie es bei C&A gewohnt war. Die Jacke kostete zwischen 180 und 200 Mark, die Hose zwischen 120 und 180 Mark und ein Shirt oder Top etwa 45 bis 55 Mark.

Das Abkommen zwischen Designer und Händler sah einen garantierten Mindestumsatz vor. Die Herrenartikel verkauften sich gut, die Damenmode weniger. Das Experiment dauerte knapp zehn Jahre. Dann wurde die Partnerschaft beendet. Yves Saint Laurent wollte seine Labels nicht mehr in den C&A-Geschäften sehen, um die Verwässerung der Luxusmarke zu verhindern.

Fast zeitgleich verkündete C&A, dass sie ihre Pelzabteilungen wegen mangelnden Käuferinteresses wieder schließen würden. Die Nachfrage gehe »gegen Null«, stellte das Management ernüchtert fest. Die Abteilungen waren absolut unwirtschaftlich. Die Familie musste schon wieder mit einer hohen Summe draufzahlen. Es war nur ein schwacher Trost, dass sich nicht nur C&A verrechnet hatte. Auch Peek & Cloppenburg und Adler trennten sich in dem Jahr von ihren großen Abteilungen – Pelze waren »out«, keine Chance. Die Umsätze seien »wegen der heutigen Einstellung zum Natur- und Tierschutz« drastisch zurückgegangen, vermeldete die C&A-Pressestelle.

Das Uptrading von C&A endete im Desaster. Dank der spärlichen Informationspolitik des Hauses fiel das anfangs niemandem auf. 1987 lag der Umsatz, den die 144 Geschäftshäuser in Deutschland einfuhren, noch bei beruhigenden 7,49 Milliarden Mark. Die Brenninkmeyers standen unangefochten auf Platz eins der Forbes-Rangliste der deutschen Milliardäre. Sie ruhten sich auf ihren Lorbeeren aus. Dass der Umsatz plötzlich um 10 Millionen Mark sank, erschien nicht weiter tragisch. Dass der Jahresüberschuss zugleich um ein Viertel auf 172 Millionen Mark einsackte, hätte den einen oder anderen schon stutzig machen können. Aber die Konzernspitze war immer schnell mit einer ebenso kurzen wie klaren Erklärung zur Stelle. Schuld sei »das allgemein flaue Textilgeschäft«, hieß es dann. Man sei natürlich »nicht zufrieden« mit dem Ergebnis, hoffe aber, dass das Geschäft in ein, zwei Jahren wieder anziehen würde.

Intern wurden natürlich von einzelnen Familienmitgliedern Bedenken und Kritik geäußert. Diese aber wischte die Unternehmensführung schnell beiseite. »Wir machen weiter wie bisher«, hieß es. Die Strukturen im Unternehmen waren klar geregelt, die altbewährten Konzepte heilig und unantastbar. Die Jungen um Lucas Brenninkmeyer, die sich zehn Jahre später an die Konzernspitze setzten, waren noch zu jung und noch nicht in der Position, um an den Mauern des Konzerns rütteln zu können. Der Umsatz sank derweil weiter, noch mal um 100 Millionen Mark auf 7,38 Milliarden Mark.

Das Unbehagen, das einige Familienmitglieder verspürten, legte sich schnell wieder. Die deutsche Wiedervereinigung verstellte die Sicht auf die Probleme. Die neuen Bundesländer mussten erobert werden! Da warteten Millionen neue Kunden! Der mit Staatsgeld befeuerte Wiedervereinigungs-Boom erfasste auch die Brenninkmeyers. 1990 und 1991 waren Rekordjahre für C&A. Wie trügerisch diese Rekorde waren, sollte sich erst später herausstellen.

»Sie täuschten eine Zeit lang über die Krise hinweg«, räumt Dominic Brenninkmeyer heute ein. »Wir haben in den 80er Jahren Fehler gemacht.« Manches sei versäumt worden. Konkreter wird er nicht. Was soll er auch sagen? C&A ist ein Familienunternehmen. Die Chefs der 80er Jahre sind zwar nicht mehr am Ruder, aber immer noch seine Onkel. Jedes kritische Wort über die Vergangenheit gibt böses Blut in der Familie.

Dank der Kaufbegeisterung im Osten übersprang die Filialkette 1990 beim Umsatz erstmals die Grenze von acht Milliarden Mark. Und so schien es weiterzugehen: Im Jahr darauf waren es dann 8,4 Milliarden Mark. Die Familie Brenninkmeyer entspannte sich: Der Osten würde das Unternehmen retten. Die Filialen in Berlin und in den neuen Bundesländern trieben die Zahlen nach oben. In Düsseldorf und Amsterdam träumten sie schon davon, im Osten den gleichen Marktanteil wie im Westen zu erreichen. Nur gestaltete sich die Expansion dort mühsamer als erwartet. Die ersten Filialen eröffneten 1991 in der Nähe von Leipzig (im Saale-Park Center), in Chemnitz und Magdeburg. Die Erfolge bröckelten.

Die Zentrale in Düsseldorf kaschierte dies in gewohnter Wortkargheit. Man sei mit der Entwicklung »zufrieden«, hieß es lapidar. In der Berichterstattung drehte sich aber der Wind. Augenfällig und bedenklich sei der Rückgang des Überschusses um elfeinhalb Prozent im Jahresabschluss 1991, analysierte das *Handelsblatt*. Und die *Wirtschaftswoche* schrieb im November 1991: »Ein neuer und weniger muffiger Unternehmensstil« sei bei C&A längst überfällig. Die Kritik galt sowohl der restriktiven Kommunikationspolitik als auch dem modischen Kerngeschäft. C&A plagten »erhebliche Imageprobleme«, wurde festgestellt, »und das, obwohl die Brenninkmeyers schon seit Jahren versuchen, ihre Marke höher zu positionieren«. Das klappte aber nicht, wie der Autor des Artikels höhnisch kommentierte. »In der Modebranche ist das Image so wichtig wie das Produkt.« Und das Image von C&A war »Cheap&Awful«.

Billig und hässlich, das war tatsächlich oft der erste Eindruck beim Betreten eines C&A-Geschäftes. Auf den Wühltischen türmte sich die Billigware. Von draußen drang kein Tageslicht in die fensterlosen Bunker und im Neonlicht wirkten die Kunden blasser, als sie beim Kleiderkauf aussehen sollten. Wer sich bei der Anprobe fragt, woher die dunklen Ringe unter den Augen kommen, gerät nicht unbedingt in Kauflaune. Ein »Erlebniskauf« sieht anders aus. Das konnte C&A den Kunden nicht bieten. Mit einer Tüte von »Klamotten-Anton« in der Hand wollte sich niemand sehen lassen.

Diesen Absturz in der Gunst ihrer Stammkunden steckte die Textilkette nur mit Mühe weg. »Bis in die 60er, 70er Jahre haben die Kunden C&A regelrecht geliebt. Das war eine ungewöhnlich feste Bindung«, meint der Designer Rolf Göllnitz, der von Ende der 80er bis Ende der 90er Jahre Werbeleiter bei C&A war. »Diese Liebe hat C&A durch seine undurchdachten Experimente enttäuscht.« Die Kundschaft wurde regelrecht vergrault. »Bis heute kämpft C&A mit den Nachwehen«, meint der Modeexperte. Hatte das Unternehmen in den Jahrzehnten zuvor bestimmt, was Mode für die Masse war, so lief es nun den Trends hinterher, das Angebot traf den Geschmack immer weniger.

Der C&A-Käufer erwartete weder Designerklamotten noch Pelzmäntel, so viel stand Anfang der 90er Jahre fest. »Designershirts, Pelze und das Fünfer-Pack Unterhosen für 10 Mark nebeneinander, das passt einfach nicht zusammen«, erklärt ein Branchenkenner. Aber was wollte der Kunde dann? Die Brenninkmeyers waren ratlos, in Düsseldorf ebenso wie in London und Amsterdam. Die Hiobsbotschaften glichen sich in nahezu allen C&A-Märkten. Frustriert sahen die Manager zu, wie alle Versuche, die Marke aufzuwerten, floppten. C&A blieb »Cheap&Awful«, der »Klamotten-Anton« oder bestenfalls »Chic&Anmut«. »Das ist der Preis für den verschlossenen C&A-Stil«, zitierte die *Wirtschaftswoche* einen Unternehmensberater und fügte spöttisch hinzu: »Für ihr Schweigen zahlen die Brenninkmeyers nun mal jeden Preis.«

Das allein kann es aber nicht gewesen sein. Die ebenso schweigsamen und unsichtbaren Tödden-Kollegen von P&C schafften, was den Herren von C&A misslang: den Spagat zwischen Massen- und Designermode. Wie C&A verkauft auch Peek & Cloppenburg Eigenmarken, die von der Qualität her nicht besser und nicht unbedingt teurer sind als die von C&A. Daneben führen die Geschäfte Boss, Joop, Strenesse, DKNY & Co. bis hin zu Edellabels wie Armani, Escada oder Cerruti. Die beiden P&C-Zweige, West und Nord, verfolgen eine identische Strategie und sparen viel Geld durch einen gemeinsamen Einkauf – bis hin zur Plastiktüte. Zusammen kommen sie auf einen Umsatz von etwas unter eineinhalb Milliarden Euro. Abgesehen von ein paar kargen Geschäftszahlen machen sie aus ihrem Leben und Werk in bester Tödden-Tradition ein Geheimnis: Wie die Brenninkmeyers haben die P&C-Erben viele Kinder, sie sind katholisch und fahren in die Eifel in ihr Bio-Wochenendhaus mit zwei Jagdgebieten und viel Platz zum Ausreiten. Nur setzten die Cloppenburgs von Anfang an auf eine andere, kaufkräftigere Zielgruppe. »Sie haben es verstanden, sich im hochwertigen Genre zu etablieren«, sagt Werner Baldessarini, ehemals Vorstandsvorsitzender und heute Chefdesigner bei Boss. Dieses klare Profil hat P&C vor hohen Einbußen während der vergangenen turbulenten Jahre im Einzelhandel verschont. Sie erreichten zwar nicht die traumhaften Zahlen von Überfliegern wie H&M oder Zara, vermieden aber den Absturz, der für manche Tödden-Familien in der Pleite endete. Um sich gegen die frische Konkurrenz zu behaupten, haben die P&C-Eigner einige finanzielle Wagnisse auf sich genommen. So initiierten sie eine teure Imagekampagne, für die sie seit Ende der 90er Jahre Prominente wie Nina Hagen, James Last oder Benjamin von Stuckrad-Barre einspannten. Die Kaufhäuser bekamen einen neuen Look. Die neuen Filialen in Düsseldorf, Köln, Stuttgart und Berlin, die nun »Weltstadthäuser« heißen, wurden von internationalen Stardesignern entworfen. Der Bau verschlang horrende Summen. Als die Familie bemerkte, dass die fixen Newcomer aus dem Ausland ihnen dennoch das Wasser abgruben, haben sie sich die Konkurrenz einfach ins Haus geholt. In Stuttgart hat P&C 1400 Quadratmeter an Zara vermietet, 700 an Esprit und 650 an die spanische Kette Mango. Parallel dazu bauen die Cloppenburgs ihre Eigenmarken McNeal und Review aus.

Marken fürs Image, Eigenmarken für den Gewinn – von dieser Erfolgsformel hatten auch die Brenninkmeyers geträumt. Aber sie waren von einer anderen Position im Markt gekommen. P&C hatte schon immer die Lederhandschuhe für Cabriofahrer im Angebot, C&A verkaufte an die Straßenbahnkunden.

Die Krise im Handel: »Geiz ist geil«

C&A schlingerte. Die Kette stand nicht mehr für etwas Bestimmtes. Die Kunden, die von C&A »preiswert&gut« gewohnt waren, wanderten ab. Das war in einer Zeit, in der sich die Wolken über der Textilbranche zusehends verdüsterten, eine extrem schlechte Ausgangsposition. Zehn Jahre lang sank der Umsatz im Einzelhandel. Mal um zwei Prozent, mal um vier. Jedes Jahr wieder hofften die Händler auf das Weihnachtsgeschäft, das die Bilanz noch retten könnte – um danach ernüchtert festzustellen, dass die Deutschen auch bei den Geschenken zurückhaltender wurden.

Nach den verrückten Jahren der New Economy folgte mit dem Crash in den Börsensälen das böse Erwachen. Die Träume von der Million lösten sich so schnell in Luft auf wie die virtuellen Reichtümer im Aktiendepot. Dem Start-Up-Rausch folgte der Katzenjammer. Die Zahl der Pleiten erreichte neue Rekorde. Die Arbeitslosigkeit stieg. Und in den Läden herrschte Flaute. Die Verbraucher weigerten sich einzukaufen. Das traf alle. Autohäuser wie Modehändler. Anfang der 90er Jahre hatten die Bundesbürger in einem Jahr noch 71,6 Milliarden Euro für Kleidung und Textilien ausgegeben, ein Jahrzehnt später waren es nur noch 57 Milliarden. Der Rückgang vollzog sich in kleinen Schritten, von Jahr zu Jahr.

Der Konsumentenstreik traf Produzenten wie Händler. Und beide suchten sie nach Schuldigen an der Misere. Die Textilproduzenten geißelten das

»ruinöse Preisdumping« der Händler. Der Einzelhandel erregte sich über die »Hauptsache-Billig«-Mentalität der Kunden. Alle gemeinsam beschwerten sich über die Versager in Berlin, den standortgefährdenden Wirklichkeitsverlust in der Politik. Geändert hat das nichts. Jedes Jahr schließen weiterhin fünf Prozent der Bekleidungshäuser. »Der Branche geht es sehr schlecht«, klagt kontinuierlich der Bundesverband des Deutschen Textileinzelhandels. »Nur die Vertikalen verdienen Geld.« Die »Vertikalen« – das sind so erfolgreiche Unternehmen wie Zara, H&M, Esprit und S. Oliver. Sie alle haben die Trennung von Fabrikant und Händler aufgehoben. Sie produzieren und verkaufen und verdienen damit an der gesamten Wertschöpfungskette.

Der deutsche Prototyp für dieses Modell ist der Unternehmer Wolfgang Grupp. Der Trigema-Chef hat mit seinem Affen in der Fernsehwerbung eine große Berühmtheit erlangt. Trigema produziere ausschließlich in Deutschland, brüstet er sich. Das gelingt ihm, indem er den Handel (und somit dessen Gewinnspanne) weitgehend ausschaltet und seine T-Shirts und Jogginganzüge in eigenen, schmucklosen Geschäften verscherbelt. 1200 Arbeitsplätze hält Grupp so auf der Schwäbischen Alb. Das ist also der traurige Rest des einstmals blühenden Textilstandorts Deutschland.

Die ehemals klangvollen Unternehmen sind entweder ganz verschwunden oder sie haben die Produktion unter dem Druck hoher Kosten in Billiglohnländer verlegt und werden dafür als »vaterlandslose Gesellen« beschimpft. So erging es beispielsweise dem Wattenscheider Fabrikanten und C&A-Lieferanten Klaus Steilmann, als er Ende 2003 ankündigte, seine letzte Produktionsstätte in Deutschland zu schließen. »Wer uns mangelnden Patriotismus vorwirft, hat keine Ahnung vom Textilgeschäft«, sagt er. »Als alle schon weg waren, habe ich noch an den Arbeitsplätzen hier festgehalten. Das war mein Fehler.« Bis in die 90er Jahre war für Steilmann alles optimal gelaufen: Er hatte sein Unternehmen zur richtigen Zeit gegründet und es ging stetig bergauf. 1958 hatte er mit 40 Näherinnen angefangen. Schon im ersten Jahr lag der Umsatz bei 7,8 Millionen Mark. 30 Jahre später arbeiteten 22000 Angestellte für ihn, 8000 davon in Deutschland. Steilmann hatte die richtigen Ideen. Er suchte früh Abnehmer im Ausland und verlagerte parallel die Produktion aus Deutschland: 1964 bereits ließ er in Rumänien fertigen, später in Südostasien. Ein »richtiges Zigeunerleben« sei das gewesen. Erst produzierten sie in Korea. Als das zu teuer wurde, auf den Philippinen. Danach in China, Hongkong, Birma, Indien. Und seit Neuestem in Bangladesch. »Und am Schluss landen wir am Südpol und bringen den Pinguinen das Nähen bei. Dann sind wir bei einer Produktion ohne Löhne angekommen«, sagt Steilmann zynisch. Die Beschimpfung als »vaterlandsloser Geselle« ärgert ihn maßlos.

Solange es irgendwie ging, solange es Kunden wie C&A zuließen, hat er dem Standort Deutschland die Treue gehalten. Nun ist er ratlos. »Ich sehe nicht, wie es mit der Textilbranche weitergehen soll«, klagt der Grandseigneur der Modebranche, der bisher immer eine Antwort gefunden hat. Aussagen zu Gewinn oder Verlust macht er als Familienunternehmer nicht, aber in der Branche gilt als ausgemacht, dass Steilmann rote Zahlen schreibt. Sein Umsatz hat sich innerhalb von zehn Jahren fast halbiert.

Die Schuldfrage ist für den ehemaligen C&A-Lehrling Steilmann schnell beantwortet: Politik und Gewerkschaften haben in seinen Augen versagt. Die hätten Deutschland wirtschaftlich zugrunde gerichtet, wettert er. T-Shirts mit zwei Nähten (wie es der Kollege Grupp macht), die könne man hier noch nähen, aber kein Hemd, keine Bluse oder gar ein Kostüm. »Alles viel zu lohnintensiv.«

Das Label »Made in Germany« ist aus den Kleiderschränken so gut wie verschwunden. Den Kunden stört das nicht weiter, Hauptsache, es stimmen Preis und Qualität. Selbst ein Anbieter gehobener Ware wie die traditionsreiche Seidensticker-Gruppe bekennt offen: Wir fertigen kein einziges Hemd in Deutschland. Auch dieses Unternehmen, angesiedelt in der ehemaligen Textilhochburg Bielefeld, kämpft seit Jahren gegen sinkende Umsätze und Gewinne. Genäht wird daher in Osteuropa, in der Türkei, in Nordafrika und Asien. Die Kunden zahlen keinen Aufpreis für das Hemd mit der schwarzen Rose auf der linken Seite, nur weil es aus Deutschland kommt. In den 60er Jahren war das anders, als Familie Seidensticker mit den ersten bügelfreien Hemden für Aufsehen sorgte. Als es die Seidensticker-Ware dann auch bei C&A und anderen Billiganbietern zu kaufen gab, litt das Image der Marke. Die Fabrikation wurde nach und nach eingestellt. Heute beliefert Seidensticker Ketten wie Karstadt, Peek&Cloppenburg und Zara mit Handelsmarken sowie Joop und Burberry mit Designerhemden. Eine eigene Fabrik hat das

Unternehmen freilich nicht mehr, es kümmert sich nur um Vertrieb und Marketing. Kürzlich haben die Enkel des Gründers die Wiederbelebung der Seidensticker-Hemden mit der Rose beschlossen. Das einstige Aushängeschild soll den Umsatz der Bielefelder wieder beflügeln – immerhin kennen noch zwei von drei Deutschen diesen Klassiker. Die ehemals aussortierte Marke ist heute der Joker des Familienunternehmens.

Wer überleben will, braucht starke Marken. Dieser These hängt jetzt auch Veteran Steilmann an. 2004 feierte die erste »Steilmann«-Kollektion auf der Modemesse Premiere. In Russland, Frankreich und anderen Ländern ist Steilmann damit erfolgreich. Ob es in Deutschland klappt? Mal sehen. Einen Versuch ist es zumindest wert, glaubt der Senior, der sich in den Aufsichtsrat zurückgezogen hat und das Tagesgeschäft einer seiner Töchter überlässt.

Eine Lehre haben Fabrikanten wie er aus der Krise des Handels gezogen: Entweder müssen sie ganz billig sein oder sie brauchen eine Marke mit Klang. Jede halbherzige Lösung hat es schwer. Es ist beileibe nicht so, dass in der Textilbranche nur geklagt und geheult wird. Puma, Adidas, Nike – das sind hervorragende Beispiele dafür, wie mit Hemden und Hosen herrliche Profite zu erwirtschaften sind. Selbst eine tot geglaubte Art wie das Lacoste-Krokodil ist in der Retrowelle der 90er Jahre wiederauferstanden.

Diesen Trendherstellern konnte auch die »Geiz ist geil«-Welle nichts anhaben. Angestoßen wurde sie von Deutschlands führendem Handelskonzern, der Metro Group mit Sitz in Düsseldorf, die den Slogan für ihre Saturn-Elektromärkte kreiert hatte. Die Media-Märkte, ebenfalls zu Metro gehörig, konterten mit der »Mutter aller Schnäppchen« (»Ich bin doch nicht blöd«), und Metros Kaufhauskette Kaufhof rief »Die neue Lust am Sparen« aus. Für Metro-Chef Körber hat sich die Werbung bezahlt gemacht: Gegen den Trend konnte er für das Jahr 2003 einen Anstieg des Umsatzes um vier Prozent vermelden. Weitere Profiteure der »Sparkonsumenten«, die den »Erlebniskäufer« der 90er Jahre abgelöst haben, sind Discounter jeder Art, vor allem die Gebrüder Albrecht mit ihren Aldi-Ketten. Im Jahr 1991 war Aldi erstmals auf der Liste der größten Textilhändler in Deutschland aufgetaucht, die jährlich vom Fachblatt *Textilwirtschaft* veröffentlich wird – auf Platz 12. 2003 hatten sich die Albrechts bereits auf Platz sechs hochgearbeitet und damit P&C überholt.

Wenn Aldi günstige Krawatten, Jogginganzüge oder Babystrampler annonciert, stehen die Kunden schon vor Ladenöffnung Schlange. Minuten später geht im Geschäft dann gar nichts mehr. Besonders bei Kinderkleidung greifen die Kundinnen stapelweise – mehr oder minder wahllos – nach Cordhosen, T-Shirts und was sie sonst noch ergattern können. Von hinten werfen Verkäufer zwischendurch Nachschub in die Eisenkörbe, um die sich Dutzende Einkaufswütige drängeln. Kinderhosen samt Langarm-Shirt für acht Euro. T-Shirts für vier, Frottee-Schlafoveralls für den gleichen Preis und Winterjacken für zwölf Euro. Das sind Preise, bei denen selbst Anbieter wie C&A kaum mithalten können.

Aldi verdient trotzdem daran. Die Albrechts ordern ungeheure Mengen – zu ungeheuren Konditionen. Sie bestellen nicht 20000 bis 30000 Jacken wie C&A oder P&C, sondern gleich 100000. Von solchen Aufträgen träumt jeder Hersteller. Aldi kann seine Einkaufsmacht daher ausspielen. Wer mit den Albrechts ins Geschäft kommen will, muss genau kalkulieren. Die Marge der Aldi-Lieferanten ist verschwindend gering. Wer da nicht mitpokert, scheidet aus. So wie Klaus Steilmann. Auch er hatte Aldi als Großkunden. »Irgendwann konnten wir nicht mehr mithalten«, sagt er. Seine Kosten waren zu hoch.

Der Verbraucher hat sich an die Schnäppchen gewöhnt. Bereits 1996 kauften die Kunden laut einer Studie der GfK-Textilmarktforschung 40 Prozent aller Kleidung nicht zum regulären Preis, sondern als Sonderangebot. »20 Prozent Rabatt«, »30 Prozent Rabatt«, »Bis zu 60 Prozent Rabatt« – der Handel überschlägt sich in seinen Offerten und Kampfpreisen. Nur einer macht nicht mit: C&A. Die Brenninkmeyers bleiben bei ihrem System fester Preise. Damit bleiben sie in der Tradition der Gründerbrüder, die geraten hatten: »Verkaufe immer gegen feste Preise und lasse – wegen der Preiswürdigkeit – nie nach.«

Der allseits zu beobachtende Preiskampf beschleunigt die Konsolidierung in der Textilbranche. »Die Großen fressen die Kleinen, die Schnellen schlucken die Langsamen, die Guten verdrängen die Mittelmäßigen«, schrieb die *Textilwirtschaft*. Karstadt verleibte sich Hertie, Quelle und Neckermann ein (und verschluckt sich dabei). Kaufhof übernahm Horten, um dann unter dem Dach von Metro zu landen. Im Ergebnis bestimmen zwei Riesen das Geschehen: Karstadt-Quelle und Metro. Diese beiden börsennotierten Konzerne verdrängen C&A auf Platz drei im deutschen Textilhandel – eine ungewohnte Position für die Brenninkmeyers, die sich über Jahrzehnte mit dem Titel des Marktführers schmücken konnten. Schlimmer noch: Einnahmen und Gewinn der Textilhändler brachen ein (von über acht Milliarden auf etwas über sechs Milliarden Mark, was dem Niveau Anfang der 80er Jahre entsprach). C&A erreicht nur noch die Hälfte des Umsatzes von Karstadt-Quelle. Der Gewinn sackte von Jahr zu Jahr jeweils um gut 40 Prozent ab: von 214 Millionen Mark auf 123 Millionen in 1994, auf 80 Millionen in 1995, auf 33,8 Millionen in 1996 – bis C&A 1997 erstmals in die roten Zahlen rutschte. Die Herren von C&A spielten nur noch auf den mittleren Rängen. Eine bittere Erkenntnis.

Da tröstete es wenig, dass es vielen Traditionshäusern noch schlechter erging und eine wahre Pleitewelle über das Land rollte: Der Textilhändler Dyckhoff mit ehemals immerhin 40 Häusern meldet Konkurs an. Hettlage Nord verschwindet, schließt Mitte der 90er Jahre 40 Filialen. Hettlage Süd muss mit seinen 45 Filialen nur acht Jahre später ebenfalls Insolvenz anmelden. M&S Mode schließt 181 Filialen. Die Tödden-Händler Boecker geben 2004 nach langem Kampf mit 40 Geschäften auf. Mey & Edlich, das 1867 gegründete altehrwürdige Haus in München, kündigt die Insolvenz an. Es gibt noch viele andere Beispiele. Die Traditionsfirmen – in vielen Fällen Familienunternehmen – seien dem Geschäft in der globalisierten Modewelt nicht gewachsen, so lautete die Analyse der Textilexperten. Weltmarktführer Gap aus den USA, der in der Branche als erfolgreiches Gegenmodell auf den Schild gehoben wurde, ergeht es in Deutschland aber auch nicht besser: 2004 tritt das größte Modeunternehmen den Rückzug vom deutschen Markt an – auch der zweite Versuch, hierzulande Fuß zu fassen, war gescheitert.

Dabei galt Gap in den 90er Jahren als »das« Mode-Label in Amerika, Europa und Japan. Gegründet von einem Ehepaar namens Donald und Doris Fisher, hatte Gap 1969 in San Francisco mit einem kleinen Laden angefangen, in dem Musik und Levi's-Jeans verkauft wurden. Nach und nach wurde eine eigene Produktion aufgebaut. Die Mode unter dem Label Gap war preiswert und trendig-schlicht mit einem Touch von Tokios Straßen und San Franciscos Kunstgalerien. Gap wuchs und wuchs und ging schließlich an die

Börse. Innerhalb von vier Jahren (zwischen 1996 und 2000) verdreifachte sich der Umsatz auf mehr als fünf Milliarden Dollar. Gap war weltweit die Nummer eins. Dann drohte der Absturz. 2001 verlor der Titel über 50 Prozent des Börsenwerts. Die Erlöse waren eingebrochen. Die Kleidung traf den Kundengeschmack nicht mehr, war mal zu gewagt, mal zu langweilig. Die aktuellen Kollektionen konnten nur als Sonderangebote verkauft werden. Im dritten Quartal 2002 vermeldete Gap erstmals Verlust. Standard & Poor's setzten den Modehersteller auf »Junk« – eine Ramschaktie. 28 Monate lang sank der Umsatz Monat für Monat. Und mit ihm der Aktienkurs – um 80 Prozent. Dann trennte sich Gründer und Großaktionär Donald Fisher von seinem langjährigen CEO und ordnete eine sofortige Abkehr vom Kurs der letzten drei Jahre an. »Back to the roots«, zurück zu schlichter Jeansmode, war seine Devise. Damit hat er den US-Markt wieder in den Griff bekommen. Die Zahlen besserten sich wieder, nur nicht in Deutschland. Da der deutsche Markt für Gap sowieso der kleinste und unwichtigste war, trennte sich Fisher von dem verlustreichen Geschäft. Alle zehn Läden wurden von einem jungen, aufstrebenden Konkurrenten aus Schweden übernommen – von H&M.

Die Senkrechtstarter H&M und Zara

Der Schwede Erling Persson hatte eine einfache Geschäftsphilosophie. Zu Sohn Stefan sagte er immer wieder: »Führe den Laden wie ein Gemüsehändler.« Das Wichtigste sei, »viel, rasch und billig umzusetzen«. Jeder Tag, an dem ein Kleidungsstück unverkauft liegen bleibt, kostet Geld. Der Sohn hat sich an die Empfehlung seines Vaters gehalten und damit einen der erfolgreichsten Modekonzerne der Welt erschaffen – »Hennes & Mauritz«.

Alle zwei, drei Tage eröffnet irgendwo auf der Welt ein neuer H&M-Shop. 1000 Filialen sind es inzwischen in 17 europäischen Ländern plus einige Geschäfte in den USA und seit Neuestem in Kanada. Deutschland ist der wichtigste Markt von H&M, viel stärker als die schwedische Heimat. 270 Filialen haben die Skandinavier hierzulande. Die deutschen Kunden tragen pro Jahr

1,8 Milliarden Euro in die H&M-Shops und steuern somit ein Drittel des Konzernumsatzes bei. Ein Ende der weltweiten Expansion ist nicht abzusehen. Wo die Schweden schon sind, wollen sie noch wachsen. Und dann gibt es ja tatsächlich noch weiße Flecken auf der Erdkugel. In Osteuropa haben sie gerade die ersten Schritte gemacht. Asien wartet bisher vergebens auf H&M. Das müsse nicht so bleiben, deutet der Sohn des Gründers, Großaktionär Stefan Persson, an. Noch sei der Markt dort nicht reif. Noch konzentriert sich H&M in der Hauptsache auf europäisches Terrain. Deutsche Fußgängerzonen verdankten den Schweden vor allem im Jahr 2003 30 neue Geschäfte.

In vielen Städten ist H&M gleich mehrfach vertreten. In Frankfurt gibt es allein auf der Einkaufsmeile Zeil drei H&M-Shops, beinahe in Sichtweite voneinander. In Berlin führen die Schweden 21 Geschäfte, in Hamburg 16. Allmählich wird es eng in den Großstädten. Deswegen bläst der amtierende Konzernchef Rolf Eriksen zum Sturm auf die Provinz. Städte wie Amberg, Kleve und Gütersloh bekommen nun ihre Filialen. Daneben setzt H&M verstärkt auf so genannte Konzeptläden – auf die so genannte »Beauty Box« beispielsweise, ein Spezialgeschäft für Damenunterwäsche, Accessoires und Kosmetik, das in Köln, Oberhausen und Berlin getestet wird. Außerdem gibt es in sechs deutschen Großstädten Young-Fashion-Läden und in Stockholm das erste reine Herrengeschäft.

Dabei war der Anfang für H&M in Deutschland schwer. 1980 eröffneten sie hierzulande ihre ersten Geschäfte, ein halbes Dutzend Shops, die mehr recht als schlecht vor sich hin dümpelten. Das Management des börsennotierten Konzerns erwog, sich wieder zurückzuziehen. Aber Familie Persson entschied: Wir bleiben. Die Geduld hat sich ausgezahlt.

Einen Weltkonzern baut man eben nicht an einem Tag. Der Vater von Stefan Persson hat das Unternehmen bereits 1947 gegründet, inspiriert von einer Reise durch Amerika. In New York hatten ihn die kleinen, modischen Textilgeschäfte beeindruckt, deren günstige Preise die Kunden zum Kauf verführten, ohne dass sie die Produkte unbedingt gebraucht hätten. Sie kauften, einfach weil ihnen die Röcke und Hosen so gut gefielen. Dieses Geschäftsmodell importierte Persson nach Schweden. Gleich nach seiner Rückkehr machte er sich an den Aufbau eines Textilgeschäftes. Bald darauf eröffnete er die Damenboutique »Hennes« – das bedeutet »Für sie« oder »Ihre«. Zwanzig

Jahre später kam »Mauritz« hinzu, als Persson das Jagdmoden- und Waffengeschäft Mauritz Widforss übernahm. 1964 öffnete der erste Hennes & Mauritz-Laden außerhalb Schwedens in Norwegen. 1982 übernahm Sohn Stefan das Ruder, damals 34 Jahre alt. Der Junior setzte voll auf Expansion. »Das ist der Vorteil, den wir Schweden haben«, sagt er. »Der Markt ist klein, da muss man als Unternehmer früh anfangen, global zu denken.« Als er 1998 als Vorstandsvorsitzender zurücktrat, hatte H&M Hunderte von Filialen weltweit und Persson war zum reichsten Mann Schwedens aufgestiegen, dessen Vermögen die Computer der Finanzbehörden ins Straucheln brachten: Die EDV hatte so viele Stellen vor dem Komma nicht vorgesehen.

Aus einer mittelprächtigen skandinavischen Filialkette hatte er einen globalen Konzern geschaffen, eine Kultmarke für Teenies. Ein Nachmittag bei »Hasi & Mausi« ist für die 14- bis 25-Jährigen das absolute Freizeitvergnügen. Die Zielgruppe, mit der C&A sich in Deutschland so schwer tut, verabredet sich bei H&M so selbstverständlich zum Shoppen wie bei McDonald's oder im Kino. Mit ihren schrillen Farben und flatterigen Stoffen trifft die schwedische Kette seit Anfang der 90er Jahre den Nerv der Jugendlichen.

Zu C&A mit seiner hausbackenen Mode gehen die Teenager nicht. Schließlich kaufen da ihre Tanten und Mütter. C&A muss feststellen, dass sie eine komplette Käufergruppe verloren haben – die Jugend. Die hievt H&M in der Rangliste der größten Textilhändler in Deutschland von Platz elf im Jahr 1995 auf Platz fünf in 2003 – direkt hinter C&A und vor Aldi.

Der Aufstieg der Skandinavier vollzog sich aber auch nicht ohne Schrammen. Als heikler Punkt erwies sich, wie so oft in Familienunternehmen, die Stabübergabe von einer Generation an die nächste. Stefan Perssons Kinder waren zu jung, um in dessen Nachfolge direkt Verantwortung auf höchster Ebene zu übernehmen. Eines Tages sollen sie eine »aktive Rolle im Unternehmen« einnehmen, sagt Stefan Persson. Sein ältester Sohn ist mit 29 Jahren bereits im Vorstand, die anderen beiden halten zumindest Aktienpakete. Für den Übergang musste ein externer Chef her. Fabian Mansson schien wie maßgeschneidert für H&M – 33 Jahre jung, schrill, ehemals Skateboard-Europameister, vollkompatibel zur MTV-Generation. Ein junger Chef für ein junges Modeunternehmen – was so einleuchtend klang, entwickelte sich zum Desaster. Mansson war zu jung und zu schrill. Die Hippie-Klamotten, die er für die H&M-Läden orderte, waren selbst den Girlies zu gewagt. Rosa Schlaghosen und Tops, unter die kein BH passte, blieben in den Regalen liegen. Um die Kosten kümmerte sich Mansson nicht mit besonderer Hingabe. Die Analysten maulten, die H&M-Aktie geriet unter Druck. Kurz und schlecht: Nach zwei Jahren hatte Persson, der immer noch 70 Prozent der Stimmrechte hält, genug von den Experimenten. Von einem Tag auf den anderen verschwand Mansson (und mit ihm seine gewagten Designs). Nachfolger wurde einer, der leicht als Opa der MTV-Generation durchgehen könnte: Rolf Eriksen, 55-jähriger Däne, solide und zurückhaltend. Das verstanden die Analysten nun überhaupt nicht. Eriksens Amtsantritt im Jahr 2000 ist als schwarzer Donnerstag in die H&M-Firmengeschichte eingegangen: Die Aktie stürzte an einem Tag von 340 Kronen auf 238 Kronen ab (nachdem sie von 1996 bis 2000 um satte 1700 Prozent gestiegen war). Stefan Persson, der 36,5 Prozent des Kapitals hält, verlor in diesen Stunden ein Drittel seines 100-Milliarden-Kronen-Vermögens, umgerechnet knapp fünf Milliarden Euro. Aber er muss den Wechsel trotzdem nicht bereuen. Eriksen hat die Wende geschafft, es ging wieder stetig bergauf mit H&M: Der Umsatz ist im Jahre 2003 auf 6,25 Milliarden Euro gestiegen, der Gewinn auf 700 Millionen Euro. Textilkrise? Von wegen. H&M wächst weiter zweistellig, von Jahr zu Jahr. Auch wenn sich die Schweden in Amerika etwas »übernommen« haben, wie sie einräumen, schreiben inzwischen auch die 66 Läden in den USA schwarze Zahlen. Und Vorstandschef Eriksen hat bewiesen, dass ein älterer Herr aus Dänemark sehr wohl eine junge internationale Modekette führen kann. Die Überschussware, die zu Manssons Zeiten in großen Mengen verramscht wurde, ist drastisch zurückgegangen. Die Kosten wurden reduziert, das Tempo der Kollektionswechsel verschärft. Von der Idee bis zum Kleiderbügel braucht ein Kleidungsstück bei H&M gerade mal drei Monate. Früher waren es sieben (was im Mai in den Läden hängen sollte, musste also bereits im Oktober entworfen und geordert werden). In besonders eiligen Fällen schafft H&M es auch in sechs Wochen.

28000 Mitarbeiter beschäftigt der Konzern heute. Sie verkaufen jedes Jahr mehr als eine halbe Milliarde T-Shirts, Kleider, Hosen und Accessoires. Das Geschäft wird ihnen dadurch erleichtert, dass sich die Geschmäcker rund um den Globus angleichen: Die H&M-Kollektionen stimmen zu 80 Prozent weltweit überein.

In Deutschland haben die Schweden 2004 mit einer spektakulären Neuverpflichtung für Aufsehen gesorgt: Stardesigner Karl Lagerfeld kooperierte mit H&M. Er hat für die Teenie-Kette eine eigene Kollektion entworfen. Nicht eine einzelne Jeans, wie für C&A in den 80er Jahren, sondern 30 verschiedene Modelle, die zu erschwinglichen Preisen angeboten wurden und innerhalb von Stunden vergriffen waren.

»Das soll eine einmalige Aktion sein«, erklärte Eriksen beschwichtigend. Auch dahinter steckt freilich der Versuch, die Marke aufzuwerten, H&M hoffähig zu machen. »Wer Gucci mit H&M kombiniert, hat Stil«, sagen die Schweden. Und sie haben es tatsächlich geschafft, dass selbst die Damen der High Society sich damit brüsten, bei H&M zu kaufen. Rolf Eriksen könnte also stolz sein. Er ist es auch. Aber nie vergisst er zu erwähnen, dass er nur das ausführt, was dem Willen »von Stefan« – auch in der Konzernspitze wird in Schweden geduzt – entspricht. Stefan Persson ist Aufsichtsratsvorsitzender und als solcher omnipräsent. Auch in den Filialen lässt er sich persönlich blicken. Rastlos fliegt er von Shop zu Shop – von Stockholm nach London, nach Chicago, immer um zu sehen, wie das Geschäft läuft. »Es sind die Filialen, wo sich das Geschäft abspielt«, sagt er.

Eines zeichnet den Konzern aus, unter welcher Führung auch immer: Sparsamkeit, um nicht zu sagen Geiz. Die Hierarchien sind flach. Eine Sekretärin hat nur der Vorstandsvorsitzende. Die anderen 1000 Mitarbeiter in der Zentrale schreiben ihre E-Mails und Geschäftsbriefe selbst. Die Zentrale liegt versteckt in einer Einkaufspassage in der Stockholmer Innenstadt. Kein Protz, kein Prunk, nicht einmal ein großes Firmenlogo. Über einen schlichten Seiteneingang gelangt man in die Büros und Besprechungsräume. Statt zum Edelitaliener laden die Manager Gäste unten ins zugige Eiscafé ein. Bahnfahren oder Fliegen erster Klasse? Nicht für H&M-Manager. Teure Hotels auf Dienstreisen? Vergiss es! Auswärts übernachtet wird bei H&M selten, zumindest nicht auf Firmenkosten. Das muss nicht sein, heißt es. Schließlich lassen sich Geschäftstermine innerhalb Europas bequem an einem Tag erledigen. Frühmorgens in den ersten Flieger, abends mit dem letzten zurück. Geht doch, oder? Zum Ausgleich erhalten die Mitarbeiter Prozente in den eigenen Läden. Auch CEO Eriksen und Großaktionär Persson selbst kaufen mit Personalrabatt bei H&M. (Das behaupten sie zumindest.)

Um die Zwischenhändler auszuschalten, die nach Ansicht der Schweden nur Geld kosten und die Lieferzeiten verlängern, unterhält H&M weltweit 21 eigene Produktionsbüros. Die Mitarbeiter in Hongkong, Singapur und anderen Textilmärkten halten den direkten Kontakt zu den Lieferanten. Sie bestellen die Kollektionen, die 100 Designer in Stockholm entworfen haben, und handeln die Preise dafür aus. H&M ist ein vertikales Unternehmen, das vom Entwurf der Ware über die Herstellung und den Vertrieb bis zum Verkauf in den Läden alle Schritte selbst organisiert und somit kontrolliert. Anders als der spanische Aufsteiger Zara produziert H&M kein einziges T-Shirt selbst. 900 Produzenten, vorwiegend in der Türkei und in Asien, versorgen H&M mit frischer Ware.

Den Konzernsitz behält Familie Persson in Schweden – trotz der rekordverdächtigen Steuersätze. H&M ist wohl der größte Steuerzahler Schwedens. »Man verlässt ein Land nicht einfach wegen der Steuersätze. Das macht nicht glücklich«, sagt Persson. Das hindert ihn allerdings nicht, gelegentlich damit zu drohen: »Natürlich überlege ich auch manchmal, ob ich gehe.« (Das hat sein Landsmann Kamprad gemacht. Der Ikea-Gründer ist nach Zug in die Schweiz übergesiedelt.) Flache Hierarchien, große Verantwortung für den Einzelnen und enge Teamarbeit haben einen starken Korpsgeist bei H&M entstehen lassen. Viele Mitarbeiter sind seit ein oder zwei Jahrzehnten dabei.

Wie C&A rekrutiert auch H&M seine Führungskräfte fast ausschließlich aus den eigenen Reihen. Wie C&A macht H&M aus vielem ein Geheimnis. Und der Konzern wäre noch öffentlichkeitsscheuer, würde die Börse den Schweden nicht eine gewisse Transparenz abverlangen. Sein Vater habe das Unternehmen »aus steuerrechtlichen Gründen« an die Börse gebracht, sagt Persson. »Nun sind wir an der Börse und müssen damit leben.« Analysten, Medien, Öffentlichkeit – das alles hat er über lange Zeit ignoriert, so gut es ging. »Wir arbeiten lieber, als dass wir über die Arbeit reden«, so Persson.

Das Management hat allerdings – wie auch bei C&A – Mitte der 90er Jahre gemerkt, dass eine gewisse positive Präsenz in der Öffentlichkeit von Vorteil sein kann. 1998 beispielsweise sahen sich die Schweden mit dem Vorwurf der Kinderarbeit konfrontiert. Ein Fernsehteam hatte über die neunjährige Jo-Ann berichtet, die in einer Fabrik außerhalb Manilas für einen H&M-Zulieferer Pullover strickte. H&M reagierte mit einer PR-Offensive, um nicht das extrem schädigende »Ausbeuter«-Image verpasst zu bekommen. »Kinderarbeit können wir niemals dulden«, erklärte Persson. »Wir können nie 100-prozentig garantieren, dass unsere Philosophie auch überall beherzigt wird. Wir tun aber alles, was uns möglich ist, um das zu kontrollieren.« Seither hat der Konzern die Zahl der Lieferanten von 1200 auf 900 gesenkt und verpflichtet sie zu einem »Code of Conduct«, der dem von C&A entspricht. C&A und H&M sind zudem Partner in ihrer Zusammenarbeit mit terre des hommes in Indien.

Die bevorzugte Form der Kommunikation mit der Öffentlichkeit ist für H&M die Werbung. Wie C&A stecken auch die Schweden irre Summen in die klassische Werbung (der Marketingetat beträgt drei Prozent des Gesamtumsatzes). Die Kampagnen haben H&M berühmt gemacht. Besonders die Plakate und Anzeigen mit leicht bekleideten Supermodels wie Heidi Klum, Jerry Hall und Naomi Campbell erregen jeden Winter Aufsehen, provozieren Wirbel und – wenn ihnen die Feministinnen den Gefallen tun – Sexismus-Debatten. Was die einen als frauenfeindlich verdammen, ist für andere Kultobjekt. Das beliebteste Motiv in Deutschland war Claudia Schiffer in H&M-Dessous – nie sind mehr Plakate über Nacht von Litfasssäulen und Bushaltestellen verschwunden.

Konkurrent Zara verfolgt in diesem Punkt die total entgegengesetzte Strategie: Keinen Peso für die klassische Werbung!, haben die Spanier einst beschlossen und sind auch nach Einführung des Euro nicht von ihrer Meinung abgerückt. Es gibt keine Anzeigen, kaum Plakate, keine Prospekte – nicht mal, wenn Zara einen neuen Markt erschließt. Der spanische Modekonzern steckt den gesamten Werbeetat in die Auslagen seiner Schaufenster. Niemand hätte gedacht, dass so Mode zu verkaufen ist. Bei Zara funktioniert es. In Deutschland ist der Konzern zwar noch eine kleine Nummer, weltweit gehört er aber zu den Big Five. Hierzulande hat die erste Filiale erst im Jahr 2000 eröffnet. 2003 waren es 24 Geschäfte – das reicht gerade für Platz 41 auf der Liste der wichtigsten Textilhändler. Trotzdem beobachtet die Konkurrenz Zara mit Argusaugen. Denn trotz der wenigen Läden und null Werbung ist Zara hip. Jeder Deutsche kennt C&A, fast jeder H&M, aber auch schon jeder sechste kennt Zara. Das reicht als Zielgruppe. Und vor allem ist Zara schneller als die Konkurrenten. Elf Tage nur braucht der Modekonzern, bis ein Entwurf im Laden hängt – als fertiges Kleidungsstück. Das schafft sonst keine

Textilkette. Der Trick: Die Spanier machen alles selbst. Sie entwerfen das Design, sie nähen die Kleidung, sie transportieren die Ware in die Läden. Das alles organisiert der Konzern von Galizien aus. Sogar die Produktion ist vor Ort. »Anders geht es nicht«, sagt der Vorstandsvorsitzende José María Castellano. »Wenn man die Ware schnell braucht, kann man nicht auf Schiffslieferungen aus China warten.«

Bei Zara gibt es weltweit fast jeden Tag etwas Neues zu kaufen. Zweimal in der Woche werden die Läden mit neuer Ware bestückt. 20000 verschiedene Modelle entwirft Zara jedes Jahr. Eine Kollektion ist spätestens nach zwei Wochen ausverkauft. Das macht den Erfolg der Vertikalen aus, gegen die ein Koloss wie Karstadt keine Chance hat. H&M, S.Oliver, Zara haben eine überschaubare Zahl an Artikeln im Laden, die sie ständig nachordern oder eben austauschen können, wenn ein Artikel nicht läuft. Karstadt-Quelle dagegen habe überall »Berge von Waren« liegen, die sich nicht verkaufen, klagt ein Betriebsrat.

Durch den ständigen Wechsel minimieren die Spanier die Kosten für Lagerung, sparen sich die Verramschung und sie halten ihre Kunden – vorwiegend Teenies und junge Frauen – bei Laune. Sie vermitteln ihnen das Gefühl, etwas zu verpassen, wenn sie nicht regelmäßig, am besten wöchentlich, bei Zara vorbeischauen. Die Mode ist etwas schicker, hochwertiger und auch etwas teurer als die von H&M. Bei Zara kleiden sich neben den Jugendlichen auch junge Geschäftsleute ein.

Gründer dieses Modeimperiums ist Amancio Ortega – so scheu wie die Brenninkmeyers, nur noch vermögender. Er ist durch den Konzern Inditex, zu dem Zara gehört, zum reichsten Mann Spaniens aufgestiegen. Auf zehn Milliarden Euro wird sein Vermögen geschätzt. Fotografieren lässt er sich nicht, weil er weiterhin in Ruhe zum Frühstücken und ins Fußballstadion gehen möchte – ohne Begleitschutz. Ein einziges Interview hat der Gründer und Firmenpräsident der britischen *Times* gegeben. Sonst tritt er nie in der Öffentlichkeit auf und lässt, wenn überhaupt, einen seiner Topmanager reden. Die reden auch nicht gerne. Und wenn doch, erzählen sie mit grimmiger Miene die hübsche Geschichte von einem Laufburschen in Galizien.

1975 eröffnete Amancio Ortega ein Kleidergeschäft in der Hafenstadt La Coruna. Damals war die Region im Norden Spaniens arm, die Arbeitslosigkeit hoch. Die Menschen kauften bei Ortega, weil er günstige Ware anbot. Später arbeiteten sie für Ortega, weil er zum größten Arbeitgeber Galiziens aufgestiegen war. Und Ortega, der als Laufbursche in einem feinen Herrenwäschegeschäft angefangen und sich zum Verkäufer hochgearbeitet hatte, blieb der Heimat treu. 16 Fabriken und ein gigantisches Vertriebszentrum hat er am Sitz des Unternehmens gebaut und 14000 Arbeitsplätze geschaffen. Hier fertigt der Konzern nach wie vor mehr als die Hälfte seiner Ware (den Rest in Portugal, China und der Türkei). Mitarbeiter aus 20 Nationen arbeiten in der Zentrale, schneiden jedes Jahr 36 Millionen Meter Stoff zu, zeichnen und entwerfen die neuen Kollektionen. Ein 60 Kilometer langes Förderband, das sich durch das 30000 Quadratmeter große Firmengelände schlängelt, befördert den Modefummel auf Kleiderständern in die wartenden Lastwagen. Zweimal die Woche starten Luftfracht-Sendungen aus der galizischen Provinz nach Mexico City oder in andere ferne Ziele.

Aus dem kleinen Laden von einst ist Inditex geworden, ein Weltkonzern mit sieben verschiedenen Textilketten. Die bekannteste und mit Abstand größte ist Zara. Andere heißen zum Beispiel Pull & Bear, Bershka, Stradivarius und Massimo Dutti. Außer der letztgenannten Edelmarke buhlen alle sehr erfolgreich um die Gunst von Teenies und Twens. Weltweit erwirtschaftet der Konzern bei 4,6 Milliarden Euro Umsatz einen Nettogewinn von knapp einer halben Milliarde Euro. Inditex hat 32000 Beschäftigte und bald 2000 Filialen in 50 Ländern. Die Spanier gehen auch dorthin, wo sich die anderen Textilriesen wie H&M oder Gap nicht hinwagen (oder – wie C&A in Japan – bereits gescheitert sind): nach Asien. Zara betreibt Shops in Japan, in Singapur, in Malaysia und seit kurzem auch in Hongkong.

Im Jahr 2003 eröffnete jeden Tag irgendwo auf der Welt ein neuer Zara-Laden. Das Tempo will Firmengründer Ortega halten. Für die Expansion gibt er jedes Jahr mehr als 600 Millionen Euro aus. Ende 2003 hat er sich seinen Traum erfüllt und gegenüber dem legendären Londoner Kaufhaus Harrods eine Zara-Filiale eröffnet. Als neues Projekt hat er zudem, im Alter von 67 Jahren, die Kette Zara Home gestartet und macht nun der französischen Habitat-Gruppe mit Wohnaccessoires Konkurrenz.

Kurz gesagt: Inditex hat innerhalb von sieben Jahren (1996 bis 2003) die Zahl der Filialen verdreifacht, den Umsatz vervierfacht und den Ertrag versechsfacht. Trotzdem gab es negative Schlagzeilen. Und zwar immer dann, wenn der CEO Castellano Quartalszahlen präsentierte, die den Analysten nicht gefielen.

Gründer Ortega hat sein Imperium im Mai 2001 an die Börse gebracht. Er selbst hält 60 Prozent der Aktien, seine drei Kinder und andere Familienmitglieder sind ebenfalls beteiligt. Die ersten zwei Jahre entwickelte die Aktie sich zum Börsenliebling. Ortega verwöhnte die Aktionäre mit fantastischen Zahlen. Eine Steigerung von 20, 30 Prozent bei Umsatz und Gewinn war für Inditex – trotz europaweiter Konsumflaute – kein Problem. Als der Geschäftsführer aber im März 2003 »nur« 29 Prozent Gewinnsteigerung verkündete, stürzte das Modepapier innerhalb weniger Stunden um 20 Prozent ab. Die Analysten hatten mit einer Steigerung von 34 Prozent gerechnet – Konsumflaute hin oder her.

Weniger Kunden trotz neuer Bundesbürger

Den Brenninkmeyers entging das rasante Wachstum von H&M, von Zara und anderen Ketten in Europa nicht. Sie wollten sich nicht abhängen lassen, also begegneten sie der neuen Konkurrenz ebenfalls mit einem straffen Wachstumskurs. Statt Geld in die dringend notwendige Renovierung der bestehenden Häuser zu stecken, investierten sie in neue Standorte – besonders in den neuen Bundesländern. Keinesfalls sollten die 16 Millionen neuen Bundesbürger der Konkurrenz überlassen werden.

Aber die Rechnung ging nicht auf. Auf 177 Filialen hatte C&A das Netz 1992 in Deutschland ausgedehnt – der Umsatz sank trotzdem. 180 Filialen waren es 1993 – der Umsatz sank weiter. 1994 eröffnete C&A weitere Filialen. Der Umsatz fiel unter die Schwelle von acht Milliarden Mark. Der Gewinn (124 Millionen Mark) halbierte sich fast im Vergleich zum Vorjahr. Das sah nicht gut aus. Die Brenninkmeyers fühlten sich genötigt, die Einbußen erstmals ausführlicher zu erklären.

In all den Jahren zuvor hatte die Konzernführung sich darauf beschränkt, den Jahresabschluss in wenigen dürren Worten zu kommentieren. Mal hieß es: »Wir sind zufrieden« oder »sehr zufrieden«, in manchem Jahr war der Vorstand »unterm Strich zufrieden« oder auch mal »nicht zufrieden«. 1994 aber fiel der Kommentar ganz anders aus. Voller Entsetzen hieß es, der Einbruch sei in allen Bereichen zu verzeichnen, »in allen Regionen Deutschlands, in einem Ausmaß, das sich niemand vorstellen konnte«. Trotzdem expandierte C&A weiter. Es ging darum, Standorte zu besetzen. Im Osten drängte die Zeit.

George L. Brenninkmeijer wurde mit dem Projekt Ost-Erschließung beauftragt. Der gebürtige Schotte war seit 1982 Gesellschafter bei C&A, hatte drei Jahre lang das Brasiliengeschäft aufgezogen und war dann 1985 als geschäftsführender Gesellschafter für Mittel- und Süddeutschland nach Düsseldorf gekommen. Direkt nach dem Mauerfall zog George L. Brenninkmeijer von Düsseldorf nach Berlin. »Ich wollte mitten rein, vor Ort sein«, erzählt er heute.

Die Aussichten waren verlockend: 1990 verfügte die ehemalige DDR, gemessen an der Bundesrepublik, je Kopf nur über ein Drittel der Verkaufsfläche. Die unterversorgte Bevölkerung und ein veraltetes Handelsnetz befeuerten die Fantasie der Konzerne aus dem Westen. An längst vergangene große Zeiten wollten sie im Osten der Republik anknüpfen. Gerade C&A war vor dem Zweiten Weltkrieg mit mehreren Filialen dort vertreten, in Städten wie Magdeburg, Dresden und Leipzig (die Filiale, um die sie in der Nazizeit so lange gekämpft hatten).

Nach der Wende mussten erst einmal die Besitzverhältnisse geklärt werden. George Brenninkmeijers Rechtsanwälte eilten von Behörde zu Behörde. Der hemdsärmlige Schotte genoss es, in diesem Mischmasch aus Chaos und Aufbruch um Grundstücke und Läden zu verhandeln. Der Pionier brauchte dabei allerdings mehr Geduld, als ihm lieb war. In vielen ostdeutschen Innenstädten waren die aufzutreibenden Geschäfte viel zu klein – Honeckers DDR kannte keine Kaufhäuser in C&A-Größe. Zudem verzögerte ein ehernes Prinzip der Brenninkmeyers die Expansion im Osten. Man wollte keine Kooperation mit einem DDR-Handelspartner eingehen. Das widersprach der Firmenphilosophie. Und es bremste Herrn George. In Leipzig und Magdeburg zog C&A schließlich wieder in die alten Häuser ein. Die Brenninkmeyers hatten den Kampf gegen die Bürokratie gewonnen. »Da gab es die beeindruckendsten Reaktionen bei den Kunden«, berichtet George L. Brenninkmeijer. In Leipzig seien die Leute mit uralten C&A-Kleiderbügeln aus den ersten Tagen des Geschäfts 1938 in den Laden gekommen. Einer brachte seinen 50 oder 60 Jahre alten, gehegten und gepflegten Kommunionsanzug ins Geschäft. »Den Leuten in der DDR, die unser Geschäft noch von früher kannten, hat C&A wirklich etwas bedeutet.« George Brenninkmeijer haben diese Emotionen überrascht. Er hatte nicht geahnt, welche Art Kunde ihn im Osten erwartet, gibt er zu. »Als wir nach Brasilien gingen, kannten wir die Brasilianer viel besser als 1990 die Ostdeutschen.«

Es war ein Sprung ins kalte Wasser – nicht nur für C&A. Und viele Einzelhandelsunternehmen haben das nicht überlebt. Die Hettlage-Gruppe hat sich von dem Experiment nicht mehr erholt, da die Rücklagen aufgezehrt wurden. »Vielleicht war es gar nicht so schlecht, dass wir etwas später dran waren. Damals zogen sich manche Investoren aus dem Westen schon wieder zurück«, urteilt George L. Brenninkmeijer im Rückblick. Im Großen und Ganzen passte das C&A-Sortiment aus dem Westen zu der angepeilten Zielgruppe, im Detail aber war der Geschmack der neuen Bundesbürger immer ein Stückchen anders. Anzüge beispielsweise liefen in Ostdeutschland schlecht. Dagegen kamen die Brenninkmeyers über Monate hinweg mit der Lieferung von Pretty-Woman-Stiefeln nicht nach. Den US-Kinofilm mit Julia Roberts kannten die Ostdeutschen. Er entsprach ihrer Vorstellung vom goldenen Westen. Also kauften sie die kniehohen schwarzen Stiefel – im Westen waren sie ein Ladenhüter. Überhaupt wurden die Zahlen im westdeutschen Kerngebiet immer alarmierender. »Von der Krise habe ich im Osten nicht so viel mitbekommen«, sagt George Brenninkmeijer. »Bei mir ging es ja nur darum, möglichst schnell und gut ein Geschäft nach dem anderen zu eröffnen.«

32 C&A-Häuser in Ostdeutschland waren es, als die Mission des Schotten für beendet erklärt wurde. Bei der Zahl ist es bis heute geblieben. Inzwischen ist C&A nach offiziellen Angaben mit der Entwicklung in den Filialen zufrieden, wenngleich eingeräumt wird, dass die Erwartungen nach dem Mauerfall viel zu hoch gewesen sind.

Je mehr Läden die Brenninkmeyers in den 90er Jahren eröffneten, desto schlechter wurde die Erfolgsziffer des Einzelhandels – Umsatz pro Quadratmeter Verkaufsfläche. Die Kunden kauften weniger, im Osten wie im Westen. Und wenn sie kauften, taten sie das bei der Konkurrenz, vor allem bei H&M. Der Verweis auf die allgemeine Einzelhandelskrise taugte daher nur bedingt als Entschuldigung.

In der Familie Brenninkmeyer wurde das Murren lauter, ein Reformflügel formierte sich. Es müsse sich etwas ändern, hieß es von dort: »Stur immer mehr Fläche ist keine Lösung.« Aber wie sollten sie auf die Konsumkrise reagieren? Die C&A-Strategen wirkten etwas planlos, sie probierten mal dieses, mal jenes. Mal pulverte die Zentrale Millionen in schrille Werbung, dann zentralisierte sie den Einkauf, um die ausufernden Kosten zu drücken, oder holte sich Untermieter in die Kaufhäuser. Von einem Tag auf den anderen konnten die Kunden in manchen Geschäften Hamburger und Cola kaufen, in anderen Bücher und CDs, Spielzeug oder Wohnaccessoires. »Wir wollten ausprobieren, was funktioniert«, sagt einer der Manager aus der Zeit. »Das ist erlaubt.« Aber nicht unbedingt erfolgreich. Als »hilfloses Stückwerk« kritisierte das *Manager Magazin* 1997 das Durcheinander bei C&A: »Was fehlt, ist ein überzeugendes Gesamtkonzept für das nächste Jahrzehnt.« In dem Jahr rutschte C&A auf Platz fünf der deutschen Textilhändler – hinter Kaufhof, Karstadt, Otto und Quelle.

Konzeptlos zwischen Big Mac und Pelzen

Wer wollte, konnte die hektische Planlosigkeit bei C&A im Kampf gegen die Krise schon am Namen erkennen – der wurde nämlich nach 150 Jahren Tradition und Beständigkeit mehrfach gewechselt. Bis 1993 hieß die deutsche Modekette »C&A Brenninkmeyer«. Dann taufte sie sich um in »C&A Mode & Co.«. Nur zwei Jahre später hieß sie »C&A Mode & Mehr« und seit Ende der 90er schließlich »C&A Mode«. Die Veränderungen waren nicht groß, aber aufschlussreich. Erst strich die Familie den Namen Brenninkmeyer aus dem Logo, mit dem Argument, die Mode mehr in den Vordergrund zu stellen. Tatsächlich sollte der Nachname der Familie aus der Öffentlichkeit verschwinden. Dann lief das Geschäft mit der Mode nicht mehr so gut und C&A plante den Wechsel zum Gemischtwarenladen – deswegen das Anhängsel »&Mehr«. Als diese Strategie als Schnapsidee enttarnt war, kehrten die Brenninkmeyers zu ihren Wurzeln zurück – zur Mode ohne »Co.« und ohne »Mehr«. Seitdem geht es mit »C&A« wieder aufwärts. Am Namen wird nicht mehr herumgedoktort.

Dabei schien der Gedanke, das Sortiment zu erweitern, nicht verkehrt. Kaufhäuser wie Kaufhof und Karstadt hatten damit in den 90er Jahren Erfolg. Durch Fusionen und Übernahmen hatten die Kaufhausketten ihre Marktstellung im Textilbereich ausgebaut, für die reinen Modeketten wurde es immer schwerer.

Zwischen den so genannten Vollsortiment-Anbietern wie Karstadt-Quelle, den Mischkonzernen wie Tchibo sowie den Discountern (Aldi) konnten sich reine Textilketten kaum behaupten. 1997 rangierten unter den zehn größten deutschen Textilverkäufern nur noch drei herkömmliche Textilhändler: C&A, P&C und H&M. Da lag die Idee nahe, die fehlenden Umsätze bei Textilartikeln mit anderen Angeboten auszugleichen.

Die Flächen dazu waren schließlich da! Ein C&A-Haus hat im Schnitt 4000 bis 5000 Quadratmeter Verkaufsfläche. Die großen Häuser wie in Berlin, Hamburg oder Frankfurt kamen sogar auf mehr als 10000 Quadratmeter auf vier bis fünf Etagen und hatten gemessen an ihrer Größe zu wenig Umsatz. Die Brenninkmeyers waren daher angetan von der Idee, für Teile der Häuser Untermieter zu suchen. Unternehmer aus anderen Branchen sollten mit zusätzlichen Produkten und Serviceangeboten neue Kunden in die Häuser locken. Wer einen Hamburger isst, sich die Haare schneiden lässt oder ein Geschenk für den Kindergeburtstag sucht, der kauft vielleicht auch Jacke oder Hose, so das Kalkül der C&A-Strategen.

1996 starteten die Brenninkmeyers eine Testphase, der sie das Etikett »Erlebniseinkauf« verpassten – zehn Jahre, nachdem die vermeintliche Zauberformel aufgekommen war. In Bremen beherbergte C&A zeitweise ein Spielwarengeschäft, ein Neckermann-Reisebüro und einen Home-Store-Laden. In 19 Filialen erklärte der Modehändler sich plötzlich auch für Wohnen und Dekorieren zuständig und testete im Erdgeschoss den Verkauf von Wohnaccessoires und Saisonartikeln in »Expressivo«-Shops. In anderen Städten richtete C&A kleine »Kid's World«-Läden ein, in denen Mütter »ausschließlich pädagogisch wertvolles Spielzeug« kaufen konnten, während ihre Kinder sich auf einem kleinen Spielplatz austobten.

Die Filialen in Köln und Nürnberg wiederum eröffneten 1996 Shops für Outdoor-Fans. In den »Eastern-Mountain-Sports«-Shops (EMS-Shops) konnten Bergsteiger und Trekking-Fans alles kaufen, was sie brauchten. Genauso wie Kanu- und Radfahrer. Interessante Notiz am Rande: EMS ist eine amerikanische Kette und gehörte bis 2004 zur ARG (American Retail Group) – und die wiederum liegt in Händen der Familie Brenninkmeyer. In Köln und Nürnberg testeten die Brenninkmeyers somit eine direkte Kooperation mit dem Schwesterunternehmen. Genauso wie in den Filialen in Düsseldorf, Kassel, Braunschweig und Augsburg. Dass EMS Teil des Familienkonzerns war, erzählte die schweigsame Familie damals nicht. Man sei »Kooperationen« mit einem US-Outdoor-Anbieter eingegangen, hieß es lapidar.

Besondere Hoffnungen setzten die Brenninkmeyers in das Frankfurter Kaufhaus an der Zeil. Sechs Monate lang ließen sie es umbauen und renovieren. Bei der Wiedereröffnung präsentierte die Geschäftsführung eine komplett neue Innenausstattung und auch hier neue Partner. McDonald's brutzelte jetzt im zweiten Obergeschoss seine Burger mitten in der Herrenabteilung, zwischen Kleiderständern und einem Friseurladen. Von dem Fast-Food-König aus Amerika erhofften die Brenninkmeyers sich den lange ersehnten Imagesprung bei den Teenies. Im Tiefparterre bot die Forum AG Bücher, Geschenkartikel und CDs an. Zugleich versuchte C&A es mit einer eigenen Kosmetikreihe. Neben Ständern mit Damenunterwäsche und Schlafröcken sollten ältere Kundinnen in Regalen nach »The Care Garden«-Gels und -Cremes stöbern.

Wie viel der Umbau gekostet hatte, verriet die Kette nicht. Das gehe die Öffentlichkeit nichts an, hieß es in Düsseldorf nur. Schon bald entpuppte sich das Konzept als veritabler Fehlschlag. Der Duft von Pommes und Burger-Fett über den Kleidern und Kinder mit Ketchup-Fingern störten beim Erlebniseinkauf. Teenager zogen trotz McDonald's keine Rodeo-T-Shirts an. Nach außen verteidigten die Brenninkmeyers zwar tapfer ihre Strategie. »An einzelnen Standorten läuft das sehr gut«, sagte Herman Brenninkmeyer. Kurz darauf aber war Schluss mit dem Hamburger-Experiment. Die Kooperation wurde nicht verlängert – nur in der Filiale in Köln verkauft McDonald's noch heute sein Fast Food.

Auf Snacks im Kaufhaus wollten die Herren von C&A dennoch nicht verzichten. Aber kein biederes Restaurant wie bei Kaufhof und Karstadt sollte ihre Klientel beglücken. Nein, etwas ganz Besonderes musste her. Jung, modern, urban. »Pain Surprise« schien die Lösung. Cappuccino, Salate, Baguettes wurden in der Kaufhausbar angeboten. Zu schön, um damit Geld zu verdienen. Das Projekt wurde laut C&A »erfolgreich abgeschlossen« (»Wir sind rundum zufrieden mit der bisherigen Resonanz.«), dann hörte und sah man nie wieder etwas von dem neuen »Food-Konzept«.

Im Nachhinein lässt sich leicht spotten über die Experimente. Burger beim Bummel? Tikka-Hähnchen indisch zum Mitnehmen? C&A stand damit zumindest nicht allein. Auch zehn Jahre später erweitern andere Modemacher ihr Angebot ins Exotische: Armani überraschte 2003 in seinem Mailänder Flagship-Store mit einem Club Privé. Neben Designermode, Blumen und Pralinen erwartete die Besucher plötzlich auf 270 Quadratmetern eine Bar, DJ-Pult und Tanzfläche. Und in England hat sich das Herrenbekleidungshaus Austin Reed einen Beauty Salon im Art-Déco-Stil und ein 9 Loch Putting Green in das Londoner Flagship geholt. Wer weiß, ob die Kunden nicht vielleicht golfen oder tanzen wollen?

Warum auch immer, C&A hatte mit vielen seiner Ideen kein Glück. Die Klientel wollte nun mal bei C&A kein Spielzeug kaufen. »Edutainment« wurde dieses Konzept getauft, das in Frankfurt und dann in zwei Dutzend Läden getestet und wieder verworfen wurde. »Wir haben noch einiges im Köcher«, sagte das C&A-Management damals in Frankfurt. Die Zahlen sprachen eine andere Sprache: Umsatz und Gewinn brachen weiter ein. Binnen eines Jahres hatte sich der Jahresüberschuss fast halbiert auf 33,8 Millionen Mark. Man sei mit dem Ergebnis »nicht zufrieden«, hieß es in der Zentrale. Im kommenden Jahr aber solle es endlich wieder aufwärts gehen. Und was passierte? C&A rutschte 1997 erstmals in die roten Zahlen. Die Tageszeitung *Die Welt* bezeichnete C&A darob als »Verlierer der Saison«. Das *Manager Magazin* fragte: »Verschlafen die C&A-Lenker durch ihr starres Festhalten an Traditionen und überkommenen Werten die Zukunft?« Und das *Handelsblatt* urteilte, die »Erosion« bei C&A habe »bedenkliche Formen« angenommen. Als Tipp gab es dem Management mit: »Was in der – zweifellos guten – Werbung ausgedrückt wird, sollte in den Filialen auch tatsächlich umgesetzt werden.«

Mit Kollektionen wie »Indian Spirits« buhlte C&A in den 90er Jahren um die Teenies. Die aber mieden die altbackenen, unrenovierten C&A-Filialen und liefen scharenweise zu H&M.

Wenn Kreative weinen

Rolf Göllnitz hat bei C&A klein angefangen. Anfangs durfte er nur die Schaufenster dekorieren. Er stieg aber schnell auf. Nach anderthalb Jahren war er Chef der Werbeabteilung. Das hieß: mehrere Millionen Etat und ein professionelles Kreativ-Team unter sich. Die TV-Spots, die er drehte, wurden preisgekrönt und waren doch ein Flop. Mochte Göllnitz schubkarrenweise Lob und Ruhm einfahren, ein Problem konnte er nicht lösen: Die Wirklichkeit, also die C&A-Läden, hatte nichts gemein mit den fetzigen, mit Popmusik unterlegten Werbefilmen. Wer abends die Glitzerwelt des C&A-Spots im Kino bestaunt hatte und am nächsten Tag einen Laden betrat, kehrte entsetzt wieder um. Und ging dann zwei Läden weiter zu H&M oder Esprit. Dort fand er, was er suchte – die Kleidung und die Atmosphäre. »Anfang der 90er Jahre hieß es bei C&A: Wir wollen hochwertiger werden. Wir wollen Neues wagen«, erinnert sich Rolf Göllnitz. Mit diesem Auftrag versehen ist er angetreten. Er ging, als sich das Rad zurückdrehte, als sich die Werbung wieder der tristen C&A-Realität angleichen musste. »Ende der 90er dachte ich, wir sind in der Steinzeit angekommen. Es ging nichts mehr.«

Göllnitz war in der Düsseldorfer C&A-Zentrale von Anfang an ein Außenseiter, die erste Führungskraft, die von außen kam. Im Jahr 1987 war er vom Porzellanhersteller Rosenthal zu C&A gewechselt. »Alle anderen hatten als C&A-Lehrlinge angefangen. Nur ich nicht.« Das gab ihm gewisse Freiräume. Göllnitz hielt sich nicht an die Kleiderordnung. Er ging nicht zu gemeinsamen Gottesdiensten.

Die »Bs« haben das toleriert, weil sie spürten, dass ihnen eine kauffreudige Kundengruppe abhanden gekommen war: die 14- bis 25-Jährigen, die H&M vorzogen. Die sollte Göllnitz wieder einfangen. Als Erstes trennte er sich von den Agenturen, mit denen C&A zuvor gearbeitet hatte. »Das können wir für weniger Geld mindestens genauso gut«, versprach er seinen Chefs.

Der Kino-Spot »Power« für die Young Collection-Klamotten (hier im Schaufenster) war einer von vielen Werbefilmen, für die C&A in den 90ern ausgezeichnet wurde. Dem Konzern-Umsatz half das nichts. Er sank von Jahr zu Jahr.

Göllnitz suchte sich einen Regisseur und drehte einen Werbespot fürs Kino: »Day dream« hieß der Einminüter mit Musik von den Mamas&Papas. Der Film zeigte eine Gruppe Jugendlicher, die sich auf den Weg zu einem Leuchtturm macht und dort einen Tag verträumt. Als die Brenninkmeyers das Werk sahen, waren sie begeistert. Sie klatschten Göllnitz Beifall nach der Präsentation. Nach dem Start in den Kinos überrollte C&A eine bis dahin nicht gekannte Welle der Zustimmung. C&A erhielt plötzlich Fanpost von Jugendli-

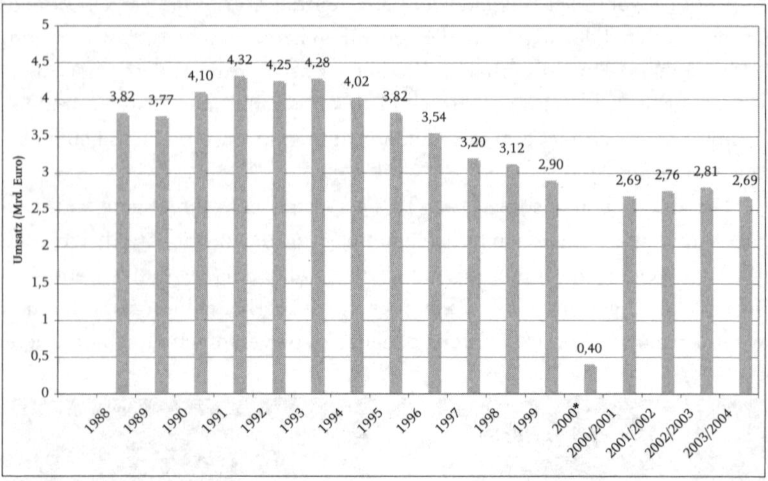

Umsatz C&A Deutschland

** Rumpfgeschäftsjahr: vom 1.1.2000 bis 28.2.2000 aufgrund einer Umstellung des Geschäftsjahres (Beginn: 1.3.).*

chen. Das Telefon klingelte in einem fort: Ob es den Film auf Video gebe? Wo man die Musik kaufen könne?

Göllnitz reichte den Film beim New Yorker Werbefilm-Festival ein und erhielt auf Anhieb die Goldmedaille. Es war die erste von vielen. Von da an wurden etliche seiner Filme (»Indian Spirits«, »Power«, »True Stories«) ausgezeichnet. Marla Glen verkaufte 400000 Platten nach dem C&A-Spot »Power«, der mit einem ihrer Songs unterlegt war. Das war ihr Durchbruch in Deutschland. »Alice in Fashionland« schaffte es gleich als Singlehit in die Charts. Die

Tölzer »Banana Fishbones« verdanken C&A ebenfalls einen respektablen Hit (»Dune Seven«) und somit den Karrierestart. Damit war aber auch schon wieder der Schluss mit Pop bei C&A. »Danach drehten die Uhren sich rückwärts«, berichtet Göllnitz und datiert diese Wende in etwa auf das Jahr 1997. All die Lorbeeren hatten keine Käufer in die Läden getrieben. »Die beste Werbung kann nichts ausrichten, wenn das Unternehmen es versäumt, seine Läden parallel dazu zu modernisieren.«

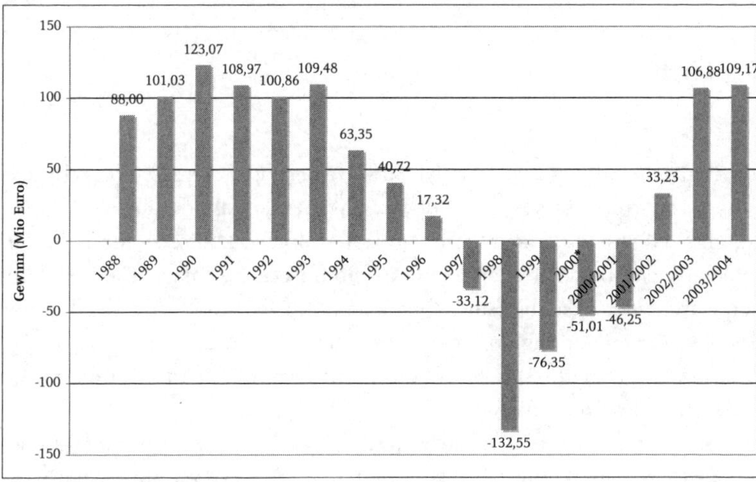

Quelle der Daten: C&A

Gewinn C&A Deutschland

Die Umsatz- und Gewinnzahlen der Jahre 1988 bis 2000/2001 wurden nach dem Umrechnungsschlüssel 1 € = 1,95583 DM umgerechnet.

** Rumpfgeschäftsjahr*

Es stimmte nichts mehr. Werbung und Kollektion passten nicht zu den Läden und zur Kundschaft. Die Spots im Kino, im Fernsehen, auf Plakaten und Prospekten zeigten topmodische Models, kunstvoll inszeniert. Die Realität in den knapp 200 C&A-Geschäften sah anders aus – trist und dunkel. Den Werbern und Einkäufern kamen fast die Tränen, wenn sie die Kollektionen in den schäbigen Läden liegen sahen. Und dann mussten sie auch noch feststellen, dass die Kunden sowieso eine ganz andere Ware suchten. Das Chaos war perfekt.

VI. Die Revolution

Der Big Bang

Für Deutschland war 1998 das Jahr des Regierungswechsels (von schwarz-gelb zu rot-grün). Für das C&A-Imperium war es das Jahr der Revolution. Die Textilkette hatte mit einem Verlust in Höhe von 260 Millionen Mark die Talsohle erreicht. Das Unternehmen hatte ein miserables Image. Die Kollektionen waren verkorkst, die Führung konzeptlos. Die Umsätze purzelten unter das Niveau von Anfang der 80er Jahre, obwohl C&A damals 60 bis 70 Geschäfte weniger hatte. Das war schlimm. Das war die Chance für die fünfte Generation der Brenninkmeyers.

Zehn Jahre lang hatten sie miterlebt, wie das Familienunternehmen immer tiefer sank. Zehn Jahre lang hatten sie sich Posten um Posten nach oben gearbeitet in der Familienhierarchie. Nun war es soweit. Sie waren an der Reihe. Und sie wollten das Erbe ihrer Vorväter retten. Bei den Brenninkmeyers kam es zum Knall – zum ersten Mal in der Familiengeschichte. Häufig schlossen sich in der Zeit die Türen hinter den Clan-Mitgliedern. Die »weltlichen« Manager wussten, dass die Männer dort heftig diskutierten, sich stritten, neue Konzepte erdachten und wieder verwarfen. »Was sich innerhalb der Familie im Geheimen exakt abspielt, können wir nur ahnen«, erzählt einer, der seit Jahrzehnten dabei ist und sich als Freund der Familie bezeichnet. »Wir stellen fest, dass sie mit verschiedensten Überzeugungen hineingehen, und wenn sie wieder herauskommen, sind alle einer Meinung.« Wie die Eintracht hergestellt wird, und zu welchem Preis, das ist Familiengeheimnis. Wer das letzte Wort hat, ebenso.

Nur eines ist gewiss: Wenn die Familie sich auf etwas geeinigt hat, wird das anschließend schnell und konsequent durchgesetzt. Von allen. Querschüsse werden nicht geduldet. Selbstverständlich gibt es Familienmitglieder, die die Reformen der fünften Generation (Frauen in der Führungsspitze oder groß bebilderte Artikel über das Führungspersonal in den Medien) gar nicht gutheißen. Sie akzeptieren aber den eingeschlagenen Weg. »Gemeinsamkeit macht stark – das ist unser Erfolgsgeheimnis«, erzählt einer der Reformgegner. Zu viele Dynastien haben sie auseinander brechen sehen, weil die Erben keine gemeinsame Basis mehr gefunden haben, weil jeder einen anderen Weg gehen wollte. Die Hettlages haben sich deshalb aufgespalten, die Boeckers ebenso. Jeder glaubte, das bessere Unternehmenskonzept zu haben. Untergegangen sind sie alle. Und das sind nur die Fälle aus dem Umfeld der Mettinger Textilhändler. Vor Streit und Intrigen ist kaum eine der großen deutschen Wirtschaftsdynastien gefeit. Die Flicks, die Krupps, die Quandts, überall gab es kritische Phasen zwischen den Erben. Legendär sind die gerichtsnotorischen Zänkereien bei den Thyssens, an denen eine Schar von Anwälten über Jahre prächtig verdiente. Ein besonders spektakulärer, mit fantastischen Summen verbundener Fall war auch der Jahrzehnte währende Konflikt zwischen den Erben des Tchibo-Gründers und Kaffee-Königs Max Herz. Am Ende waren sich die Geschwister wenigstens darüber einig, dass sie sich nicht einigen können. Im Sommer 2003 hat sich der Hamburger Clan schließlich offiziell gespalten und die mit mehreren Milliarden gefüllte Kasse aufgeteilt. Wann immer seither ein Unternehmen zum Kauf steht, wird Günter Herz in der Presse als potenzieller neuer Eigner gehandelt.

Für die Brenninkmeyers wäre eine Trennung nach diesem Muster undenkbar. Heiliges Prinzip der Dynastie ist es, das Erbe zusammenzuhalten. »Auch wenn man sich noch so zusammenraufen muss«, sagt einer aus der Führungsriege der jüngsten Generation. Aus dem Grund besitze auch der Ursprungsort Mettingen für den Clan eine so große Bedeutung. »Wenn man sich nicht mehr kennt, keine gemeinsamen Erinnerungen hat, ist der Zusammenhalt schnell rum«, sagen sie. Je älter das Unternehmen wird, desto heterogener wird die Schar der Nachfahren, desto wichtiger und zugleich schwieriger ist der Zusammenhalt. Klare Regeln sind nötig, eine Art »Corporate

Governance«-Kodex für die Familie: Wie werden Entscheidungen getroffen? Welche Rechte und Pflichten hat jedes Mitglied?

Die katastrophalen Zahlen der vergangenen Jahre zwangen die C&A-Dynastie, einen neuen Weg einzuschlagen, um das Unternehmen zukunftsfähig zu machen. Dazu gehörte eine neue Firmenphilosophie und eine neue Struktur. Zum ersten Mal überhaupt sollte das Imperium eine erkennbare übergeordnete Instanz erhalten: eine Holding, in der nicht nur die C&A-Geschäfte, sondern alle Unternehmensbereiche der Familie gebündelt werden. 2001 war es soweit. Die Brenninkmeyers gaben sich eine Weltholding, die »Cofra« mit Sitz in der Schweiz. Zum Chef wird Erik Brenninkmeijer bestimmt.

Daneben richtete die Familie ein Headquarter in Brüssel ein, die C&A Europe. An ihrer Spitze Herman Brenninkmeyer. Die Europazentrale für die Textilkette war zuständig für das Krisenmanagement in allen Ländern. C&A hatte nicht nur in Deutschland Probleme. Auch in England kriselte es, in Holland, in Dänemark. Der neue Chef kämpfte an allen Fronten. Er wusste: Sie standen überall unter Druck.

Zuvor waren die Länderchefs zumindest auf dem Papier autonom gewesen. Nun also thronte über den Landesfürsten die Europa-Gesellschaft. Neben Herman Brenninkmeyer als Vorsitzender gehörten zu dem Gremium der frühere Deutschlandchef Ernest Brenninkmeyer als Personalvorstand, Einkaufschef André Brenninkmeyer sowie Wolter Brenninkmeyer, verantwortlich für den Verkauf. Daneben wurden erstmals auch zwei Nicht-Familienmitglieder in das oberste C&A-Gremium berufen: Dr. Hans Brüning (Service) und Frans Geelen (Marketing) – als Korrektiv, so die Idee von Herrn Herman. Ihn trieb die Angst um, dass die Familie es alleine nicht mehr schaffen könnte. Brüning und Geelen waren altgediente C&A-Manager und besaßen das volle Vertrauen der Familie. Es war einen Versuch wert.

Nach langen Verhandlungen in Brüssel waren die sechs C&A-Chefs überzeugt, dass zur Bewältigung der Krise harte Einschnitte nötig seien. Erstmals in der Firmengeschichte mussten sie Mitarbeitern kündigen. Schon im Frühjahr des Jahres wurden einige Führungskräfte gezielt von ihren Jobs abgezogen. Offiziell verabschiedeten sie sich in den Vorruhestand – eine großzügige Abfindung sorgte dafür, dass nichts von den Entlassungen an die Öffentlichkeit drang. Europachef Herman Brenninkmeyer hoffte, danach Ruhe zu haben. Aber er hatte sich geirrt. Das Management war nicht nur an einzelnen Stellen falsch besetzt, es war generell zu aufgeblasen. Das konnte der angeschlagene Konzern sich nicht mehr leisten. Unter dem Druck der Ereignisse entschieden sich Herr Herman und seine Leute für den Big Bang. Am 2. September 1998 riefen die C&A-Chefs in allen Ländern Europas die Führungskräfte zusammen. In Brüssel versammelte der Direktor der Herrenabteilung die Einkäufer und reichte eine Liste herum. Darauf standen die Namen von 200 Führungskräften, die von dem Tag an nicht mehr zur C&A-Familie gehörten. 140 davon allein in Deutschland »Wir waren wie vor den Kopf gestoßen«, erinnert sich einer der Einkäufer. Sie, die glimpflich davonkamen, hatten nichts von bevorstehenden Entlassungen gewusst oder auch nur geahnt. »Entlassungen? Diese Möglichkeit hatte es bei C&A einfach nicht gegeben, auch wenn natürlich alle wussten, dass es dem Unternehmen nicht gut ging.« Die Betroffenen selbst hatten kurz zuvor in Vier-Augen-Gesprächen von der Kündigung erfahren. Sie waren auf den Versammlungen am 2. September schon nicht mehr anwesend. Dahin war der Traum des »Lifetime Employment«, der Anstellung auf Lebenszeit, die eine Karriere bei C&A immer bedeutet hatte. Mit dem Big Bang eliminierten Herman und seine Kollegen eine komplette Führungsebene. Nun waren die Hierarchien wieder flacher.

Das war der Zeitpunkt, zu dem die Brenninkmeyers – ein Novum in der Firmengeschichte – entschieden: Wir schaffen das nicht alleine. Wir brauchen Hilfe von außen. Gestandene Manager mit neuen Ideen. Männer, die nicht als Lehrling bei C&A angefangen haben, sondern Studium und Führungserfahrung in anderen Konzernen vorweisen können.

Die Siebener-Bande

Konzernchef Herman Brenninkmeyer setzt sich in der Familie mit seinem Vorschlag durch, ein Team von hochrangigen Externen zu holen, um C&A neu zu positionieren – mit neuem Marketing, neuer Werbung und vor allem einem zentralen Einkauf. Dezent macht sich eine Headhunter-Agentur an die

Arbeit. Sucht Top-Leute in ganz Europa zusammen und prüft sie auf die Fähigkeit, sich in das Familienunternehmen zu integrieren. Der Brenninkmeyer-Clan segnet die Einstellung eines hochbezahlten Siebener-Gespanns ab.

Die Neuen erhalten Büros in Düsseldorf in der Nähe der Zentrale. Sie stoßen zu Werbechef Göllnitz, der fortan nur noch ein C&A-Fremder unter mehreren war. Eine ungewohnte Situation für ihn, der sich an seinen Sonderstatus gewöhnt hatte. Die Neuen sind renommierte Werber, Designer, Marketingexperten. »Wir haben den Job bei C&A als die größte berufliche Herausforderung angesehen und dementsprechend losgeklotzt«, erzählt einer von ihnen. Sie wussten, sie hatten nicht viel Zeit, und die Chance, dass sie erfolgreich sein würden, war gering. Jeden Tag stiegen die Verluste bei C&A. Jeden Tag wurden die Kunden unzufriedener. In Großbritannien war die Lage desaströs.

Die Düsseldorfer feilten an einer europaweit einheitlichen Werbung für eine europaweit einheitliche Kollektion. Die neuen Designer brachten die hauseigenen Marken in Form. Schicker waren die Anzüge, schmaler, eleganter. Die Werber ließen aufwändige Clips drehen und teure Foto-Shootings für die Kataloge und Anzeigenbilder machen. Von Dänemark bis nach Andalusien zeigten sich nun die gleichen Models in der gleichen Kleidung – und das nicht auf schlichten Werbefotos, wie sie die Kunden von C&A aus früheren Jahren gewohnt waren. »Was wir gemacht haben, war Kunst«, sagen die Kreativen im Rückblick.

Eines Abends erhielten sie die Order, ihr Projekt in Amsterdam den Gesellschaftern zu präsentieren. Der Termin war auf den nächsten Morgen festgesetzt. Hektisch packten die Werbeleute ihre Unterlagen und fuhren in aller Frühe von Düsseldorf zur Zentrale in die Niederlande. Nervös waren sie, angespannt. Niemand hatte ihnen gesagt, was sie eigentlich erwartete. Als sie den Raum in der Weesperstraat betraten, waren dort »mehrere Dutzend« männliche Brenninkmeyers versammelt, die Führungsriege der Familie. Die Männer hörten sich das Konzept der Kreativen an – und segneten die Kampagne ab. Die Brenninkmeyers entschieden sich für Glamour.

Als dann aber die Umsätze weiter fielen und sich die Lorbeeren für die Werbung nicht auf das Kaufverhalten der Kunden auswirkten, machte sich schnell ein Murren über die Arbeit der Neuen breit. Die Zeit der Externen lief schon wieder ab. »Die Probleme mit dem Image und den Kollektionen hätten wir in den Griff bekommen. Was uns das Genick gebrochen hat, waren Unternehmensinterna«, meinen die Ex-Manager heute. »Man hat uns auflaufen lassen.«

Der Widerstand formierte sich in den C&A-Zentralen in den einzelnen Ländern. Sie wehrten sich gegen ihre Entmachtung durch die neue Stabsabteilung in Düsseldorf, wo jetzt zentral die Kollektion für alle Märkte und die passende Marketingstrategie ausgeknobelt wurden. Die Mitarbeiter vor Ort fühlten sich von den Düsseldorfern brüskiert. Jahrzehntelang hatten sie ihre relative Autonomie genossen. »Und plötzlich sitzt da eine neue Abteilung in Deutschland, die meint, alles besser zu können, alles anders machen zu müssen«, sagt einer der Gescheiterten. Das klappt schon in »normalen« Unternehmen kaum. Bei C&A funktionierte es gar nicht, zumal die Aufgaben externen Kräften übertragen worden waren. Zu spät merkte die Familie, dass sie im falschen Augenblick und in falscher Form auf Hilfe von außen gesetzt hatte. Die Manager zuvor – den Kreativen Göllnitz ausgenommen – waren entweder Familienangehörige oder zumindest durch die eigene C&A-Schule gegangen. Sie kannten sich, sie hatten den gleichen »Background«. Durch den häufigen Wechsel der Geschäftsstellen, der Länder und Ressorts hatten sich viele Freundschaften gebildet, auf die sie später zurückgreifen konnten, wenn »es mal schnell und unbürokratisch gehen sollte«. Die C&A-Internen gaben den Neuen keine Chance. Die Fremden wussten nicht, welche Manager früher gemeinsam im Bullenkloster gelebt hatten. Sie wussten nicht, wer Freund, wer Feind war. Und das Entscheidende: Sie waren die unliebsame Konkurrenz, die geholt wurde, weil C&A es ohne Hilfe nicht schaffte.

Die Externen kannten die internen Regeln nicht, sie eckten häufig an. Sie fuhren im Cabriolet aufs Firmengelände (auffälliges Verhalten in auffälligen Gefährten steht C&A-Mitarbeitern nicht an). Sie kamen in Anzügen in den falschen Farben zur Arbeit. Sie nächtigten in den falschen Hotels. Altgediente C&A-Manager wissen, dass bestimmte Luxushotels den Herren B. vorbehalten waren und Angestellte dort auf Geschäftsreisen nicht abstiegen. Die Neuen taten Dinge, die man bei C&A einfach nicht tut – auch wenn die Verbote nirgendwo explizit geregelt sind.

Zudem machten sie Fehler. Designer und Einkäufer leisteten sich verheerende Fehlgriffe bei den Kollektionen. Die neuen Babystrampler aus reinem weißen Leinen beispielsweise sahen edel aus. Die Mütter ließen sie aber kopfschüttelnd in den Regalen liegen, da sie gleich ans Waschen und Bügeln dachten. Auch die Anzüge der gediegen-konservativen Eigenmarke Westbury blieben in den Läden hängen. Der neue Designer aus Italien hatte die Linie etwas schmaler geschnitten. An den italienischen Models in der Werbung sah das schick aus. An den älteren Herren in Deutschland – der Zielgruppe der Marke – eher weniger. Die Kunden probierten Sakkos und Hosen ein-, zweimal an, stellten fest, dass die edlen Teile bei ihnen spannten und kniffen, wo sie locker fallen sollten, dann kehrten sie C&A verärgert den Rücken. »Der teuer eingekaufte Designer hat es geschafft, die etablierte Marke innerhalb von ein, zwei Jahren fast zugrunde zu richten«, erzürnen sich noch heute viele bei C&A.

Auch bei der Werbung lief manches schief. »Wenn man von einem Tag auf den anderen auf eine zentral gesteuerte Kommunikation umstellt, tauchen zwangsweise Fehler auf«, rechtfertigen sich die Werbeprofis heute. Es musste ja alles so schnell gehen. Vor allem eins ließ die Düsseldorfer immer wieder scheitern: die kulturellen Unterschiede zwischen Spaniern, Deutschen, Franzosen, Engländern und all den anderen Nationalitäten, an die C&A seine Ware verkauft. Den Marketingabteilungen vor Ort waren die Feinheiten geläufig, der Zentrale am Rhein nicht.

Die C&A-Angestellten in Spanien hätten beispielsweise nie eine komplette Kinderkollektion in Lila entworfen. Lila ist in Spanien die Farbe der Trauer. Das hatten die Einkäufer in der Zentrale leider nicht bedacht. Ebenso war ihnen entgangen, dass Abendkleider in Spanien etwas länger sind als in Deutschland und gefälligst bis zum Knöchel reichen. Die C&A-Kollektion endete ein paar Zentimeter weiter oben. Auch dass ein spanischer Mann im Bademoden-Prospekt stets ohne Körperbehaarung gezeigt wird, wurde beim Foto-Shooting nicht bedacht – dem Team gehörte kein Spanier an. Der Fall wurde intern hochgespielt, obwohl der Fehler leicht am Computer zu retuschieren gewesen wäre, wie ein Werbeprofi berichtet: »An sich war das Malheur kaum der Rede wert. Aber in der Phase wollten alle Ärger.«

So setzte der kleine Fehler einer deutschen Visagistin ein komplettes Kindermoden-Shooting in den Sand. Sie hatte die kleinen Models als lustige Clowns verkleidet – unvorstellbar in Spanien. Dort sind Kinder kleine Prinzen und Prinzessinnen und sonst gar nichts. Für die C&A-Leute in Spanien war jeder Patzer aus Düsseldorf ein willkommener Anlass, um über die Unfähigkeit der Zentrale zu schimpfen und deren Abschaffung zu fordern. »Es war frustrierend. Nichts lief. Es machte keinen Spaß mehr«, erzählt Werbechef Göllnitz, der schließlich die Konsequenzen zog und ging.

Nach zwei Jahren hatten die Aufständischen aus den Länderzentralen Erfolg. Die C&A-Zentrale in Brüssel beendete das Zwischenspiel mit den externen Topmanagern Anfang des Jahres 2000. Die Familie Brenninkmeyer trug zeitgleich zwei Ideen zu Grabe. Sie verabschiedete sich schnell und konsequent von einer alles regelnden Zentrale für Einkauf, Marketing und Kommunikation und von den hausfremden Führungskräften.

Die Macht fiel zurück an die Länder. Die Spanier kauften wieder die richtigen Farben und Formen. Die Werbung wurde reduziert, erhielt nie wieder einen Preis, dafür in jedem Land eine einfache, klassische Inszenierung. Der Preisträger Göllnitz machte sich mit einer Galerie erst in Aachen, dann in Kalifornien selbstständig. »Da passt jetzt wieder alles«, gestehen selbst die, die für das misslungene Zwischenspiel verantwortlich waren. Werbung, Produkt und Läden bilden heute wieder eine Einheit, einen Dreiklang. Der Kunde weiß, was ihn erwartet: preiswerte Mode in guter Qualität.

Dazu brauchte es keine externen Ratgeber, das C&A-fremde Siebener-Team musste gehen. »Es war ein sehr fairer, sauberer Schnitt«, sagt einer der Geschassten anerkennend. Die Familie habe ihnen die Entscheidung erklärt und ihnen Jobalternativen angeboten – allerdings nicht mehr im Topmanagement, sondern einige Stationen darunter. Das wollten die Externen nicht. »Das fremde Blut muss raus«, hieß es zum Abschied, erzählt einer von ihnen. »Es passt nicht zu C&A.« Derjenige, der das sagte, war nun nicht mehr Herman Brenninkmeyer, der sie eingestellt hatte. Es war Lucas Brenninkmeyer, Hermans Nachfolger.

Lucas Brenninkmeyer habe die Worte vom »fremden Blut« nicht unfreundlich gemeint. Nur sehr bestimmt, sagt der Ex-Mitarbeiter. Es sei kein böses Wort bei der Trennung gefallen. Es war ein Versuch mit Kompetenz von außen. Es hat nicht geklappt. Die Externen waren gescheitert und müssen im Nachhinein sogar zugeben: »Die Entscheidung von Herrn Lucas war richtig für das Unternehmen. Hätte er uns weitermachen lassen, hätten wir C&A zugrunde gerichtet.«

VII. Die wilde fünfte Generation

Herr Erik, Herr Lucas, Herr Dominic und Herr Bart

Es gibt zweifellos bessere Zeiten für einen Wechsel an der Führungsspitze. Lucas Brenninkmeyer übernahm den Chefposten in der Europazentrale von C&A, als es in dem Unternehmen lichterloh brannte. Das war Ende 1999. Das Konzept mit dem zentralen Einkauf und der einheitlichen Werbung war nicht so aufgegangen wie erhofft. Es hatte ganz im Gegenteil die Kette noch weiter ins Chaos bugsiert.

In der Situation war Herr Lucas genau der Richtige. Sein Cousin Herr Herman, der die Zentrale in den Jahren zuvor geleitet hatte, trat ab und wechselte im Alter von 38 Jahren vom C&A-Chefsessel zu Anthos Consult in Amsterdam. Anthos Consult ist das Unternehmen, das die Belange der Familie regelt, die Weltzentrale der »Family Offices«, die ganz im Verborgenen agieren und nie öffentlich in Erscheinung treten. Der Job entspricht dem Naturell von Herrn Herman mehr als der Schleudersessel in Brüssel. Er ist zwar ein großer Verfechter der neuen Firmenphilosophie der vorsichtigen Öffnung nach außen. Aber er ist nicht der Typ Manager, der Auftritte in der Öffentlichkeit liebt. Er redet mindestens so gerne über bildende Kunst und Musik wie über das Geschäft. Und das tut er vorzugsweise nicht vor blitzenden Kameras.

Herr Lucas ist aus anderem Holz geschnitzt. Bei ihm dreht sich alles ums Geschäft, »Lucas ist ein richtiger Macher-Typ«, sagen die C&A-Leute. Er hatte sich gut vorbereitet auf die Aufgabe, die ihn erwartete. Er kannte die Schwachstellen des Unternehmens und hatte sich genau überlegt, was sich ändern müsste, damit die C&A-Modegeschäfte, das Herzstück des Familienimperiums, wieder in die Gewinnzone kämen. Er war sich sicher, dass er das Geschäft »wieder flott machen« könnte. Dafür musste er an den jahrzehntealten Strukturen des Familienunternehmens rütteln. Er musste manch unangenehme Entscheidung treffen, was die Familie nicht gewohnt war, weil die Geschäfte lange Zeit blendend gelaufen waren. Kein leichter Job. Sich von C&A zu trennen, kam für die Familie in keinem Augenblick in Frage. »Wir sind und bleiben Händler«, sagt Lucas Brenninkmeyer. Innerhalb weniger Tage räumte der neue starke Mann in Brüssel mit den alten Führungskräften auf und stellte sich sein neues Team zusammen.

Der Kanadier mit – natürlich – holländischem Pass brachte einen neuen Stil in das Unternehmen, was nicht allen gefiel. Er war Betriebswirt durch und durch. Er dachte in Zahlen. Er wollte ein klares, modernes Management und keinen »Das haben wir schon immer so gemacht«-Führungsstil. Manche waren gar nicht so traurig, dass sie gehen mussten. »Das ist nicht mehr das C&A, mit dem wir groß geworden sind. Zu viel hat sich verändert«, sagen sie. »Zu der Zeit war es richtig unangenehm bei C&A«, erinnert sich auch der damalige Werbeleiter Rolf Göllnitz.

Mit den externen Managern hatte Lucas Brenninkmeyer bei der Trennung wenig Probleme. Die rief er zu sich, erklärte ihnen seine Entscheidung und bot ihnen einen Auflösungsvertrag zu akzeptablen Konditionen an. Dabei blieb er ruhig, sachlich und – wie alle Brenninkmeyers – stets sehr freundlich. Die Manager kannten die Spielregeln der Wirtschaft. Sie regten sich nicht auf, nahmen ihre Abfindung und gingen.

Schwieriger waren die »Verschiebungen« innerhalb der Familie. Da bedurfte es viel Überzeugungsarbeit und viel Fingerspitzengefühl von Seiten der Sanierer. Auch im Nachhinein, bis heute weist die Familie jede Äußerung, die eine Andeutung eines Zwistes, Streits oder Degradierungen enthalten könnte, weit von sich.

Auch ehemalige Manager wollen sich mit keinem Wort über die Krise äußern. Einer hatte zugesagt. Der Gesprächstermin stand schon fest. Dem Ex-Manager wurde es zu heikel. Er fragte bei Dominic Brenninkmeyer nach. Anschließend zog er seine Zusage zurück: »Da gibt es zu viele Sensibilitäten, Verflechtungen, Gewissenskonflikte.« Um keinen falschen Eindruck zu erwecken, fügt er hinzu: »Das ist meine Entscheidung. Sie ist nicht auf Druck von Herrn Dominic zustande gekommen.«

Das sei alles »eine Entwicklung« gewesen, sagt George L. Brenninkmeijer, der damals in den neuen Bundesländern seine Filialen eröffnete und anschließend das Unternehmen verließ, um »endlich mal selbstständig, frei zu sein«, wie er sagt. »Die Zeiten hatten sich geändert. Und für jede Zeit gibt es einen Brenninkmeyer.«

Für den Start ins neue Jahrtausend hieß dieser Brenninkmeyer mit Vornamen Lucas. Ein Marketingexperte, der BWL in Kanada studiert hatte. Der sich seine ersten Sporen als Einkäufer für Socken und Schlafanzüge in England verdient und der bereits Erfahrungen im Krisenmanagement in Brasilien gesammelt hatte. Er machte von Anfang an klar, dass er hart durchgreifen würde, auch wenn es die Familie betrifft. »Wettbewerbsdruck bedeutet, dass man sich um höchste Qualität bemühen muss. Wenn man von vornherein an einem bestimmten Typ von Mensch festhält, an einem bestimmten Namen, an einer Religion oder einer Hautfarbe, dann beschränkt man seine Möglichkeiten und das wollen wir auf keinen Fall.«

Lucas Brenninkmeyer suchte sich die fähigsten Mitstreiter zusammen – auch außerhalb des Clans. »Wir haben die richtigen Leute an den richtigen Stellen, ob Familienmitglieder oder nicht«, sagt er unumwunden. Den Ländervorsitz in Holland, Frankreich, Spanien und Belgien gab er in die Hände von externen Führungskräften (in Belgien setzte er sogar eine Frau an die Spitze des Unternehmens). An einigen Stellen übernahmen Familienmitglieder »entsprechend ihrer Qualität und Eignung« neue Aufgaben innerhalb des Konzerns. Spätestens ab dem Zeitpunkt war das alte Märchen von der Gleichheit aller Brenninkmeyers Geschichte.

In Deutschland löste Cousin Dominic die beiden externen Geschäftsführer Reinhard Müller (er wurde wenige Monate später Vorstandsmitglied der Kaufhof AG) und Josef Wilhelm Knoke (er machte sich anschließend als Unternehmensberater selbstständig) ab. Zwei Tage hätte er Zeit gehabt, über das Angebot seines Cousins dritten Grades nachzudenken, berichtet Dominic Brenninkmeyer. So viel Bedenkzeit hat er nicht gebraucht. »Entweder man will so einen Job machen oder man will es nicht. Das ist schnell entschieden.« 48 Stunden später saß er in seinem schlichten Büro in Düsseldorf als neuer

Deutschlandchef. Vorherige Stationen waren England (als Einkaufschef für Kinderabteilungen) und Amerika.

Von dem Wechsel an der C&A-Spitze haben die nicht zur Familie gehörigen Führungskräfte per E-Mail erfahren. Eines Tages erhielten sie eine Mitteilung, in der es hieß, dass von nun an nicht mehr Herman Brenninkmeyer in Brüssel zuständig sei, sondern Lucas Brenninkmeyer. Woher der Herr Lucas plötzlich kam, was ihn zu der Aufgabe befähigte – kein Wort. In Südamerika war er vorher lange gewesen, das war einigen bekannt. Dann hatte er zwei Jahre lang den Vorsitz in Deutschland, vor den C&A-Managern Müller und Knoke. Zwei Jahre lang hatte er den wichtigsten Markt von C&A mit all seinen Problemen der Jahre 1997 und 1998 studieren können. Dann wechselte Lucas zum Immobilienzweig der Familie, er baute die Immobilien-Holding »Redevco« auf, in der die zahlreichen Haus- und Grundbesitzaktivitäten gebündelt wurden. Nach zwei Jahren lief das Geschäft. Herr Lucas durfte direkt auf den Chefsessel nach Brüssel wechseln. Jetzt hatte er den wichtigsten Posten im Brenninkmeyer-Reich. Bei seinem Antritt in Brüssel kündigte Lucas Brenninkmeyer an: »In zwei Jahren schreiben wir in Deutschland wieder schwarze Zahlen.« Das Versprechen hat er eingehalten. Im Geschäftsjahr 2001 hat C&A erstmals wieder einen Gewinn erzielt. Es waren zwar nur 33,2 Millionen Euro. Nach vier Jahren mit Verlusten hintereinander, zuletzt einem Fehlbetrag von 90 Millionen Mark in 2000, war es dennoch ein Erfolg. 2002 stieg der Gewinn auf 107 Millionen Euro, 2003 auf 109 Millionen. Der Umsatz stieg bis 2002 auf gut 2,8 Milliarden Euro an. Und das Überraschende: C&A wuchs gegen den Branchentrend (der Umsatz innerhalb der Branche fiel 2002 um acht Prozent) zusammen mit H&M und Zara. Wenngleich C&A mit bescheidenen zwei Prozent Wachstum weit hinter den zweistelligen Zuwachsraten der Senkrechtstarter aus Schweden respektive Spanien zurückbleibt.

Die Strategie der neuen Führungsspitze ging auf. Herr Lucas hatte nicht nur innerhalb weniger Wochen die Personalfragen geklärt. Er hatte auch mit der Umsetzung eines neuen Konzepts begonnen, das so schlicht und effizient war, dass man sich fragt, warum es niemand zuvor eingefallen war. Lucas Brenninkmeyer hatte dem Familienkonzern ein striktes »Back to the roots« verordnet. Nicht mehr, aber auch nicht weniger.

Schluss mit Experimenten

Von dem Tag an, an dem Lucas Brenninkmeyer den Vorsitz bei C&A übernahm, war Schluss mit den Träumen von Haute Couture, von Big Macs und Büchern und von preisgekrönten Werbefilmen. Die Familie hatte den 42 Jahre alten Lucas zum Chef erkoren, um C&A wieder ein stimmiges Konzept zu geben. Besinnung auf das Kerngeschäft, heißt das im Beraterdeutsch.

Es galt, die alten C&A-Kunden zurückzugewinnen. »Sie werden wiederkommen«, sagte Herr Lucas voller Überzeugung. Das Unternehmen musste sich dem Kunden nähern. Es sei sinnlos, »einem Typen nachzurennen, den wir nie bei C&A hatten«. Für ihn bedeutete das: »Wir dürften den modischen Bogen nicht überspannen.« Unterhosen oder Socken im günstigen Fünfer-Pack (übrigens eine Erfindung von C&A), schlichte Strickpullis – danach sucht seine Zielgruppe. 45 Millionen Strickteile verkauft C&A im Jahr. Das waren die Zahlen, die Herrn Lucas ins Auge gesprungen sind. Diese Artikel, die Baumwollhose, das einfache T-Shirt, so entschied er, mussten wieder in den Vordergrund treten. Die schlichte Ware war über Jahrzehnte das Kapital der Textilkette gewesen. Darauf besann sie sich jetzt. In den Tageszeitungen schaltete C&A wieder die Art von Werbung, auf die sich das Unternehmen verstanden hatte: plakative Anzeigenseiten, die mehrere Modelle zeigen mit möglichst gut sichtbaren, niedrigen Preisen daneben. Das hatte nichts mehr mit Kunst zu tun. Diese Werbung würde nie einen Preis verliehen bekommen. Aber sie passt zu der Neuausrichtung von C&A.

Die Modekette verabschiedete sich von knapp der Hälfte ihrer 20 Eigenmarken. Zu unübersichtlich, zu teuer und zu aufwändig war die Vielfalt im Sortiment. Schließlich muss jede Marke gepflegt und beworben werden. Die Brenninkmeyers konzentrierten sich auf die Marken, die immer noch einen guten Ruf hatten: die Westbury-Anzüge für die älteren Kunden, Angelo Litrico für die Modebewussteren, die Damen-Kollektionen Yessica und »Your Sixth Sense«, Clockhouse für die Jugendlichen und Rodeo für die Sportlichen.

Eine der ersten Maßnahmen der jungen Garde betraf die Beschaffung der Ware. Lucas und Dominic Brenninkmeyer lösten den gerade erst zwei Jahre zuvor eingeführten zentralen Einkauf in Düsseldorf und Brüssel wieder auf. Die einzelnen Länder bräuchten Freiheit bei der Auswahl ihrer Kollektionen, erklärte Herr Lucas. Es sei ein Irrglaube zu denken, dass die Spanier das Gleiche tragen wie die Dänen und die Westdeutschen das Gleiche wie die Ostdeutschen.

Kehraus: C&A trennt sich von der Hälfte seiner Eigenmarken. Der Klassiker Westbury bleibt (hier die erste »Reisekleidung« für den gediegenen Geschäftsmann in den 70er Jahren).

»Fashion is global, but business is local.« Zu dieser Weisheit hat C&A »nach bitteren Erfahrungen« zurückgefunden, sagen die jungen Brenninkmeyers. Mitte der 90er Jahre wollten sie Kosten sparen, indem sie den Einkauf der einzelnen Länder an einer Stelle bündelten. Ihr Heer von 3000 Einkäufern haben sie auf rund 1300 reduziert. Aber die Einsparungen haben sich gerächt. Deswegen die Umkehr. Jetzt hält es C&A so wie Zara und H&M. Es gibt eine europäische Kollektion, aus der die Einkäufer der einzelnen Länder oder Regionen auswählen können, was sie in welchen Mengen nehmen und was nicht. Wenn in Südspanien bereits der Sommer ausgebrochen ist, ordern die Einkäufer für Madrid und Barcelona LKW-Ladungen mit Tops und kurzen Röcken. Ihre Kollegen in Deutschland aber bestellen weiterhin vorwiegend Dreiviertel-Hosen und Langarm-Shirts.

Zeitgleich haben die Brenninkmeyers die Versäumnisse der vergangenen Jahre aufgeholt und trotz der Krise Millionen in die Renovierung der Häuser gesteckt. Das war zu lange versäumt worden. Einen hohen dreistelligen Millionenbetrag hat Dominic Brenninkmeyer allein für die Modernisierung der deutschen Geschäfte aufgewendet. Das »Europäische Shop-Konzept«, wie sie es nennen, beinhaltet mehr Licht, größere Schaufenster, mehr Holz, Regale und moderne Plexiglasboxen. Die grauen, engen Umkleidekabinen mit Neonlicht sind hellen Holzkabinen mit dunkelroten Vorhängen gewichen. Das Licht der neuen Lampen ist warm. Die Läden wirken größer, ordentlicher und freundlicher, weil sie nicht mehr von vorne bis hinten mit Kleiderständern voll gestopft werden. Und vor allem sind die Drehständer mit den Billigangeboten draußen vor dem Eingang abgeschafft worden. Trotzdem hat der Kunde nicht eine Sekunde lang das Gefühl, bei H&M oder Zara gelandet zu sein. Die Läden der Brenninkmeyers sind moderner, aber immer noch C&A-gemäß. Zumindest die großen Kaufhäuser, von denen C&A in Deutschland etwa 200 betreibt.

Ob freiwillig oder nicht: Palomino trug früher jedes Kind und jeder Teeny. Heute gibt es die Marke nur noch für Kleinkinder

»Herr Lucas« hat nach seinem Antritt einen Drei-Stufen-Plan vorgelegt. Stufe eins ist Sanierung (abgeschlossen), Stufe zwei Modernisierung (fast abgeschlossen) und Stufe drei: Expansion. Dabei kann jede Ländergesellschaft auf ihre Art und Weise wachsen. Auch neue Länder werden erschlossen – Ende 2004 eröffnet die erste C&A-Filiale in Moskau.

Wachsen in der Provinz

Kaum zwei Jahre nach der Schließung von zehn Kaufhäusern in Deutschland hat Herr Dominic damit begonnen, wieder neue Filialen zu eröffnen. Seither ist er permanent auf der Suche nach neuen Immobilien in 1A-Innenstadtlagen. Die Fehler der 90er Jahre will er aber nicht wiederholen, als die Zahl der Läden hoch ging und der Umsatz runter.

Dieses Mal setzt C&A auf die Provinz. Mit kleinen Läden in die kleinen Städte, das ist die Strategie. Ein Weg, den sie noch nie gegangen sind, den aber Konkurrent H&M mit Erfolg vorexerziert. Um weiter zu wachsen, muss das flache Land abgegrast werden. Das haben die Schweden erkannt und sie berichten halb belustigt, wie sehr sie von deutschen Bürgermeistern hofiert werden, sobald sie auch nur andeuten, in deren Kommune eine Filiale zu eröffnen. Das Kalkül der Stadtoberhäupter ist klar: H&M lockt die Jugend an und das hilft auch dem alteingesessenen Einzelhandel in der Umgebung der Modeshops.

C&A kalkuliert, dass sich der Ausflug auf das Land ab Städten mit 20000 Einwohnern lohnt, mit starkem Umland und vielen Familien. Das rechnet sich nicht für die großen Kaufhäuser, wohl aber für kleinere Shops für Kinder- oder Damenbekleidung. Auf die Idee mit den Kinderläden war C&A per Zufall gekommen. In Stuttgart musste ein Geschäft renoviert werden. Und um auch in der Bauphase nicht auf Umsatz zu verzichten, wurde ein Zelt aufgestellt. Dort brachte der Filialleiter die Kindermode unter. Die provisorische Abteilung meldete so gute Zahlen nach Düsseldorf, dass Geschäftsführer Dominic Brenninkmeyer daraus ein Konzept machte. Die Idee mit den »Kids Stores« war geboren. Schließlich, so erinnerte man sich, ist C&A bei Baby- und Kindermode (bis etwa 13 Jahre) Marktführer in Deutschland. Diese Position sollte ausgebaut werden.

Als Ort für einen Testlauf wählten die Brenninkmeyers Ende 2001 Olpe, eine Stadt im ländlichen Westfalen, in der viele Familien mit kleinen Kindern leben. Ein Jahr sollte die Probephase dauern. Aber das Geschäft lief so gut, dass Dominic Brenninkmeyer bereits im Frühjahr weitere fünf Läden eröffnete. Die »Kids Stores« haben nur etwa 250 Quadratmeter Verkaufsfläche auf einer Etage (grundsätzlich Erdgeschoss) und sie liegen in der Fußgängerzone oder in der Hauptgeschäftsstraße. Die Läden sind übersichtlich, hell und offen.

Nach einem Jahr hat Herr Dominic entschieden: Das ist das Richtige für Deutschland. »Wir beginnen mit dem Roll-Out.« 2003 hat er gleich 36 Kinderläden eröffnet. Und dieses Tempo will er beibehalten. Beflügelt von dem Erfolg mit den Kids, weitete er das Konzept auf eine zweite Zielgruppe aus: die Frauen. Für sie erfand Herr Dominic eigene »Woman Stores«. Drei Viertel der C&A-Kunden sind Frauen, die für sich und die Kinder einkaufen. Da liegt es nahe, sie zu umwerben. Der erste Frauen-Laden eröffnete im Frühjahr 2002 in Lindau. Nach kurzer Testphase gab Herr Brenninkmeyer grünes Licht für die Pilotphase. 2003 kamen weitere fünf Läden hinzu.

In der Teststadt Olpe entstand auf diesem Weg ein neuer Typ von C&A-Geschäft: Neben dem Kids Store gibt es nun einen Woman Store, und als ein Laden daneben schließen musste, auch noch einen Shop für Herrenbekleidung. Nach diesem Muster stellt sich Herr Dominic das für viele Städte vor. So könnten auch die kleineren Orte erobert werden, die auf der Landkarte derzeit noch C&A-freie Flecken sind.

Bis Ende der 90er Jahre waren die Brenninkmeyers überzeugt, dass ein C&A-Geschäft mindestens 1500, besser aber 3000 oder 4000 Quadratmeter umfassen müsse. Von dieser Vorgabe sind sie abgekommen. Sie sprechen jetzt von verschiedenen »Modulen«, die sie kombinieren können oder auch nicht. Je flexibler im Format, desto besser. Sie eröffnen große Kaufhäuser und kleine Kaufhäuser. Und wo ihnen selbst das zu aufwändig erscheint, testen sie einen Kids Store. Wenn der läuft, nehmen sie einen Woman Store dazu. Wenn auch das funktioniert, fügen sie (wenn sie Platz finden) eine Herrenabteilung hinzu – und fertig ist das kleine Kaufhaus.

Andere Länder testen inzwischen auch andere »Module«. Belgien und Österreich beispielsweise sind Herrn Dominic bei den Kids Stores gefolgt. Vor allem aber haben sie Clockhouse-Läden eröffnet, weil sich in ihren Ländern – anders als in Deutschland – die Teenager-Mode gut verkauft. »Da gibt es keine feste Vorgabe bei uns«, sagt Herr Dominic. »Jedes Land entscheidet für sich, mit was für Geschäften es wächst.«

Nachdem die Brenninkmeyer-Geschäfte vor 80 Jahren die ersten waren, in denen die Kunden damals Kleidung für die ganze Familie kaufen konnten, schlägt die C&A-Dynastie nun den Weg in die entgegensetzte Richtung ein: Sie setzt auf kleine Spezialgeschäfte für Kinder, für Frauen, für Jugendliche.

2004 eröffnete C&A in Deutschland insgesamt 80 neue Geschäfte – und das zu einer Zeit, in der das ganze Land den Niedergang eines anderen großen Handelskonzerns diskutierte. Bei Karstadt-Quelle gehe es »ums Überleben«, hatte der Aufsichtsratsvorsitzende Thomas Middelhoff gesagt. Der Konzern liege »auf der Intensivstation«. Als wesentlichen Grund für die lebensbedrohende Krise gab der neue Vorstandsvorsitzende Christoph Achenbach an, dass die Karstadt-Kaufhäuser zu unterschiedlich seien. Der kleinste Karstadt sei 58 Mal kleiner als das größte Kaufhaus, das KaDeWe in Berlin. Das allein kann es freilich nicht gewesen sein, wie ein Vergleich mit C&A zeigt: Dort hat das kleinste »Modul« 250, das größte Kaufhaus 13000 Quadratmeter (in Köln). Der Faktor ist folglich ziemlich genau der gleiche wie bei Karstadt. Was die Karstadt-Quelle-Führung als Ursache für das Scheitern hervorkehrt, haben die Brenninkmeyers gerade als ihre große Chance entdeckt.

Die Marketing-Offensive

»Mister 20 Prozent« – diesen Spitzennamen verpasste die Presse Dominic Brenninkmeyer Anfang des Jahres 2002. »Rabatt-Rebell« ist ein anderer Titel aus jener Zeit. Was war passiert, dass Herr Dominic, der zuvor nie öffentlich in Erscheinung getreten ist, plötzlich so ins Rampenlicht rückte? Gewiss, die europäische Währung wurde zum Jahreswechsel eingeführt, eine Mammutaktion für den gesamten Handel. Niemand hat daraus jedoch so geschickt Kapital geschlagen wie C&A. Die Brenninkmeyers landeten einen famosen PR-Coup zum Euro-Start: 20 Prozent gewährten die C&A-Filialen in der ersten Woche nach der Einführung des neuen Geldes allen Kunden, die mit Karte zahlten. Mit dieser Aktion bestimmte C&A tagelang die Schlagzeilen der Wirtschaftspresse. Und das war beileibe nicht dem Zufall geschuldet.

In Düsseldorf hatte sich schon Monate vor dem so genannten D-Day ein Team aus Marketing- und Kommunikationsleuten, Geschäftsleitung und Juristen zusammengesetzt. Sie überlegten gemeinsam, was zu tun sei, damit die Umstellung in den Läden glatt über die Bühne geht. Wie konnte man darüber hinaus dem Euro auch etwas Gutes abgewinnen? Schließlich empfingen die Bürger – also auch die C&A-Kunden – die neue Währung mit einer gehörigen Portion Skepsis. Und den Kassiererinnen war davor bange, sich schnell und möglichst fehlerfrei auf das neue Geld umstellen zu müssen – noch dazu bei dem traditionellen Umtauschtrubel zum Jahreswechsel.

Da kam die Idee, in der ersten Woche nach der Euro-Einführung auf alle Karteneinkäufe 20 Prozent Rabatt zu geben, gerade recht. Viele Kunden würden den Preisnachlass nutzen, so dass die Kassiererinnen mit weniger Bargeld zu hantieren hätten. Lange Schlangen würde es gar nicht erst geben. Den Kassiererinnen wäre geholfen, die Kunden könnten sich nicht beschweren, C&A auch nicht. Ein perfekter Plan. Am Dienstag, dem 2. Januar begann die Aktion. Der Tag verlief relativ ruhig. Erst am Mittwoch ging der Trubel los. C&A bekam eine einstweilige Verfügung vom Landgericht Düsseldorf auf den Tisch. Darin wurde C&A die Werbekampagne untersagt. Der zeitlich befristete Preisnachlass sei wettbewerbswidrig, begründeten die Richter ihre Entscheidung. Der Antrag kam von der Zentrale zur Bekämpfung des unlauteren Wettbewerbs – einer obskuren Organisation, die immer in Erscheinung tritt, wenn sie die armen, unmündigen Verbraucher vor zu viel Konkurrenz im Handel schützen will.

Erst ein halbes Jahr zuvor war das verstaubte Rabattgesetz abgeschafft worden. Preisnachlässe waren somit prinzipiell erlaubt. Die selbst ernannten Wettbewerbsschützer hatten freilich durchgesetzt, dass Rabatt-Sonderaktionen nur ausnahmsweise möglich sind – etwa als Sommer- und Winterschlussverkauf und anlässlich von Firmenjubiläen (jedem Unternehmen wird alle 25 Jahre ein solches zugestanden).

Das Ereignis Euro-Einführung rechtfertige keine Sonderaktionen, argumentierten nun Wettbewerbsschützer und Richter im Fall C&A. Die Juristen der Händler waren naturgemäß anderer Meinung. Die Einführung des neuen Geldes sei durchaus eine Ausnahmesituation, entgegneten sie. »Wann hat es etwas Vergleichbares gegeben?«

Nachdem die Radiosender in ihren Nachrichten mittags über die Aktion und die einstweilige Verfügung berichtet hatten, strömten immer mehr Menschen in die C&A-Filialen. Sie wollten schnell noch die Gelegenheit nutzen, bevor die Kaufhäuser der Entscheidung der Justiz nachkommen und die Aktion beenden müssten. Endlich wurde wieder gekauft bei C&A. Mit zwei oder gleich drei Anzügen unter dem Arm stellten die Kunden sich an den Kassen an, wo sich bei dem unerwarteten Andrang nun doch Schlangen bildeten.

Der Rummel war die beste PR-Aktion, die C&A je hatte. Das Thema bestimmte für Tage sogar die politische Diskussion. Verbraucherschützer, Politiker und Wissenschafter forderten: Nach dem Rabattgesetz müsse auch endlich das Gesetz gegen unlauteren Wettbewerb (UWG) aus dem Jahr 1909 wegfallen oder zumindest modernisiert werden. Die Verbraucher würden »unmündig« gehalten, das deutsche Recht behandele die Kunden wie »pathologische Schwachköpfe«, erregte sich der angesehene Tübinger Wettbewerbsrechtler Wernhard Möschel.

Am Abend noch saß bei C&A ein Team von zehn Leuten beisammen und überlegte, was nun zu tun sei. Dominic Brenninkmeyer plädierte dafür, die Rabattaktion nicht abzubrechen. Die Öffentlichkeit war auf Seiten der Brenninkmeyers. Die Presse feierte die Preisbrecher als Helden. C&A war über Tage das Gesprächsthema. Niemand machte sich lustig über den Klamotten-Anton, niemand mäkelte am Image, an der Qualität oder an den Läden herum.

Die Frage war nur: Wie geht es weiter? Auf die einstweilige Verfügung mussten sie in irgendeiner Form reagieren. Die Hausjuristen schlugen einen Trick vor: C&A sollte die Aktion beenden und damit dem Richterspruch Folge leisten, gleichzeitig aber eine neue Aktion ausrufen, bei der alle Kunden 20 Prozent Rabatt erhalten. Natürlich war ihnen klar, dass die Gegenseite den Schachzug durchschauen würde. Aber das war es ihnen wert. Kunden, Presse, alle waren auf ihrer Seite. Was könnte einen solchen Imageschub aufwiegen?

Am nächsten Tag überraschten die Brenninkmeyers Kunden und Wettbewerbshüter damit, dass sie den Preisnachlass für Kartenzahler auf alle Kunden ausweiteten. Das war am Freitagmorgen. In den C&A-Läden gab es ein großes Gedränge. Die zweite – mehr oder weniger erwartete – einstweilige Verfügung traf nur wenige Stunden später in Düsseldorf ein. Dieses Mal entschloss sich Dominic Brenninkmeyer dazu, den richterlichen Beschluss zu ignorieren: »Augen zu und durch.« Schlimmstenfalls drohe ihnen ein Ordnungsgeld von 250000 Euro, sagten ihm die Juristen. Bis einschließlich Samstag hielten sie die Aktion wie geplant durch.

Binnen weniger Tage wurde Herr Dominic durch seinen zivilen Ungehorsam zur Symbolfigur für freien Wettbewerb. C&A war nicht mehr »Chic & Anmut«, sondern »Clever & Aggressiv« oder »Couragiert & Angriffslustig«. Die selbst erklärten Wettbewerbshüter in ihrer Bad Homburger Villa dagegen mussten sich – in den harmlosen Fällen – als »Bürokraten« und »Erbsenzähler« beschimpfen lassen.

Ende Oktober 2002 verurteilte das Oberlandesgericht Düsseldorf C&A tatsächlich zu einem Ordnungsgeld in Höhe von 400000 Euro, weil das Unternehmen einen schwerwiegenden vorsätzlichen Verstoß gegen eine einstweilige Verfügung begangen habe. Der Bundesgerichtshof bestätigte das Urteil ein Jahr später. In erster Instanz hatten die Richter sogar eine Million Euro als Strafe festgesetzt. Das erschien den höheren Instanzen allerdings als deutlich zu hoch. Die 400000-Euro-Strafe brachte den Textilgiganten nicht aus der Ruhe. Verglichen mit dem Erfolg der Rabattaktion – der Wirkung nach außen wie nach innen – war die Höhe des Ordnungsgeldes geradezu lächerlich. Das Management war stolz darauf, was sie bewirkt hatten. »Die Rabattaktion war das Beste, was C&A in den letzten Jahren gemacht hat – für sein Image und für die Motivation der Mitarbeiter«, bestätigt ein ehemaliger C&A-Manager.

Ende November legten sie gleich nach. Und wieder, das musste die Konkurrenz anerkennen, war die Idee »Auf Mark und Pfennig« extrem clever. Den ganzen Dezember lang konnten die Kunden bei C&A noch einmal mit der D-Mark bezahlen. Die Idee stammte von der Geschäftsleitung der C&A-Filiale in Siegburg. Dort hatte das Kaufhaus im Rahmen einer städtischen Aktion einen Samstag lang das alte Geld wieder akzeptiert. Am Montagmorgen rief der Geschäftsführer aufgeregt in Düsseldorf an, um von dem unerwarteten Erfolg des Wochenendes zu berichten.

Was in Siegburg klappt, funktioniert auch anderswo, schlossen die C&A-Herren in der Zentrale messerscharf: Überall steckten noch D-Mark-Münzen und -Scheine. Also weitete C&A die Aktion auf die gesamte Republik aus. Sicherheitshalber fragte Herr Dominic noch bei den Hausjuristen nach. Die hatten keine Bedenken: »Wenn C&A beschließt, in seinen Geschäften Muscheln als Zahlungsmittel zu akzeptieren, kann kein Richter etwas dagegen tun. Also ist die D-Mark auch o.k«, lautete ihre Auskunft.

Als C&A die zeitlich befristete Rückkehr der D-Mark verkündete, suchten die Verbraucher tatsächlich die Münzen zusammen, die im Laufe der Monate in alten Hosen oder Taschen aufgetaucht waren und die sie nur noch bei der Bundesbank oder einer ihrer Zweigstellen in Euro umtauschen konnten. Aber wer marschiert schon wegen ein paar Euro zur Zentral- oder Landesbank? Das alte Geld war in Gedanken schon abgeschrieben. Nun freuten sich die Kunden, doch noch etwas dafür kaufen zu können. So »schenkten« sie ihr Restgeld den Brenninkmeyers. Sie kamen mit Asbach-Uralt-Flaschen, die bis obenhin mit Pfennigen oder Gedenkmünzen gefüllt waren. Manche Kunden hatten das Kleingeld in Plastiktüten abgezählt à fünf Mark, zehn Mark oder 20 Mark. Andere lieferten ihr Brautschuhgeld ab (und waren erstaunt, dass sich in einem Koffer Pfennige und Groschen im Wert von immerhin 500 Mark befanden). »In unseren Filialen ging es in der Zeit zu wie in einer Wechselstube«, erzählt ein Mitarbeiter. C&A brachte das Geld hinterher zur Bank und tauschte es in frische Euros um. 20 bis 30 Prozent der Einkäufe bezahlten die Kunden in den Wochen vor Weihnachten mit dem alten Bargeld. Insgesamt wechselten die Deutschen 20 Millionen Mark bei C&A.

Außer der Konkurrenz waren damit alle glücklich. Während der Weihnachtsverkauf in der Textilbranche allgemein sehr schleppend lief, konnte C&A sogar zulegen. Zum zweiten Mal innerhalb weniger Monate hatte die Modekette sich etwas einfallen lassen, was die Kunden als außergewöhnlichen Service würdigten. Etwas, das die Leute in die C&A-Läden trieb. Etwas, worüber überall geredet wurde.

Die Stammkundschaft von C&A, die sie in den 90er Jahren aus den Augen verloren hatte, fühlte sich nun wieder angezogen: junge Familien, die mit einem Gehalt haushalten mussten, und ältere Leute, die auch wenig Geld im Portemonnaie hatten. Aber auch neue Zielgruppen wurden erschlossen. So sprachen sich die Rabatt- und D-Mark-Aktion im Frankfurter Bankenviertel derart schnell herum, dass hochbezahlte Investmentbanker dabei beobachtet wurden, wie sie sich bei C&A mit Anzügen eindeckten. »Früher wäre ich nie auf die Idee gekommen, dabei sind die Sachen zum Teil völlig o.k.«, sagte ein Banker und Neukunde.

C&A war plötzlich wieder obenauf. Die Umsätze stiegen, das Image besserte sich, der Konzern machte wieder Gewinn. Die harten personellen und strategischen Einschnitte zeigten innerhalb von nur zwei Jahren Wirkung. C&A konnte seinen festen Platz unter den größten Modeketten der Welt behaupten. Auf Platz eins dieser Tabelle liegt noch immer mit weitem Abstand der amerikanische Konzern Gap mit etwa 15 Milliarden Euro Umsatz in 2003. Dahinter rangiert H&M mit etwa 6,25 Milliarden Euro Umsatz. Und auf Platz drei folgt bereits C&A Europa mit 5,2 Milliarden Euro. Dahinter liegen Zara (mit knapp vier Milliarden Euro Umsatz), Esprit und Benetton.

Die Dynastie hat mit Lucas Brenninkmeyer an der Spitze den Turnaround geschafft. Sie hat der Modewelt gezeigt, dass ein uraltes Familienunternehmen sehr wohl zukunftsfähig ist. Es fehlte nicht an Propheten, die den Untergang von C&A vorausgesagt hatten. »Die freuen sich zu früh«, lautete dann stets die Antwort der jungen Brenninkmeyers. »Ein Familienunternehmen läuft leicht Gefahr, schwierige Entscheidungen zu langsam, zu zögerlich zu treffen«, das räumt Lucas Brenninkmeyer ein. Es finden sich ja auch genügend Beispiele, in denen es die Familien nicht geschafft haben, ihr Unternehmen über mehrere Generationen zu erhalten und in Krisenzeiten rechtzeitig das Ruder herumzureißen. So klangvolle Namen wie Grundig sind auf diese Weise einfach verschwunden.

Der Clan der Brenninkmeyers aber war konsequent bei der Gesundungskur. Das hat sich ausgezahlt: Lucas und Dominic Brenninkmeyer wurden nach zwei Jahren in führender Position als »Turnarounder« bejubelt. Für die gelungene Sanierung verlieh ihnen im Mai 2004 die Fachzeitschrift *Textilwirtschaft* in Heidelberg den Forum-Preis. Dominic Brenninkmeyer nahm die Ehrung auf dem Modetreff entgegen. Der Spross des bis dahin so öffentlichkeitsscheuen Clans gewöhnt sich allmählich an den Rummel solcher Veranstaltungen. Er beherrscht es perfekt, sich zurückhaltend unter die Gäste zu mischen und mit jedem aus Handel und Industrie ein paar freundliche Worte zu wechseln.

Die Laudatio würdigte den Erfolg des Familienunternehmens: »Nach herben Verlusten an Marktanteil, Umsatz und Rendite hat der in Deutschland einstmals unbestrittene Marktführer wieder auf seine alten Stärken gesetzt: Mode und Bekleidung für die ganze Familie zum günstigen Preis in guter Qualität ... C&A zeigt, dass man auch in einem stagnierenden und heftig umkämpften Einzelhandel erfolgreich sein kann.« Solche Worte schmeicheln Dominic Brenninkmeyer – auch wenn er sich bei jeder Gelegenheit in Richtung Brüssel verneigt und betont, dass die Lorbeeren nicht ihm, sondern vor allem dem dort regierenden Cousin Lucas gebühren. Und natürlich den 30000 Mitarbeitern von C&A.

In der Presse häufen sich nun die wohlmeinenden Geschichten über Herrn Dominic. Die gleiche Strategie fährt auch sein jüngerer Cousin (ersten Grades), Bart Brenninkmeyer, in den Niederlanden. Die neue Öffentlichkeitsarbeit zahlt sich offenbar aus. Die Brenninkmeyers werden nicht länger als die »reichen Sünder aus Mettingen«, die »Sekte von Männern ohne Gesicht« oder gar als ein »Geheimbund« dargestellt.

2003 erkoren PriceWaterhouseCoopers und *Financial Times* das Modeunternehmen C&A gar zur »World's most respected company« – vor Konzernen wie Microsoft, IBM, Daimler-Chrysler, Coca-Cola, General Electric (GE) und Body Shop. Die Zeitschrift *Reader's Digest* erklärte C&A 2004 in ihrem jährlichen Ranking zu der Modemarke in Europa, der die Kunden am meisten vertrauen – damit verdrängte C&A die Metzinger Marke Boss erstmals auf Platz zwei. Die Auszeichnungen spiegeln wider, wie sich das Image gebessert hat. Ein höhnendes »Cheap & awful« begegnet den Brenninkmeyers immer seltener.

Für diesen Erfolg haben die Brenninkmeyers eine hohen Preis gezahlt. Selbst Herr Dominic blieb von dem Kurs, den er selbst eingeschlagen hatte, nicht verschont. Nachdem er für seinen harten Sanierungskurs gelobt wurde, verhob er sich bei der Geschäftsausrichtung im Geschäftsjahr 2004/05. Trotz etwa 80 Neueröffnungen ging der Umsatz um 3,3 Prozent auf 2,6 Milliarden Euro zurück. Öffentlich bekannte er sich dazu, sich verrannt zu haben: »Bei der Damenkollektion haben wir danebengegriffen.« Sie sei »zu jung und zu modisch« gewesen. Er kündigte umgehende Korrekturen an.

Doch diese setzt nicht mehr er selbst um. Dazu wurde Bart Brenninkmeyer aus Amsterdam geholt, der ab April 2006 die Geschäfte in Düsseldorf übernimmt. Dominic Brenninkmeyer wechselt in den Private-Equity-Zweig der Familie, über den die Brenninkmeyers die Beteiligungen der Familie – vor allem durch Investments i angelsächsischen Raum – dirigieren. Der ehemalige Deutschland-Chef von C&A wird künftig am Standort Düsseldorf das Beteiligungsgeschäft erweitern.

Für die Familie, für ihren Zusammenhalt, war die Krise eine schwere Belastungsprobe. Sie hat manches Opfer gekostet, das die Familie heute noch schmerzt.

Das Aus für England und Amerika

Dominic Brenninkmeyer ist von Geburt Brite. Er erinnert sich noch genau, wie ihn die Entscheidung, den Standort England aufzugeben, getroffen hat. Er war damals seit drei Monaten Chef von C&A Deutschland. Er kämpfte gegen die Verluste in seinem eigenem Geschäft, gegen die katastrophalen Umsatzzahlen, die ihm sein Computer jeden Morgen präsentierte. Er wusste, dass sich etwas ändern musste – und zwar schnell. Er wusste, wie ernst es um Deutschland, die Niederlande und England bestellt war. Seine ganze Aufmerksamkeit galt natürlich dem Geschäft, für das er verantwortlich war und für das er persönlich mit seinem Vermögen haftete. Zehn Geschäfte in Deutschland, bei denen keine Besserung zu erhoffen war, hatte er gleich zu Amtsantritt geschlossen. Damit glaubte er, zuerst einmal über die Runden zu kommen.

Dann entschied die Familie im Jahr 2000, was alle lange für unmöglich gehalten hatten: »Wir gehen raus aus England.« Wirtschaftlich gesehen sei die Entscheidung völlig richtig gewesen, meint Dominic Brenninkmeyer heute. Aber für ihn wie für den ganzen britischen Zweig der Familie Brenninkmeyer war der Rückzug bitter. Dominic war mit seinen Geschwistern in Windsor aufgewachsen. Sein Vater Gerhard hatte jahrelang C&A in England geleitet. Die Krise hat er freilich nicht mehr erlebt. Die Kette besaß in England mehr als 100 Geschäfte. Die C&A-Familie war dementsprechend groß und mächtig im Vereinigten Königreich. »Aber das Geschäft dort war nicht zu retten«, bedauert Dominic Brenninkmeyer. Da ist er sich mit allen Experten einig. Der komplette Rückzug aus England und aus Dänemark (was weit unbedeutender war) hat das 160 Jahre alte Familienunternehmen vor dem Untergang gerettet. »Es war das Einzige, was sie tun konnten«, sagt der erfahrene Textilunternehmer Klaus Steilmann.

Genauso konsequent war der Ausstieg aus dem Geschäft in Nordamerika. 2004 mussten die Brenninkmeyers es aufgeben. Die Krise hatte sich dort schon einige Jahre zuvor abgezeichnet. Louis Brenninkmeyer trennte sich 1999 auf einen Schlag von der gesamten Uptons-Kette mit mehr als 70 Läden. Nach und nach stieß die Familie andere Teile ihres Konzerns ab. Anfang 2004 verkauften sie die großen Ketten M.O.S.T. und Anchor Blue. Mit den verbliebenen beiden Ketten, Maurices und EMS, machte der Mode-Multi laut Informationsdienst »Hoover's« noch immer einen geschätzten Jahresumsatz von mehr als einer Milliarde Dollar. Im September 2004 verkündete C&A jedoch den kompletten Rückzug aus dem Textilgeschäft in den USA und in Kanada. Dies sei eine »strategische Entscheidung«, sagte das Management. Künftig konzentrieren die Aktivitäten der Brenninkmeyers sich in Nordamerika ausschließlich auf das Private-Equity-Geschäft.

Die Lage in England hatte sich 2000 so zugespitzt, dass selbst mit einer noch so harten Sanierung nichts zu retten war. Im Nachhinein kann Dominic Brenninkmeyer das relativ gelassen sagen. Aber zu dem Zeitpunkt bangte er um die eigene Zukunft, um das Geschäft im Kernmarkt Deutschland. Auf 250 Millionen Pfund hatten sich die Verluste in England aufgetürmt. Jede Woche, in der die C&A-Läden geöffnet waren, legten die Brenninkmeyers eine Million Pfund drauf – über fünf Jahre hinweg. Jede Woche eine Million Pfund Verlust. Das war auch für die wohlhabende Dynastie nicht weiter zu verkraften.

Am 15. Juni 2000, kein halbes Jahr nach Lucas' Antritt als Europachef in Brüssel, zog die Familie die Konsequenz: »Die finanziellen Mittel, die notwendig wären, um in Großbritannien einen Turnaround zu schaffen, übersteigen die Möglichkeiten des Unternehmens«, erklärten die Brenninkmeyers in einer Pressemitteilung, die den Ausstieg aus dem englischen Markt besiegelte. 109 Geschäfte hatte die Kette im Jahr 2000 in den High-Streets der britischen Großstädte. Alle Geschäfte ließen am 15. Juni 2000 morgens ihre Türen geschlossen, während die Filialleiter den Mitarbeitern die Schreckensnachricht verkündeten. Knapp 5000 Menschen erfuhren so von ihrer bevorstehenden Entlassung. Selbst hochrangige Manager hatten nichts von dem Aus geahnt. Nichts war durchgesickert. Dass es C&A schon lange nicht mehr gut ging, war bekannt. Aber noch am Tag zuvor hatte es geheißen, die Geschäftsführung werde ein Restrukturierungsprogramm vorlegen. In der Presse war über die Schließung von 40 Geschäften spekuliert worden, niemand rechnete mit einem endgültigen Schlussstrich. »Still und ohne Vorwarnung, wie immer« habe die Familie die Entscheidung gefällt, schrieb der *Telegraph*.

75 Jahre, nachdem C&A seinen ersten Laden in der Oxford Street in London eröffnete, verließ das Unternehmen England – um sich, wie Lucas Brenninkmeyer es formulierte, auf das Geschäft auf dem europäischen Festland zu konzentrieren. Dort werde es nicht zu einem solchen Fiasko kommen, stellte der Europachef klar, als prompt Spekulationen über ein ähnliches Schicksal in anderen Ländern aufkamen. »Anders als in den übrigen europäischen Ländern ging es in England über die Jahre immer nur mit Hängen und Würgen.«

C&A habe »den Kontakt zu den britischen Kunden verloren«, erklärte das Management. Das Angebot entsprach nicht mehr dem Geschmack der Käufer. Die Ketten Marks & Spencer (M&S) und Next hatten C&A in den 90er Jahren den Rang abgelaufen. Zu lange hatte das Management das sich wandelnde Umfeld und die neuen Konkurrenten ignoriert, und als es schließlich reagierte, tat es das Falsche: Es schickte den Briten die europäische Einheitsmode auf die Insel, stellte in den Schaufenstern aus, was sich bei Spaniern und Franzosen gut verkaufte. Die Idee des zentralen Einkaufs und einer europaweit einheitlichen Kommunikation hat nirgendwo gefruchtet, für England aber war es der Todesstoß. Das Management gestand am Schluss ein: »The policy of buying clothes to fit all its stores across Europe had left product lines failing to match UK tastes.« Die traditionell EU-kritischen Briten wollen keine europäische Einheitsmode.

109 große Geschäftshäuser in den Toplagen der britischen Innenstädte standen somit auf einen Schlag leer. Die Immobilien gehörten alle den Brenninkmeyers. Rasch entschied der Clan, nichts davon zu verkaufen, sondern über ihren im Immobiliengeschäft tätigen Tochterkonzern Redevco an die er-

folgreicheren Konkurrenten zu vermieten – an H&M, Zara und M&S. Jeder Mietvertrag war Qual und Erlösung zugleich. Erlösung, weil endlich Geld in die Kassen floss. Qual, weil die Familie dort zuvor ihre Mode über Jahrzehnte selbst ausgestellt hatte. Zumindest haben die Brenninkmeyers bei der Suche nach Nachmietern aus eigenen Fehlern gelernt. Sie achteten genau darauf, dass keine der Textilketten zu viele Geschäfte übernahm. Nicht, dass es ihnen ergehen könnte wie C&A und dann wieder 109 Häuser auf ein Mal leer stehen.

Für die britische Öffentlichkeit kam der Rückzug von C&A überraschend. Es wäre aber falsch, anzunehmen, die Aktion sei überstürzt gewesen. Ganz im Gegenteil. Nachdem die Entscheidung in der Führungsspitze gefallen und von der Familie wehmütig akzeptiert worden war, hatten die Brenninkmeyers den Rückzug mit Hilfe von Krisenberatern wie McKinsey über längere Zeit detailliert vorbereitet. Erfolgreiches Krisenmanagement zeigt sich darin, dass keine Hiobsbotschaft zu früh nach außen durchsickert. Für die Belegschaft hat dies freilich den Nachteil, dass mit der Verkündung die Würfel gefallen sind und es keinen Verhandlungsspielraum mehr gibt.

Die Brenninkmeyers hatten einen Sozialplan aufgestellt, mit dem sie den Personalabbau abfederten und der für den Konzern verträglich war. Sie zahlten ihren Angestellten höhere Abfindungen als vertraglich notwendig und sie verhandelten tatsächlich wie angekündigt mit den Nachmietern über die Übernahme der C&A-Verkäufer. Zum Abschied schalteten die Brenninkmeyers ganzseitige Zeitungsanzeigen für ihre Ex-Angestellten: »We always knew you were fantastic and you have surpassed yourselves ...« Den Räumungsverkauf priesen die Brenninkmeyers mit »Good buy« an – ein letzter guter Kauf zum Abschied. Zu spät zeigten die Textilerben eine Kreativität, die sie über Jahre hatten vermissen lassen. Zurück blieben Generationen von Briten, die sich mit gemischten Gefühlen an ihre unliebsamen C&A-Schulblusen und -hemden erinnern.

Trotz der sozialen Extras und der Good-Bye-Sentimentalität ist der Ausstieg der Familie aus dem England-Geschäft auf der Insel scharf kritisiert worden – in der Presse, von Gewerkschaften und Angestellten. Pflichtgemäß kritisierten die britischen Unions, dass das Familienvermögen der C&A-Dynastie geschont werde, während die Mitarbeiter das Nachsehen hätten. Die Medien beschworen eine schlimme Textilkrise für England und gravierende

Leerstände in den Innenstädten. Die Presse auf dem Festland warf einen kritischen, analysierenden Blick auf die nicht gerade rosigen C&A-Zahlen auf anderen Märkten.

Lucas Brenninkmeyer sah sich genötigt, mehr zu tun als nur Pressemitteilungen zu verfassen und Werbung zu schalten. Er musste in die Offensive gehen. Sonst würden wieder Artikel über den strauchelnden Textilriesen und über die dahinter stehende geheimnisvolle katholische Sippe mit den eigenartigen Geschäftspraktiken erscheinen. Das wollten die jungen Erneuerer auf jeden Fall vermeiden. Das Image von C&A sollte nicht wieder ins Negative kippen. Also entschied Lucas Brenninkmeyer, sich zum ersten Mal öffentlich zu äußern. Damit, so hoffte er, könnte er die Wahrnehmung steuern. Er wollte erklären, warum C&A sich aus England zurückziehen musste.

Die ersten Gesichter

Lucas Brenninkmeyer brach mit einer jahrzehntealten Familientradition – der des Schweigens. »Offenheit ist ein Zeichen der Schwäche« hatte Hollandchef Wolfgang Brenninkmeyer 30 Jahre zuvor in Anwesenheit eines niederländischen Journalisten gesagt. Damit hatte er die Firmenpolitik auf den Punkt gebracht. Und nun bekannte der neue Europachef Lucas Brenninkmeyer in seinem ersten Interview: »Offenheit nach innen und nach außen ist ein Zeichen der Stärke.« Das sagte er am 23. Juni 2000 gegenüber der FAZ, eine Woche nach der Ankündigung, sich aus dem Geschäft auf den britischen Inseln zurückzuziehen. Und er hat die Formulierung ganz bewusst als Abgrenzung von seinen Vorfahren gewählt. Es war eine neue Zeit bei den Brenninkmeyers angebrochen. Glasnost bei C&A.

Die neue Zeit hatte sich im Jahr 1998 bereits angedeutet. Damals gab Herman Brenninkmeyer, der Vorgänger von Lucas, das erste Interview seit Bestehen der Familie. Er nahm Kontakt mit dem Magazin *Der Spiegel* auf: »Lassen Sie uns reden.« Für Herman Brenninkmeyer war das nicht leicht. Zu dem Zeitpunkt, Ende November 1998, hatte C&A gerade die ersten Entlassungen hinter sich. Das Unternehmen kämpfte mit schlechten Zahlen, einer schlechten Presse und einem schlechten Ruf. Zudem war Herman Brenninkmeyer den Umgang mit der Öffentlichkeit nicht gewohnt. Niemals hatte einer seiner Vorfahren vor aller Welt eingestehen müssen: »Wir stehen überall unter Druck.« Keiner seiner Vorgänger hatte sich zwischen C&A-Kleiderständern für ein Foto postieren müssen. Im dunklen C&A-Anzug steht Herr Herman da. Er fühlt sich sichtlich unwohl. Die Hände verbirgt er in den Hosentaschen. Das Gesicht ist ernst. In der gleichen Pose lässt sich drei Jahre später sein Nachfolger, Cousin Lucas, ablichten. Er wirkt entspannt dabei. Souverän.

Nun hatte die Welt die Gewissheit: Es gibt sie tatsächlich, die Brenninkmeyers. Es ist keine Sekte von Männern ohne Gesicht. Die Herren von C&A sehen sogar gut aus. Sind schlank. Sportlich. Mit feinen Zügen. Jeder Anzug sitzt perfekt. Warum haben sie sich jahrzehntelang versteckt? Und warum brechen sie ausgerechnet jetzt ihr Schweigen? Herman Brenninkmeyer hatte seine Probleme, darauf eine schlüssige Antwort zu finden. Hölzern sagte er: »Wir haben in uns hineingehorcht und am Ende dieses Prozesses steht eine Änderung unserer bisherigen Firmenpolitik. Die Familie Brenninkmeyer hat erkannt, dass die Menschen in Europa heutzutage nicht nur an Waren und Preisen interessiert sind. Die Kunden wollen auch wissen, was hinter einem Unternehmen steckt, was für Leute dort arbeiten, mit welchen Zielen und welchen Grundsätzen.«

Das ist ein Bruch mit den Vorfahren. Es klingt auch durch, dass ihm der Wandel keine Herzensangelegenheit ist, dass es ihm anders lieber wäre. So wie früher, als sich die Brenninkmeyers ungestraft zurückziehen konnten. Muss das wirklich sein?, haben dann auch viele aus dem Clan gefragt. Haben wir das nötig? Stimmt es überhaupt, dass die Kunden wissen wollen, bei wem sie einkaufen? Herman Brenninkmeyer glaubte: Ja, es muss sein. Ja, wir haben es nötig. Und ja, die Kunden wollen es, sonst wäre unser Image besser. Der gleichen Meinung waren auch Erik, Lucas, Bart und Dominic Brenninkmeyer.

Also hat die Familie sich dem Druck gebeugt, anders als etwa die Gebrüder Albrecht (Aldi), von denen es bisher kein einziges Interview gibt und die nie in der Öffentlichkeit auftreten. Auch die BMW-Großaktionäre, die Familie

Quandt, lebt in äußerster Verschwiegenheit. Dafür reden ihre Manager. BMW-Chef Panke hat als Vorstandsvorsitzender eines börsennotierten Unternehmen auch keine andere Wahl. Die Brenninkmeyers aber regieren ihre Unternehmen selbst. Es gibt keine angestellten Top-Manager, die sie vorschicken könnten. Nun mussten die Herren von C&A sich irgendwann eingestehen: Führungsstil und Kommunikationspolitik der Vorgänger waren überholt und Kunden wie Mitarbeitern schlicht nicht mehr vermittelbar. So klar haben das die Jungen natürlich nicht formuliert. Aber was sonst meint Dominic Brenninkmeyer, wenn er von den »Marotten« bei C&A spricht? »Wir hatten unsere Marotten, haben uns in den 80er Jahren zu sehr auf uns selbst konzentriert. Daraus haben wir gelernt.« Zu den »Marotten« gehörten die »Bullenkloster«, in denen die Auszubildenden sechs Jahre lang gut behütet lebten. Dazu gehörte auch das trotzige Schweigen der Brenninkmeyers, wenn die Öffentlichkeit gerne etwas mehr gewusst hätte – über den Katholizismus im Familienunternehmen, über Frauen bei C&A, über Unternehmenszahlen.

»Marotten« sind der Stoff, der Familienunternehmen in Schwierigkeiten bringen kann, wenn die Clan-Chefs immer wunderlicher und weltfremder werden. Bei anderen Unternehmensformen gibt es ein Korrektiv, wenn der Vorstand abhebt oder Misswirtschaft betreibt: die Aktionäre.

Den Gang an die Börse schließen die C&A-Erben jedoch kategorisch aus. Ebenso die Aufnahme familienfremder Eigner. Sie wollen ein lupenreines Familienunternehmen bleiben: zu 100 Prozent in Familienbesitz, geleitet von Familienmitgliedern. Entweder ganz oder gar nicht. »Wir brauchen keine Aktionäre«, sagt Dominic Brenninkmeyer. Die familienfremden Vorstandsmitglieder, die zusammen mit den Brenninkmeyers in der Weltholding in Zug und im Brüsseler Board of Directors sitzen, reichen als Korrektiv.

Die fünfte Generation ist weniger patriarchalisch und traditionsbewusst als noch die vierte. Wenn man die Vierzig-, Fünfzigjährigen fragt, was sie an ihren Vorfahren Clemens und August bewundern, gucken sie verdutzt und müssen erst einmal nachdenken. »Sie haben Erstaunliches geleistet, als sie damals in Sneek den ersten Laden eröffnet haben. Das bewundere ich natürlich«, sagt Dominic Brenninkmeyer. »Aber ansonsten weiß ich nicht viel über sie, muss ich zugeben. Besser informiert wäre da wohl die Generation vor mir.« Und Lucas Brenninkmeyer macht sich fast ein bisschen lustig über die

Regelstrenge seiner Vorfahren: Früher sei es Vorschrift gewesen, dass Führungskräfte bei C&A keine Bärte tragen. Bei genauem Betrachten der Bilder von den Gründern Clemens und August, verriet Herr Lucas in einem Stern-Interview, sehe man, dass deren Bärte im Nachhinein wegretuschiert wurden. »Die beiden sollten schließlich auch in dem Punkt Vorbild sein.«

Die C&A-Chefs von heute müssen umdenken. Sie wissen, dass die kommende Generation, die sechste, noch weniger mit den alten Mustern zusammenzuhalten sein wird. Die Jungen distanzieren sich mehr und mehr von einigen Clan-Eigenheiten. »Wir sind katholisch, das stimmt«, sagte einer aus

C&A-Gründer in Warhol-Manier: Nach anderthalb Jahrhunderten hatten die beiden Brüder Clemens und August Brenninkmeyer »ein bisschen Pep« nötig, befanden die Nachfahren.

der fünften Generation, Stephen Brenninkmeyer, der in London lebende Fondsmanager und Hobbyschlagzeuger in einem Interview. »Wir spenden hier und da für die katholische Kirche und ihre Einrichtungen, das stimmt auch. Aber wir sind keine Fundamentalisten.« Der sonntägliche Kirchgang sei keine Pflicht. Und dass er mit seiner Frau zusammen sieben Kinder hat, sei auch nicht der katholischen Morallehre geschuldet, sondern habe nur einen einzigen Grund: »Wir finden Kinder fantastisch.«

Wenn die sechste Generation nach Mettingen kommt, gehen sie am Sonntagmorgen lieber Joggen, Reiten und Radeln als in die Messe. Sie machen Musik, spielen Schach oder Fußball. Aber – und das ist das Erstaunliche an dem Clan – sie kommen jedes Jahr. Sie treffen sich mit ihren Cousins, ihren Onkels und Großtanten aus aller Welt und reden, feiern und diskutieren. Von diesem Zusammenhalt lebt das Unternehmen.

Der Medienheld: Dominic Brenninkmeyer meisterte in Deutschland den Turnaround. Er zeigt sich – gemessen am Rest des verschwiegenen Clans – häufig in der Öffentlichkeit. Nur sein Cousin Philipp Brenninkmeyer übertrifft ihn, aber der ist Schauspieler.

Foto: © dpa

Das US-Magazin *Business Week* hat sich schon 1970 gefragt, was die Familie tun wird, wenn sie eines Tages in der Neuzeit ankommt: »Die Familie wächst und wächst. Früher oder später werden dabei zwangsweise mehr und mehr Familienmitglieder für eine Öffnung der Familie plädieren. Und was dann?« Dieser Frage geht die fünfte Generation gerade nach. Es ist nicht leicht, alle Mitglieder der Dynastie auf den Reformkurs einzuschwören. Viele sehen etwa nicht ein, warum sie in der Öffentlichkeit Fragen beantworten sollen, die niemanden etwas angehen. Was für Beteiligungen die Brenninkmeyers haben, sei doch Privatsache, sagen sie.

Für die neuen Chefs ist das ein Balanceakt. Deshalb sprechen die Cousins in der Führungsspitze genau ab, was sie nach außen tragen, und was nicht. Die Statements sind dann häufig identisch. »C&A war und ist ein gutes Investment für die Familie«, heißt es unisono. Oder: »Zu den Besitzverhältnissen sage ich nichts. Das ist Privatsache.« Immer wieder haben sie öffentlich betont: »Offenheit ist gut für das Geschäft« oder leicht abgewandelt: »Offenheit ist ein Zeichen der Stärke.« Oder: »Offenheit nach außen erzeugt Offen-

Foto: © Textilwirtschaft

Der Macher: Europachef Lucas Brenninkmeyer räumte Anfang 2000 im Familien-Konzern auf – personell und strukturell. Inzwischen schreibt C&A wieder schwarze Zahlen.

heit nach innen.« Fragt man weiter, endet die Offenheit sehr schnell. Besonders bei Fragen zur Familie werden die Herren Brenninkmeyer einsilbig. Bei Dominic Brenninkmeyer verschwindet dann das Lächeln. Er fährt sich genervt durch das nach hinten gegelte Haar.

Ähnlich reagiert sein Nachfolger in Düsseldorf, Bart Brenninkmeyer. Der 37-Jährige, Vater von vier Kindern, war schon immer einer der Schnellsten in der Familie. In Deutschland geboren, in den Niederlanden aufgewachsen, hat er wie alles seine Cousins seine Ausbildung direkt nach der Schule im Familienunternehmen begonnen. Anschließend hat er an der Kensington University in England Wirtschaftswissenschaften studiert und ist über mehrere Stationen bei C&A in Brüssel, England, Frankreich und Düsseldorf aufgestiegen.

Im Jahr 2002 hat die Familie ihn als Sanierer auf den Chefposten in den Niederlanden gesetzt. 33 Jahre alt war er da. Nie zuvor hatte es ein Familienmitglied geschafft, so flink zum Landeschef aufzusteigen. In nur zwei Jahren gelang ihm dort der Turnaround. Nach schweren Jahren mit Verlusten und mehreren Schließungen konnte er im August 2004 die Eröffnung der 100. Filiale in Amsterdam feiern und dabei verkünden, dass die Umsätze wieder steigen. Über deren Höhe schweigt er (was ihm in Holland erlaubt ist, da C&A dort anders als in Deutschland keiner Veröffentlichungspflicht unterliegt), ebenso über den Gewinn. Aber während sich vor ihm noch nie ein Hollandchef von C&A der Öffentlichkeit präsentiert hatte, zeigt Bart Brenninkmeyer da keine Scheu. Er bezeichnet sich selbst als Verfechter »einer neuen Offenheit der Familie«. Er erscheint persönlich zu Filialeröffnungen und zur

Der Neue: Ab April 2006 übernimmt der ehemalige C&A-Chef in den Niederlanden, Bart Brenninkmeyer, in Deutschland das Ruder.

Foto: © C&A, Nederland

Präsentation einer neuen C&A-Kollektion im Amsterdamer Olympiastadion, zeigt sich charmant und eloquent, auch wenn er zugleich betont: »Die Offenheit geht nur bis zu einem gewissen Grad.« Über die Brenninkmeyers, die als die reichste Familie in den Niederlanden gelten, sagte er kein Wort.

Auf diese Regel hat sich die fünfte Generation bei ihrem Glasnost-Kurs verständigt. Nur wo hört bei den Brenninkmeyers das Unternehmen auf und wo fängt die Familie an? Mettingen zum Beispiel, zum Mythos erklärter Ursprungsort der Dynastie, ist eindeutig Familie. Und bleibt somit geheim. Die Höhe des Clan-Vermögens selbstverständlich auch, ebenso die Eigentumsverhältnisse an den einzelnen Gesellschaften. »Die Öffnung bei einem so alten Familienunternehmen geht langsam vor sich«, sagen die Statthalter bei der Schweizer Holding. Seit Neuestem hat die sogar eine eigene Homepage. »So was hat es bei uns nie gegeben. Das ist eine kleine Sensation.« Überflüssig zu sagen, dass der Internetauftritt manch eines Malermeisters aussagekräftiger ist. Aber immerhin. Bis Ende der 90er Jahre gaben die Herren von C&A ja nicht einmal zu, dass ihnen mehr gehört als ihre Kaufhäuser.

VIII. Das Imperium

Eine Holding in der Schweiz

Die Herren von C&A haben berühmte Nachbarn in Zug. Deutsche Steuersparer wie Boris Becker und Günther Netzer genießen das Leben in dem idyllischen Schweizer Städtchen. Der Metro-Gründer und Milliardär Otto Beisheim hat wie so viele Prominente in der überschaubaren, international gewürfelten Gemeinde eine Heimat gefunden. Die Berge, der See, der exklusive Golfclub »Ennetsee«, die gepflegten Tennisplätze, der Jachthafen: alles ruhig, gediegen und unaufgeregt.

23000 Einwohner beherbergt der Ort am See. Und fast ebenso viele Unternehmen. 21000 Firmen aus aller Welt sind hier vertreten, zumindest mit einem Briefkasten. Siemens hat hier Büros, BASF, BP, Lego, Unilever. Acht der zehn größten Pharmakonzerne der Welt unterhalten Gesellschaften in Zug. Der Spitzenverdiener unter Europas Managern, Novartis-Chef Daniel Vasella, lässt sich jeden Tag von Zug in sein Büro nach Basel fahren.

Mitten im Zentrum, zwischen dem Bahnhof und Kantonaler Verwaltung, stehen im Grafenauweg neue, weiße Bürokomplexe. Hier haben die Brenninkmeyers sich im Jahr 2001 mit ihrer Familienholding Cofra niedergelassen; zwischen Anwälten, dem Institut für Finanzdienstleistungen, dem Pharmakonzern Wyeth-AHP, Astra Zeneca und der Schweizer Vereinigung für Unternehmungsfinanzierung.

Nach 160 Jahren schufen die Herren von C&A erstmals eine übergeordnete zentrale Instanz für all ihre geschäftlichen Aktivitäten. Als Geschäftszweck der Cofra ist im Handelsregister angegeben: »Erwerb, dauernde Verwaltung und Veräußerung von Beteiligungen an in- und ausländischen Unternehmen aller Art«. Zudem könne die Gesellschaft »Grundeigentum erwerben sowie Tochtergesellschaften errichten«, verzeichnet das Handelsregisteramt des Kantons Zug (Registriernummer CH-170.3.025.087-7). Laut Handelsregister verfügt die Holding über ein Aktienkapital von 350000000 Schweizer Franken. Mit Sacheinlagen sind Gesellschaften mit exotischen Herkunftsorten beteiligt: unter anderem die »Somerenburg N.V.« und die »Narovey N.V.« in Willemstad, Curaçao auf den Niederländischen Antillen sowie die Cofra Investments SA in Luxemburg.

Die Holding gliedert ihre Aktivitäten in vier Geschäftsbereiche: Textil (die C&A-Ketten in Europa und Lateinamerika), Immobilien, Private-Equity-Fonds sowie Finanzdienstleistungen. Kreditkarten, Darlehen, Versicherungen – all das findet sich im Angebot der Herren von C&A. Den Brenninkmeyers gehören Finanzdienstleister in Brasilien (Banco IBI) und Spanien (Ibing). Die Banco IBI in Rio hat sich in nur fünf Jahren zu einem der größten Kreditkarteninstitute Brasiliens entwickelt. Sie bietet ihren Service der C&A-Klientel an, sprich einer großen Bevölkerungsschicht, die ansonsten von keiner Bank im Land eine Kreditkarte ausgehändigt bekäme. »Von denen besitzt auch niemand eine Frequent-Flyer-Karte«, heißt es im Konzern. »Und trotzdem ist ihr Potenzial unterschätzt worden.« Die Brenninkmeyers fahren gut mit der vernachlässigten Klientel. Das Geschäft sei zwar noch neu, aber stark wachsend, heißt es in Zug. Die Banco IBI wirbt in den C&A-Filialen, hat inzwischen aber auch erste Büros, in denen Kunden sich Kreditkarten ausstellen oder über andere Finanzdienstleistungen informieren lassen können. »Innerhalb von nur 20 Minuten haben Sie Ihre neue Kreditkarte im Portemonnaie.«

Geführt wird die Dachgesellschaft Cofra von Erik Brenninkmeijer (als Präsident) und dem CEO Stan Brenninkmeijer. Herr Erik ist Ende 40 und in Deutschland aufgewachsen. Er hat in Zürich Jura studiert und dann die klassische C&A-Ausbildung durchlaufen. Es folgten mehrere Auslandsstationen: zunächst Spanien, dann als Einkaufschef in Brasilien und als Länderchef in Mexiko. Von dort aus kam er nach Zug zur Cofra. Herr Erik gilt als ruhig, besonnen und bestimmt. Er ist der starke Mann im Hintergrund, über den man nicht viel weiß, weil er sich in allem, was seine Person angeht, extrem zurücknimmt. Er taucht nie in der Öffentlichkeit auf, kann gut zuhören und nimmt auch Ratschläge anderer an. Er ist der Chefstratege der Brenninkmeyers, er richtet den Konzern für die nächsten 10, 20 Jahre aus. Außerdem sitzen Hans und Wolter Brenninkmeijer sowie drei familienfremde Manager im Vorstand. Die gesamte Ausrichtung der Geschäftsaktivitäten wird von hier aus gesteuert, von einem kleinen Team mit etwa 30 Leuten. Dass die Holding in Zug angesiedelt wurde, ist natürlich kein Zufall und liegt auch nicht an den landschaftlichen Reizen der Gegend. Der Kanton Zug profiliert sich vielmehr mit besonders attraktiven Steuersätzen, außerdem ist er dafür bekannt, unbürokratisch und schnell zu sein, wenn es beispielsweise um Arbeitsbewilligungen, Baugenehmigungen oder Handelsregisteränderungen geht. Steuerbehörden, Treuhändler, Immobilienmakler setzen sich zusammen – sie kennen sich alle untereinander – und schon ist wieder eine Firmen-Ansiedelung geregelt.

Das Herz

Die Familie Brenninkmeyer ist der drittgrößte Textilhändler der Welt, hinter dem amerikanischen Konzern Gap und den Schweden H&M. Ihr größter Kaufhauskonzern ist C&A Europa, wo die Familie mit 800 Filialen in zwölf Ländern etwa 5,2 Milliarden Euro pro Jahr umsetzt. Daneben besitzt sie C&A-Häuser in Lateinamerika. Sie sind rechtlich und organisatorisch unabhängig von Europa, führen ein anderes Sortiment und verzeichnen ein starkes Wachstum. Zahlen nennt die Familie nicht. Im August 1976 eröffneten die Herren von C&A ihren ersten Laden in São Paulo. Inzwischen haben sie mehr als 100 Läden in Brasilien, wo neben Mode auch Uhren, Brillen, Kosmetik und Schmuck verkauft werden. Brasilien war der erste Streich in Lateinamerika, von dort aus ging es Schlag für Schlag weiter: Elf C&A-Läden gibt es inzwischen in Argentinien und 21 in Mexiko. In Nordamerika dagegen zogen sich die Brenninkmeyers 2004 aus dem Modegeschäft zurück, dort treten sie nur noch als Kapitalgeber auf.

Kernstück der C&A-Ketten bleibt aber Europa. Hier liegen die Wurzeln der Dynastie. Daran hängt ihr Herz. Aufsicht über die einzelnen EU-Gesellschaften führt Herr Lucas (gemeinsam mit Herrn Dominic und zwei externen Managern im Vorstand) in der Europazentrale in Brüssel. Das C&A-Gebäude dort ist zwar neuer, aber nicht weniger schlicht als das in der Weesperstraat in Amsterdam, wo zuvor die Fäden zusammenliefen. Die Flure sind kahl, die Zimmer bescheiden, und das Büro des Vorstandsvorsitzenden ist eins der kleinsten. Die Bilder der Gründer hängen bei Lucas Brenninkmeyer an der Wand. Sonst nichts.

Nicht weniger bescheiden residiert bis April 2006 Cousin Dominic in Düsseldorf als Deutschlandchef – und damit Herr über den wichtigsten Markt für C&A, der 60 Prozent des Umsatzes in Europa abwirft. In sein Büro gelangt der Vorstandsvorsitzende Dominic Brenninkmeyer entweder durch das C&A-Geschäft oder über den ehemaligen Lieferanteneingang. Er wuchtet die schwere Feuerschutztür auf, steht in einem zwei Quadratmeter engen, schäbigen Flur und wartet auf den Lastenaufzug, der ihn nach oben in die Flure bringt, die früher als Lagerräume genutzt wurden. Die Abteilungen Marketing und Kommunikation sitzen hier, Herrn Dominics Zimmer ist mittendrin. Nur das Schild mit der Aufschrift »Herr Dominic« weist auf den Vorstandsvorsitzenden hin. Jeder Mitarbeiter, der klopft, kann eintreten. Auch unter seinem Nachfolger Bart Brenninkmeyer wird sich das nicht ändern. In den Niederlanden stand die Tür des Landeschefs stets offen. So will er das auch in Düsseldorf halten. »C&A ist da ganz anders als andere Konzerne«, sagen die Nachwuchsführungskräfte. Die Brenninkmeyers legen Wert auf freundliche Umgangsformen, zeigen sich auch Untergebenen gegenüber respektvoll. Im Betrieb duzt man sich. »Wir sind nicht so altbacken und verknöchert, wie viele denken«, sagt Herr Lucas.

Der Immobilienbesitz

Der Verdacht hält sich hartnäckig in der Modeszene: »Die Brenninkmeyers verdienen ihr Geld schon lange nicht mehr mit C&A, die leben von ihren Immobilien.« Und niemand aus dem Clan widerspricht ernsthaft. »Immobilien und Textilien machen mehr als die Hälfte des Geschäftes des Gesamtkonzerns aus«, sagt Deutschlandchef Herr Dominic ausweichend. Präziser will er nicht werden. Er sagt nicht, welches dieser beiden »wichtigen Standbeine« denn nun das gewichtigere ist. Den Wert ihrer Häuser und Grundstücke gibt die Familie mit sechs Milliarden Dollar an. Ihr gehören Geschäftshäuser in der Fußgängerzone quasi jeder europäischen Großstadt von den Champs-Elysées bis zur Oxford Street. Dazu kommen Villen, Anwesen, ganze Häuserblocks und Logistik-Areale.

Den immensen Besitz verwaltet eine Gesellschaft namens Redevco, Tochter der Holding Cofra. Der Chef über das europäische Immobilienreich in Amsterdam heißt John – und mit Nachnamen Brenninkmeijer. Mehr als 1000 Gebäude mit insgesamt fünf Millionen Quadratmetern Fläche hat die Redevco als Eigentümerin auf der Liste. Die meisten liegen in Europa, aber es gibt auch Immobilien an den schönsten Flecken Brasiliens. Vor 30 Jahren schon wagten die Herren den Sprung an die Copacabana. Heute rühmt sich die brasilianische Tochtergesellschaft, einer der größten Immobilienbesitzer des Landes zu sein. Zu ihrem Bestand gehören natürlich die C&A-Kaufhäuser in Metropolen wie São Paulo und Rio de Janeiro, aber auch ganze Shopping-Center und Verwaltungsgebäude. Außerdem managt Redevco riesige Landerschließungsprojekte und baut Wohnanlagen für den gehobenen bis zum höchsten Bedarf. Unweit von Rio, mit Blick auf Zuckerhut und Meer, liegt das Projekt »Blue Condomínio das Américas«: 680000 Quadratmeter Grund, 15 Prozent davon bebaut für Kunden mit exklusivem Geschmack. Alle nur denkbaren Annehmlichkeiten sind im Angebot: Sauna und Massage natürlich, Wäscherei und Reinigungsdienste, auch Babysitter und persönliche Fitnesstrainer. Und für derartige Luxusanlagen in Lateinamerika unverzichtbar: Wachmänner und Überwachungskameras.

Rund um den Globus haben die Herren von C&A ihr Immobilienvermögen über Jahrzehnte nach dem gleichen Muster aufgebaut: Haus um Haus. Mit jeder neuen C&A-Filiale ging auch ein neues Gebäude in ihren Besitz über. Denn C&A hat traditionell nie von Fremden gemietet. Sie war immer Eigentümerin ihrer Geschäftshäuser. Offiziell hat die Textilkette bei ihren Immobiliengesellschaften wie der Redevco auch Miete gezahlt. Ob die

Summe jedoch immer dem Marktpreis entsprach oder ob das Modell den Textilherren nur dazu diente, die Gewinne innerhalb des Konzerns steuerlich vorteilhaft zu gestalten, steht auf einem anderen Blatt.

So viel ist sicher: Der Immobilienzweig war nie auf Gewinnoptimierung ausgerichtet. Die Immobiliengesellschaft Redevco war über Jahrzehnte hinweg nicht mehr als eine untergeordnete Dienstleistungsabteilung für die C&A-Häuser.

Die Rolle hat sich mit der Revolution 1998 schlagartig verändert. Sie hat Redevco in die Selbstständigkeit entlassen. Von John Brenninkmeijer wird erwartet, dass er ein hochprofitables Unternehmen leitet und optimale Anlageergebnisse erzielt. Das geht so weit, dass sein Deutschland-Statthalter Etienne Brenninkmeijer bei der Gründung beziehungsweise Neuausrichtung 1999 sagte: »In fünf Jahren wollen wir die Qualität einer börsenfähigen Gesellschaft erreichen.« Das Wort Börse aus dem Mund eines Brenninkmeyers – das war nicht weniger als eine Sensation. Einen tatsächlichen Börsengang schließen die Brenninkmeyers zwar auch für Redevco aus, intern aber werden die Anforderungen an Buchhaltung und Bilanz einer börsennotierten Aktiengesellschaft eingehalten. Nur sind diese Zahlen für Außenstehende natürlich nicht zugänglich. Über Gewinne schweigt die Redevco in bester Brenninkmeyer-Manier.

Die Immobilienmanager berufen sich freimütig auf die Pioniere Clemens und August, betonen aber demonstrativ die Emanzipation vom C&A-Stammgeschäft. C&A sei »ein Mieter unter anderen«, verkündet die Immobiliengesellschaft selbstbewusst.

Beide Seiten sprechen nach wie vor von einer »besonderen« Beziehung zwischen C&A und der Redevco – die kommt aber nur zum Tragen, solange beide Seiten davon profitieren. Wenn sich für die Redevco eine günstigere Art der Gebäudenutzung anbietet, kann sie ihre C&A-Cousine jederzeit vor die Tür setzen.

In Deutschland kündigte Etienne Brenninkmeijer Ende 2005 sogar den Verkauf von 34 C&A-Häusern im Wert von 350 Millionen Euro an. Zuvor hatte er den Verkauf im Kleinen erprobt, zuerst in Erfurt und Gummersbach. 2003 hat er gleich ein ganzes Neuner-Pack C&A-Häuser auf den Markt geworfen und – erfolgreich – verkauft. Nun also sollen alle Häuser verkauft werden. Das hat es früher nicht gegeben. Heute heißt es schlicht: Wenn eine Immobilie nicht mehr ins Portfolio passt, wird sie abgestoßen. Dabei, so betonen die Brenninkmeyers, wird natürlich darauf geachtet, dass C&A unter dem neuen Inhaber wieder einen langfristigen Mietvertrag erhält.

Erklärtes Ziel der Redevco ist es, das Portfolio komplett umzustrukturieren. Das Stichwort heißt »Diversifikation« und fällt bei der Redevco in fast jedem Satz. Sie will sich breiter aufstellen. Bis Ende der 90er Jahre hatte die Gesellschaft praktisch einen einzigen Kunden als Mieter – C&A. Nach nur fünf Jahren ist der Anteil von C&A auf unter 50 Prozent gedrückt worden. Stolz brüstet sich der Immobilienriese mit Verträgen, die er mit der Modekonkurrenz abgeschlossen hat. 4800 Quadratmeter hat er in der Londoner Oxford Street an Gap vermietet, in Kopenhagen 2900 Quadratmeter an Zara, in Saragossa ein Geschäft mit 3200 Quadratmetern an H&M. Die Schweden haben sich auch langfristig auf drei Etagen in einem Redevco-Gebäude in der Koblenzer Fußgängerzone eingemietet. Redevco vermietet in Deutschland an H&M, an Karstadt und an den Textildiscounter Kik. »Jeder Textilhändler ist unser potenzieller Kunde«, sagt die Redevco.

Zudem sucht sie Kunden außerhalb des Handels. Der Anteil der Ladenflächen am Immobilienvermögen ist von 100 auf 83 Prozent gesunken. Aufstocken wollen Etienne und John Brenninkmeijer ihre Aktivitäten mit Bürogebäuden (derzeit zehn Prozent) und Logistikzentren (sieben Prozent). Vermietete Büroflächen sollen bis 2010 ein Viertel des Gesamtportfolios ausmachen, die Logistik-Gebäude auf etwa zehn Prozent anwachsen. Das derzeit größte Objekt in diesem Bereich ist das C&A-Logistik-Zentrum in Mönchengladbach mit knapp 100000 Quadratmetern.

Schon jetzt zählt die Redevco mit ihren etwa 1000 Gebäuden und Bürokomplexen zu den größten Eigentümern von Gewerbeimmobilien in Europa. In drei Jahren wollen die Brenninkmeyers den Wert ihrer Immobilien von 5,7 Milliarden Euro auf mehr als sieben Milliarden Euro aufstocken. Deshalb kauft die Redevco, wo immer sie lukrative Objekte entdeckt. Seit der »offiziellen« Gründung im Jahr 1999 ist sie in Deutschland, Schottland und anderen Ländern Mitteleuropas durch Zukäufe in außergewöhnlichen Größenordnungen aufgefallen. Zudem zeigt Etienne Brenninkmeijer, der auch für die Europa-Entwicklung zuständig ist, seit zwei, drei Jahren verstärkt Interesse an Investitionen in Ungarn und Tschechien sowie in Finnland und Schweden. Finnland, sagt er, sei besonders wichtig – als Brückenkopf für eine mögliche Expansion ins Baltikum.

550 Millionen Euro haben sie in den vergangenen fünf Jahren in Renovierung und Entwicklung neuer Projekte in Europa gesteckt. Tendenz – trotz schwieriger Konjunkturlage – stark steigend.

Der größte Markt (gut ein Viertel des Gesamtwerts) ist Deutschland. 30 Portfolio-Manager verwalten hier rund 180 Gebäude mit einem Wert von etwa 1,6 Milliarden Euro. Die Immobilien sind flächendeckend verteilt, in den besten Innenstadtlagen, von Flensburg bis nach Passau, von Aachen bis nach Zwickau.

Erst im Herbst 2004 hat die Redevco zwei Großprojekte in Deutschland abgeschlossen. In Stuttgart hat sie den Bürokomplex »Scala« auf dem Kleinen Schloßplatz, einer exklusiven Adresse mitten in der Innenstadt, eröffnet. In der gläsernen Fassade spiegeln sich der klassizistische Königsbau und das alte Schloss. 38 Millionen Euro hat der Neubau verschlungen. Insgesamt hat die Scala eine Fläche von mehr als 10000 Quadratmetern, davon ist ein Fünftel an Einzelhändler vermietet. Der Rest ist Bürofläche. Hier mieten sich unter anderem die Städtische Galerie ein, das Kulturamt der Stadt Stuttgart (mit festem Mietvertrag über zwanzig Jahre), eine Bank, eine Werbeagentur und eine Unternehmensberatung. »Traditionsgemäß« überreichte die Redevco beim Richtfest eine Spende an eine karitative Einrichtung der Stadt, in dem Falle an den Caritasverband für das »Kindergästehaus zum Verschnaufen«, eine Einrichtung für behinderte Kinder.

In Berlin hat die Redevco das Kant Center in Charlottenburg für 65 Millionen Euro gebaut. Dazu hat sie ihr C&A-Gebäude und das angrenzende, zuvor erworbene P&C-Gebäude zu einem modernen Glaskomplex (mit mehr als 21000 Quadratmetern Fläche) verschmolzen. Seit Oktober 2004 zieht das Kant Center an der Fußgängerzone Wilmersdorfer Straße Ecke Kantstraße täglich mehrere Tausend Kunden an. Sie gehen auf Schnäppchenjagd beim Elektroriesen Media-Markt, shoppen bei C&A und P&C (Seite an Seite) oder trainieren im modernen Fitnesscenter.

Inzwischen wird der Redevco ihr eigenes Portfolio schon zu klein. Die Immobilienprofis bieten ihr Know-how auch anderen Investoren an. In den ersten fünf Jahren nach ihrer Emanzipation hatten die Brenninkmeyers sich darauf beschränkt, das eigene Immobilienvermögen möglichst optimal zu mehren – sprich Objekte zu kaufen, abzustoßen oder weiterzuentwickeln. Jetzt treten sie auch als Dienstleister für fremde Bauherren auf, die Projekte in Innenstadtlagen planen lassen wollen. Der Vorteil der Redevco: eine gut gefüllte Portokasse und die Herren von C&A im Hintergrund. Für Vorleistungen kann die Brenninkmeyer-Tochter »bankenunabhängig« agieren, wie sie für sich wirbt.

Optimale Anlageergebnisse erwünscht: Seit 1999 ist der Immobilienarm unabhängig von C&A. Die Redevco kauft Bürogebäude, Industriegelände und vermietet an zahlungskräftige Kunden – auch an C&A-Konkurrenten oder wie auf den Champs-Elysées an eine Parfümerie.

Foto: © Redevco

Ein neuer Kunde und Partner, den sie als Beleg für die Emanzipation von C&A gerne hervorheben, ist ein Unternehmen namens Agora. Und wer steckt hinter Agora? Richtig, ebenfalls die Brenninkeyers. Chef ist Etienne Brenninkmeijer, seines Zeichens Redevco-Chef in Deutschland. Die »Agora Business Center« sind ein noch junges Geschäftsmodell der Familie. Sie vermieten komplett eingerichtete Büros bis zu einer Größe von 200 Quadratmetern tage-, wochen- oder monatsweise. Je nach Bedarf. Möbel, Telefon, Fax und Kopiergerät werden gestellt. Die Center waren die Idee von Etiennes Cousin Wolter, einem der Schnellaufsteiger im Clan: C&A-Ausbildung in Holland, Masters an der Oxford University (Politikwissenschaften, Philosophie und

Wirtschaft), MBA in Lausanne, dann C&A-Europazentrale in Brüssel. Vor drei Jahren hat Herr Wolter der Familie einen Geschäftsplan für »Filialunternehmen in der Business-Center-Branche« vorgelegt und dafür das O.K. erhalten. »Ich komme halt aus einer Familie mit Unternehmergeist«, sagt Wolter.

Die ersten beiden Bürokomplexe hat er in München eingerichtet. Eines liegt am Düsseldorfer Flughafen und im Spitalerhof am Hamburger Hauptbahnhof hat er eine komplette Etage gemietet. Zwei Jahre lang hat der C&A-Erbe das Unternehmen Agora mit Sitz in Ratingen bei Düsseldorf aufgebaut. 80 Mitarbeiter umfasst dort inzwischen die Mannschaft.

Aber Herr Wolter ist schon wieder weg. Er befindet sich auf der nächsten Station seiner Karriere, wie das Tradition ist bei den Brenninkmeyers. Jetzt

Foto: © Redevco

Das Asset der Brenninkmeyers: Geschäftshäuser besitzt die Familie in den großen Metropolen Europas und Lateinamerikas. Einziger Mieter war über Jahrzehnte hinweg ausschließlich C&A (hier die Filiale in Barcelona).

kümmert er sich in der Holding in Zug um den Ausbau des »Private-Equity«-Geschäfts, ein weiterer höchst profitabler Pfeiler im Brenninkmeyer-Imperium.

Die Finanzprofis

Wolter Brenninkmeijer arbeitet für die Herren von C&A als »Firmenjäger« – so lautet die abschätzige Berufsbezeichnung für »Private-Equity«-Investoren. Die breite Öffentlichkeit hat von der Branche eigentlich erst Notiz genommen, als der damalige SPD-Vorsitzende Franz Müntefering die Investoren aus dem Ausland 2005 als »Heuschrecken« beschimpfte, die über deutsche Unternehmen herfallen, sie kahl fressen und dann weiterziehen. Billig kaufen, Personal rauswerfen, Firma zerschlagen – so funktioniert in den Augen vieler das Geschäft. Selbst deutsche Manager bekennen in Umfragen, dass sie mit dieser Art von Investoren am liebsten nichts zu tun haben wollen. Als »Unternehmensentwickler« sieht sich die Branche dagegen selbst. »Private Equity heißt nicht kaufen und zerschlagen, sondern voranentwickeln.« Tatsache ist, dass sich die ursprünglich aus Amerika kommenden Private-Equity-Gesellschaften zunehmend in Europa ausbreiten. Töchter von Großkonzernen werden ebenso aufgekauft wie Mittelständler, die Geld zur Expansion brauchen oder die mit dem Rücken zur Wand stehen.

Die Firmen werden neu ausgerichtet, auf Effizienz getrimmt und so weit aufpoliert, dass sie nach fünf bis acht Jahren weiterverkauft werden können. Mit Gewinn, versteht sich. Vor allem in Deutschland greifen die Finanzinvestoren zu, nachdem sie hierzulande lange verpönt waren. Der Münchner Brillenhersteller Rodenstock, der Pay-TV-Sender Premiere, die Restaurantkette Nordsee sind prominente Beispiele auf der langen Liste von Firmen, bei denen Private-Equity-Gesellschaften eingestiegen sind. 25 Milliarden Euro haben die Beteiligungsfonds allein im Jahr 2003 bei ihren Einkaufstouren in Europa ausgegeben.

Und mittendrin in der quirligen Investorenszene: die Brenninkmeyers.

Sie »gehören zu den Big Players, wenn es um Equity-Investments in kleinere und mittlere Unternehmen geht«, sagt ein erfahrener Wettbewerber. Mit 750 Millionen Euro bestückte die Schweizer Holding Cofra allein den Fonds, den Wolter Brenninkmeyer gemeinsam mit seinem Cousin Bernard verwaltet. Auch Herr Bernard hat eine steile C&A-Karriere hinter sich: familieninterne Ausbildung, Wirtschaftsstudium an der Universität Notre Dame, MBA in Fontainebleau. Das Geld, mit dem die beiden Brenninkmeyers auf Firmenjagd gehen, erhalten sie von einer Equity-Gesellschaft namens Bregal AG, angesiedelt in Zug. Dort behält ein Brenninkmeyer mit Vornamen Louis den Überblick über die diversen Fonds des Clans. Ein Vermögen von mehr als zweieinhalb Milliarden Euro steht Herrn Louis zur Verfügung, der zuvor 20 Jahre seines Berufslebens in der Textilsparte des Familienkonzerns verbracht hat. Er war von 1986 bis 1993 Vorstandschef von C&A in Japan; von dort ging er als CEO der amerikanischen Textilholding nach New York und dann als Abwickler nach England, wo er in den Jahren 2000 und 2001 den Rückzug von C&A organisiert hat.

Im Schweizer Kanton Zug sehen seine Aufgaben ganz anders aus. Dort kontrolliert er das Portfolio der Beteiligungsgesellschaften. Er lenkt die Aktivitäten seiner Cousins beim »Bregal Investments Fund of Funds« in New York und Brüssel, bei »Birchill Energy«, einer privaten Öl- und Gasgesellschaft im kanadischen Calgary, und beim Fonds »Centre Partners« mit Sitz in New York, an dem Bregal mit 650 Millionen Dollar beteiligt ist, und der in kleinere und mittlere Unternehmen investiert.

Auch Dominic Brenninkmeyer, der bisherige Deutschland-Chef wechselt zu der Firmenjäger-Truppe von Herrn Louis. Die Cofra Holding hat ihn zum Senior Partner der Bregal Investments berufen, um von Düsseldorf aus einen neuen Bregal Standort aufzubauen. Bisher hatte sich die Familie vorwiegend um Investments im angelsächsischen Raum gekümmert. Herr Dominic soll sich nun verschärft und in größerem Stil um Deutschland und die angrenzenden Staaten kümmern.

Zum Bereich von Louis Brenninkmeijer gehört auch »Englefield Capital« in London. Hier ist die Cofra mit 650 Millionen Euro beteiligt. Der Buyout-Fonds hat ein Volumen von 700 Millionen Euro. 50 Millionen Euro stammen von professionellen und privaten Anlegern außerhalb der Familie – eine Premiere für den Clan, der vorher noch nie externe Investoren gesucht hat. Auch bei »Egeria«, dem kleinsten Fonds im Topf des Herrn Louis, können sich externe Anleger beteiligen. »Egeria« sitzt in Amsterdam und investiert in kleine und mittlere Unternehmen in den Niederlanden. 1997 wurde der ersten Egeria-Fund mit einem Volumen von 250 Millionen Euro aufgelegt. 2004 folgte Egeria II, für den 450 Millionen Euro geplant sind: 250 Millionen von den Herren von C&A, den Rest sollen institutionelle Anleger beisteuern.

Neben diesen mehr oder minder traditionellen Fonds hat die Familie eine neue Sparte gegründet; die »Entrepreneurs-Fonds«. Diese kleinere Private-Equity-Gesellschaft wird von einer Gruppe von sieben jüngeren Brenninkmeyers geleitet. Die meisten von deren Fonds knüpfen ihre Investitionen an soziale und/oder ökologische Bedingungen. Marcel Brenninkmeijer beispielsweise investiert bei »Good Energies« in erneuerbare Energien, vor allem in Unternehmen, die sich auf Solar- oder Windenergie spezialisiert haben. Geographischer Schwerpunkt seiner Investments ist Nordamerika. »Good Energies« hat seinen Sitz in Basel und Vertretungen in Zürich, Toronto und Los Angeles. Cornel G. Brenninkmeyer managt »Medivita«, einen Fonds, der seinen Schwerpunkt auf den Gesundheitssektor legt. Er beteiligt sich an Unternehmen, die in den Bereichen Biotechnologie, Pharma und Medizintechnik arbeiten und neue Produkte entwickeln, Therapien oder Dienstleistungen in Seniorenheimen oder Krankenhäusern anbieten.

Auch der »Andromeda-Fonds« von C&A-Erbe Stephen Brenninkmeijer gehört in diese Kategorie. Herr Stephen engagiert sich vor allem bei Projekten in der Dritten Welt. Er vergibt beispielsweise in Entwicklungsländern Klein- und Kleinstkredite an Menschen, die bei keiner Bank Geld bekommen. Von den Brenninkmeyers erhalten sie ein Startkapital oder eine Finanzspritze, um ein Unternehmen zu gründen oder auszubauen. Meist handelt es sich dabei nur um ein paar hundert Dollar. Diese als Mikrofinanzierung bekannt gewordene Form eines Kreditsystems ist in Bangladesch, Indien, Uganda und Südamerika fest etabliert. Meist vergeben internationale Hilfsorganisationen die Kredite, ohne finanzielle Hintergedanken. Stephen Brenninkmeyer verdient damit Geld. »Ich bin nicht der Weihnachtsmann«, sagt der Endvierziger. »Wir achten auf eine vernünftige Rendite bei unseren Geschäften.« Ziel sind »15 Prozent Return on Investment im Jahr«.

Auch Stephen hatte sich die ersten Sporen im Textilgeschäft bei C&A verdient. Über 20 Jahre war er weltweit für den Textilkonzern unterwegs. Irgendwann, mit Mitte 40, war ihm das zu wenig und er fragte sich: »Ist da nicht noch etwas?« Zu der Zeit stand er gerade in Diensten von C&A England, wo er den Herren Lucas und Louis beim Rückzug der Textilkette von der Insel half. Damit war klar, dass er sich nach einem neuen Job im Reich der Familie umschauen musste. Niemand habe den Clan-Mitgliedern, die zu der Zeit in England waren, den dortigen Niedergang angelastet. »Aufbauen und zurückziehen aus Märkten, das gehört beides zum Geschäft«, sagt Stephen. Er entschied sich damals für eine Pause, gönnte sich 2001 ein Jahr »Sabbatical«, um sich neu zu orientieren. Danach fuhr er in die Schweiz, zu seinen Cousins Erik und Stan bei der Cofra-Holding, und hat sie von seiner Idee mit dem Andromeda-Fonds überzeugt. »Erik war nicht überrascht. Wir hatten während meines Sabbaticals Kontakt. Er fand die Idee gut. Schließlich war er acht Jahre in Brasilien.« Das südamerikanische Land sei ein wachsender Markt, in den es sich zu investieren lohne. Genauso wie Südafrika, Nigeria, Peru oder Ecuador.

Stephens mittelfristiges Ziel ist es, nur 20 Prozent seines Fonds über die Cofra zu finanzieren, den Rest über private und professionelle Anleger. Ab einem Betrag von 500000 Euro ist dann jeder Teilhaber willkommen. Der Andromeda-Fonds investiert in alles, was Stephen interessant und lukrativ erscheint – außer in die Waffenindustrie, in Drogen und Pornographie. Er kümmert sich neben der Mikrofinanzierung um Handarbeit aus Afrika (Eziba) und um neue Patente (zum Beispiel Opti-Nose, die für Impfungen statt Spritzen Nasenspray einsetzen).

Stephen Brenninkmeyer führt die Geschäfte von London aus. Dass seine drei ältesten Töchter beruflich in seine Fußstapfen treten wollen, freut ihn. Sie haben Glück. Sie gehören zur ersten Generation von Brenninkmeyer-Mädchen, die ins Geschäft einsteigen dürfen. »Die Aufnahmeprüfung der Familie haben sie schon bestanden«, sagt der stolze Vater. Derzeit studieren sie, anschließend werden sie wohl bei C&A anfangen. Irgendwo ganz unten, versteht sich.

Und wenn er auf das Beteiligungsgeschäft mal keine Lust mehr hat, wird Herr Stephen eine neue Position im Familienunternehmen ansteuern, eine neue Herausforderung suchen. »Vielleicht kehre ich dann wieder ins Textilgeschäft zurück«, sagt er.

Die soziale Ader der Familie

Beim Spenden halten die Brenninkmeyers es mit dem Alten Testament. Im fünften Buch Mose heißt es: »Den gesamten Ertrag deiner Aussaat von allem, was dir auf dem Felde wächst, sollst du alljährlich gewissenhaft verzehnteln.« Und ein Zehntel soll an die Bedürftigen gehen. Die Brenninkmeyers haben die biblische Forderung in ihren Gesellschaftervertrag von 1929 aufgenommen. Dort steht laut Autor Pellinghausen geschrieben, dass »zehn Prozent vom Reingewinn ausschließlich gemeinnützigen oder mildtätigen Zwecken zuzuführen« seien.

Die Familie hat nie ein Wort über ihre Wohltätigkeit verloren. Es ist ein ungeschriebenes Gesetz, dass sie über ihre Spenden nicht redet. Die Empfänger der milden Gaben sind ebenso zum Schweigen verpflichtet. Das wird ihnen unmissverständlich mitgeteilt. In besonderer Weise profitiert seit eh und je der Heimatort Mettingen von den Zuwendungen. Wenn man aber fragt, in welcher Form die Brenninkmeyers sich erkenntlich zeigen, hüllen sich Gemeinderäte, Bürger und Kirchenleute gleichermaßen in Schweigen. »Die Familie möchte nicht, dass darüber gesprochen wird«, heißt es dann. Der frühere Pfarrer in Mettingen hat einmal gesagt, die Brenninkmeyers handelten nach dem Evangelium des Matthäus, darin steht: »Wenn aber du Almosen gibst, so soll deine Linke nicht wissen, was deine Rechte tut.« Warum? »Damit dein Almosen im Verborgenen sei.«

Das ist das gute Recht der Familie, da Stiftungen nirgendwo auf der Welt unter die Publizitätspflicht fallen und die Empfänger der Spenden – normalerweise – nicht veröffentlicht werden müssen. Nur die Steuerbeamten könnten wohl mehr erzählen über die steuermindernden Schecks. Manchmal taucht der Name Brenninkmeyer zumindest in einer Danksagung über einen Betrag von 1400 Mark für ein Kirchenfenster auf. Oder über 15000 Euro von August Paul Brenninkmeyer, die für den »Equestrial Order of the Holy Sepulchre of Jerusalem« bestimmt waren. Das sind kleine, private Gaben einzelner Familienmitglieder.

Von der Wohltätigkeit der Brenninkmeyers profitieren besonders die katholische Kirche und ihre Einrichtungen. An erster Stelle steht die Caritas.

Das Altenpflegeheim Haus Elbroich vom Caritas-Verband der Erzdiözese Köln konnte dank einer Stichting Benevolentia gebaut werden (Kosten: 30 Millionen Mark). Hinter der Amsterdamer Stiftung steht die Familie, beziehungsweise G. August Brenninkmeyer, der kinderlose Enkel des gleichnamigen Firmengründers, der zwei Jahre vor seinem Tod Anfang der 50er Jahre die Stiftung als Erben eingesetzt hat. Auch katholische Krankenhäuser in der DDR stattete die Familie mit modernen Röntgengeräten aus. Sie kümmert sich um Kinderkrippen der Caritas, die »Ehespiritualität« und ein christliches Magazin der Catholic Society of Jesus in China.

Die Textilhändler unterstützen aber auch Forschung und Wissenschaft, Naturschutzprojekte und Hilfsorganisationen in der Dritten Welt. Viele Wissenschaftsprojekte fördert die Familie über den Stifterverband der deutschen Wissenschaft. So finanziert sie eine Professur in Oxford und eine Professur für kunsthistorische Mediävistik an der philosophischen Fakultät der Technischen Universität Dresden. Ziel des Lehrstuhl ist es, die Tradition der Bildkünste in Zusammenhang mit der Kirchengeschichte und der Geschichte der Theologie zu stärken. Die Brenninkmeyers vergeben zudem Stipendien oder Fördergelder im Bereich Biomedizin, Krebshilfe und Stimmheilkunde, sie kümmern sich um die Förderung blinder und sehbehinderter Kinder oder engagieren sich in England und Deutschland in der »National Foundation for Teaching Entrepreneurship«, einer international anerkannten Wirtschaftsausbildung.

Bei den verschiedensten kirchlichen, sozialen oder Umweltprojekten taucht die Stichting Porticus in Amsterdam auf, die Stichting Benevolentia oder die Humanitas Foundation. Alle drei sind katholische Stiftungen, alle drei gehen auf die Brenninkmeyers zurück – und keine will mit der Familie in Zusammenhang gebracht werden. Bei der Humanitas Foundation engagiert sich Anthony Brenninkmeyer als »Trustee«. Vizepräsidentin der Stiftung ist Kathleen Mahoney. Die Humanitas Foundation unterstützt christlich-katholische Projekte. Sitz ist 1114 Avenue of the Americas. Das ist Downtown Manhatten, nahe dem Bryant Park, direkt Ecke 42nd Street. Und in eben diesem Grace Building residierte auch die ARG Inc., die Holding der früheren Textilketten der Brenninkmeyers, deren Chef zeitweise Anthony Brenninkmeyer war. Die katholische Buchautorin Kathleen Mahoney wiederum ist Mitglied bei der International Catholic Fellowships for Research in Media, Religion & Culture. Dort sitzt auch Hans Wennink von der Stichting Porticus, der katholischen Stiftung in Amsterdam mit Bezug zur Stichting Benevolentia. Die Stichting Benevolentia wiederum war in Düsseldorf für ein Anwesen in Mettingen eingetragen – das Haus Langenbrück. Außerdem ist Hans Wennink bei der Stichting Algemeen Pensioenfonds Provisum tätig – zusammen mit Bart Brenninkmeyer. Die Stichting ist ein Pensionsfonds für die C&A-Mitarbeiter in den Niederlanden.

Erst Ende der 90er Jahre hat die Familie entschieden, in einigen Fällen als Spender mit ihrem Namen beziehungsweise als C&A in Erscheinung zu treten.

Das so genannte »Social Sponsoring« haben sich viele Unternehmen in den vergangenen Jahren auf ihr Firmenlogo geschrieben. Der Dax-Konzern Henkel beispielsweise unterstützt jedes Jahr Projekte in Millionenhöhe, die auf eine Initiative ihrer Mitarbeiter zurückgehen müssen und auch von diesen betreut werden.

Auch C&A Europa bekennt sich seit wenigen Jahren öffentlich zu den vom Unternehmen unterstützten Projekten – kein ungewöhnlicher Schritt, für die Familie aber »eine Revolution«, wie ein Mitarbeiter berichtet. C&A engagiert sich weltweit in den Zuliefererländern wie Indien mit zahlreichen Kinderhilfs-, Gesundheits- und Bildungsprojekten. 130000 Euro spendete das Unternehmen 2003 bei »Ein Herz für Kinder«. 150000 Euro gingen seit 2003 an karitative Einrichtungen in jeder Stadt in Deutschland, in der C&A einen Kids Store eröffnet hat. Seit 1998 unterstützt C&A das Projekt »Lebendige Flüsse« der Deutschen Umwelthilfe, das die Flusslandschaften von Neckar, Weser, Elbe, Isar und Rhein renaturiert, jährlich mit 50000 Euro. Die gesamte Summe des soziales Engagements teilt das Unternehmen nicht mit. Auf jeden Fall aber fließen jedes Jahr viele Millionen Euro in den dafür vorgesehenen Topf.

Daneben tun die Brenninkmeyer viel Gutes ohne Geld. Das gehört zu ihrem Naturell. In der Kirchengemeinde tätig zu sein, ist quasi Pflicht eines Clan-Mitglieds. Dasselbe gilt für Ehrenämter in Kindergärten und Schulen.

Die Abtrünnigen

Albert Brenninkmeyer hat es versucht. Redlich versucht. Wie alle seine männlichen Verwandten hat er im Familienunternehmen angefangen. Albert ist heute über 80 Jahre alt und der Sohn vom »langen Franz«, gehört also zur vierten Generation. Und natürlich wollte Herr Franz, dass sein Sohn eine klassische C&A-Karriere durchläuft. Der dominante Vater, über Jahre das heimliche Oberhaupt des Clans, konnte nur schwer akzeptieren, dass keiner seiner Söhne in seine Fußstapfen tritt. Bei Albert Brenninkmeyer half alles Zureden nichts, er konnte sich nicht anfreunden mit dem Kaufmännischen. Folglich beendete er seine C&A-Laufbahn, bevor sie überhaupt begonnen hatte. Der Ärger, den er mit diesem Schritt damals provozierte, ließ ihn kalt. Albert wusste, was er wollte. Er studierte Architektur und ging nach Kanada. Später baute er viele Kirchengebäude in Deutschland, so das Gemeindezentrum St. Joseph in Berlin-Rudow und das Jugendhaus im Kloster Gerleve.

Nach Mettingen, wo er auf Haus Langenbrück aufgewachsen ist, kommt der alte Herr nach wie vor jedes Jahr zu Besuch, eingeflogen aus Kanada. Dort ist er heimisch geworden. Zusammen mit seiner Frau (ebenfalls eine entfernte Verwandte Brenninkmeyer aus der holländischen Familienlinie) und den Kindern lebt er an der Westküste, auf einer Insel vor Vancouver nahe der Grenze zu den USA.

Er verschmähte zwar die Managerlaufbahn bei C&A, Unternehmer wurde er aber doch noch. Im Rentenalter zog er auf seinem Anwesen eine Zucht mit schottischen Hochlandrindern auf. Neuerdings betätigt er sich als Winzer. Vor Vancouver herrscht das mildeste Klima Kanadas. Regen fällt so gut wie nie. Die sanften Hänge und Täler am Fuße der Berge eignen sich bestens für den Anbau der Reben. Also pflanzte er zusammen mit seinem Sohn Rebsorten an. Und bis in einigen Jahren die ersten eigenen – ökologisch angebauten – Trauben so weit sind, kaufen sie Trauben anderer Weingüter und keltern ihren Chardonnay, ihren Pinot Gris und Kerner. Albert Brenninkmeyer hat den Abschied von C&A nie bereut. Für viele Nachkommen in der fünften Generation wurde er so zum Vorbild.

Längst nicht alle aus dem heutigen Brenninkmeyer-Nachwuchs drängt es ins Textilgeschäft. Die meisten absolvieren zwar noch die gewünschte Ausbildung im Haus. Danach aber wandern viele ab. Es gibt ja auch so viele Herren Brenninkmeyer. Und nicht jeder von ihnen eignet sich fürs Management. Vielen scheint ein Aufstieg von vornherein zu mühsam, andere stellen nach Jahren fest, dass sie nicht mehr wirklich vorwärts kommen, und gehen, bevor sie an einer entlegenen Stelle des Imperiums geparkt werden. Und wieder andere erfasst die Onkel Albertsche Lust, einfach etwas ganz Neues zu wagen. Unabhängig und selbstständig zu sein.

Zu diesem Typ zählt sich auch George L. Brenninkmeijer. 18 Jahre diente er sich bei C&A nach oben, verantwortete nach dem Mauerfall die Expansion im Osten. 32 C&A-Filialen hatte er dort zwischen 1991 und 1998 eröffnet. Damit war sein Job dort beendet. »Mission accomplished«, sagt er. Ende 1999 hätte für ihn wieder ein Wechsel angestanden. In einen anderen Zweig des Familienunternehmens. In eine andere Stadt. In ein anderes Land. Vielleicht wäre es ein Aufstieg für ihn gewesen, eine neue Herausforderung. Vielleicht aber auch ein Abstieg – nach dem radikalen Führungswechsel in der Zentrale hätte ihm auch das blühen können. Das wollte sich George L. nicht antun. Im Alter von 45 Jahren verließ er das Brenninkmeyer-Reich und machte sich im Sommer 2000 in Berlin als »Business Angel« selbstständig. Seine Unternehmen nannte er »Brenninkmeyer Holding« – eigentlich ein Verstoß gegen die Tradition. Der Familienname ist den gemeinsamen Unternehmen des Clans vorbehalten und für die ökonomischen Aktivitäten Einzelner tabu. »Aber ich habe mich ja nicht in der Textilbranche selbstständig gemacht«, rechtfertigt sich George Brenninkmeijer.

»Business Angels« sind Investoren, die Start-Up-Unternehmern mit Kapital auf die Beine helfen. Die Berliner Kommunikationsfirma »eye-square« war das erste Projekt, in das Herr George investierte. Die beiden Existenzgründer haben eine Methode entwickelt, um die Blickrichtung und -bewegungen von Menschen auszuwerten. Mithilfe dieser Technik lässt sich beispielsweise erklären, warum Kunden bestimmte Artikel im Eingangsbereich eines Kaufhauses liegen lassen, warum Internetsurfer manche Buttons auf einer Homepage nicht anklicken oder Leser bestimmte Werbung in einer Zeitschrift überblättern.

Als Business Angel beteiligt George Brenninkmeijer sich nicht nur finanziell an jungen Unternehmen, er stellt auch sein Know-how und seine Kontakte zur Verfügung. So ähnlich hätte er das natürlich auch im weit verzweigten Familienkonzern haben können, schließlich betätigt sich ein ganzer Zweig der Holding ebenfalls als Wagniskapitalgeber.

George aber wollte selbstständig sein. »Ich hätte mich immer noch gegenüber der Cofra-Leitung rechtfertigen müssen«, sagt er. Zudem wollte er in Berlin wohnen bleiben. Seine Frau Kerstin ist ehrenamtliche Berlin-Botschafterin, eine Einrichtung der Bürgerstiftung. Sie erleichtert oder bereichert das Leben der diplomatischen Gesandten aus aller Welt bei Empfängen, lädt zur Weinprobe in ein kleines Weinlokal in Güterfelde, plauscht mit den Botschaftern aus Ecuador und England beim Brunch in ihrem Lieblingsrestaurant und vermittelt den Boliviern einen Segeltörn auf dem Wannsee mit ihrem Mann.

In früheren Zeiten waren solche Berufswege ungewöhnlich. Wer einmal bei C&A war, blieb dabei. Oder er setzte sich zur Ruhe und ging golfen, segeln, wandern. In der fünften Generation der Brenninkmeyers versuchen es etliche auf eigene Faust. Zu ihnen gehört auch Bernward Brenninkmeyer, Unternehmensberater in Österreich. Nach dem Betriebswirtschaftsstudium in St. Gallen hatte er bei C&A in Österreich eine klassische Karriere begonnen: Er durchlief mehrere Stationen in verschiedenen Ländern, arbeitete sich Treppchen für Treppchen hoch bei C&A, bei der Einkaufsorganisation EBSCO und beim Immobilienarm Redevco. Im Jahr 2000, er war damals Mitte 40, verließ er den Konzern und gründete in Wien eine eigene Consulting-Firma. Schwerpunkt: Familienunternehmen. Das bot sich an. Jetzt hilft Bernward Brenninkmeyer Familienunternehmern bei heiklen Fragen wie der Nachfolge.

Der bekannteste Brenninkmeyer gehört auch zur Riege der »Ausbrecher«. Ihn bringt niemand mit C&A in Verbindung und er hat seine Karriere einem einzigen Satz zu verdanken: »Das ist von dem Typen am Ende der Bar.« Dieser Satz war alles, was der Schauspieler Philipp Brenninkmeyer in der amerikanischen TV-Serie *Sex and the city* als Barmann sagen durfte. Das war sein Durchbruch. Mit dem Nachweis, eine Rolle in der amerikanischen Kultserie gespielt zu haben, ging er nach Deutschland. Hier eroberte er als smarter Hotelmanager in der Fernsehserie *Girl Friends* die Herzen der Zuschauer. Im Jahr 2003 wurde er zu einem der beliebtesten Fernsehschauspieler gewählt.

Aufgewachsen ist Philipp Brenninkmeyer in England, in Wimbledon. Heute lebt er mit seiner Frau in Amerika. Allzu viel Zeit verbringt er freilich nicht zu Hause, da er von Drehort zu Drehort reist. Warum ihn, den Schauspieler, in Interviews immer alle nach seiner Familie fragen, versteht er nicht. Ganz unrecht ist es ihm aber auch nicht, dass ihn der prominente Name etwas heraushebt aus der Konkurrenz.

Dafür erzählt er dann auch ein bisschen aus seinem Leben. Nichts Geheimes natürlich. Dass die C&A-Gründer seine »Groß-, Groß-, Groß-irgendwas« waren. Dass sein Vater der Inhaber eines C&A-Kaufhauses war. Dass die Familie ihn »Phil« nennt und er als Kind gerne »Krieg und solche Sachen« gespielt hat. Gegenüber dem Stern erwähnte er auch, dass er es nicht leicht hatte auf der Schule und mehrfach die Bildungseinrichtung wechseln musste, bis er endlich auf einer Privatschule einen Abschluss erhielt.

Danach hat er brav bei C&A angefangen, wie seine Brüder und Cousins. Nach ein paar Wochen in der Kinderabteilung in Köln aber hat er festgestellt: Das ist nichts für mich. Im Alter von 21 Jahren war seine C&A-Karriere auch schon beendet. Er bewarb sich an einer Schauspielschule in London. Bei Dreharbeiten hat er dort seine Frau, ebenfalls Schauspielschülerin, kennen gelernt. Er fragte sie, wo sie denn die Kleidung gekauft habe, die sie trage. »Bei diesem komischen Kaufhaus, C&A«, hat sie geantwortet. Erst zwei Wochen später hat Philipp sie aufgeklärt, dass er zu der Familie mit den komischen Kaufhäusern gehöre.

Im Fernsehen spielt er meist das, was er bei C&A nicht werden wollte: einen erfolgreichen Unternehmer. Mal Hotelmanager, mal Reeder, mal Chef eines Dessous-Unternehmens, mal Inhaber einer Tweed-Fabrik. »Ich bin realistisch«, sagt er. »Wenn ich Philipp Brenninkmeyer vor mir hätte, würde ich ihn auch als Unternehmer casten, man kann sicher sein, dass er gut in die Rolle passt und so etwas spielen kann.« Das Einzige, was ihn daran ärgert, ist, dass er beim Drehen immer Anzüge tragen muss. Das sei für ihn »die Hölle«, klagt er. »Ich denke dann, dass ich mit meinen Eltern in die Kirche gehen muss.«

IX. Ausblick

Noch vor ein, zwei Jahren hätte dieses Buch nicht erscheinen können. Zumindest nicht so – mit Einblicken der Herren von C&A in ihr Reich. Dass sie die gewähren, ist neu. Noch heute ist es innerhalb der Dynastie umstritten, ob es nicht besser wäre, sich abzuschotten. »Die Albrechts sind noch nie in der Öffentlichkeit aufgetreten und sie fahren gut damit«, argumentiert die Hardliner-Fraktion. Nur: Den Albrecht-Brüdern gehört Aldi, und Aldi ist nicht C&A. Aldi wächst und wächst und hat noch keine derart bedrohliche Krise überstehen müssen, wie C&A sie hinter sich hat. Erst die Schieflage ihrer Textilkette, der Absturz des Images in Richtung »cheap & awful«, hat den Brenninkmeyer-Clan veranlasst, die Geheimniskrämerei zu überdenken.

Eine neue Garde hat die Macht in dem Konzern übernommen. Es ist die fünfte Generation der ehemaligen Wanderhändler aus Mettingen. Und die sieht keinen Weg zurück. Offenheit sei ein »Zeichen der Stärke«, betont Deutschlandchef Dominic Brenninkmeyer ein ums andere Mal. C&A sei inzwischen ein »ganz normales Unternehmen«. Das ist natürlich eine sehr eigenwillige Sicht der Dinge. C&A – ein ganz normaler Konzern? Wie die Deutsche Bank oder Daimler? Wohl kaum. Oder käme ein Vorstandsvorsitzender Ackermann auf die Idee, die Mitarbeiter zum gemeinsamen Kirchgang aufzufordern, bevor er eine neue Bankfiliale eröffnet? Kann man sich in einem der Dax-Unternehmen einen Manager vorstellen, der jahrzehntelang als Geschäftsführer arbeitet, ohne je einen Arbeitsvertrag gesehen zu haben? Würde ein Daimler-Chef Schrempp einem kranken Angestellten die teure Operation im Ausland bezahlen, wenn dem Mann sonst nicht geholfen werden kann? Oder einem Manager die Kündigung nahe legen, weil der eine Affäre mit einer Kollegin hat? Letzteres ist bei Schrempp auf jeden Fall auszuschließen. Schließlich hat er den Fall »Liebe am Arbeitsplatz« vorexerziert: Seine ehemalige Geliebte und Büroleiterin ist heute seine Ehefrau und – immer noch – seine Büroleiterin.

Und eines können sich Schrempp wie Ackermann von Gesetzes wegen nicht leisten: Im Gegensatz zu den Herren von C&A müssen sie offenbaren, wem welcher Anteil an ihren Unternehmen gehört. Bei den Brenninkmeyers fällt das alles unter das Stichwort »vertraulich«. Wer welche Anteile an ihren diversen Gesellschaften hält, ist »vertraulich«. Wie diese im Todesfall weitergegeben werden – ebenso »vertraulich«.

Höchst vertraulich sind auch die Anzahl der Kinder und die Wohnorte der Familie. Stammbäume der Familie? Auch vertraulich. Selbst bei harmlosen Fragen nach etwaigen Hobbys verweigert Dominic Brenninkmeyer die Aussage. Alles privat, alles vertraulich. Das ist sein gutes Recht und nicht weiter anstößig, da nirgendwo geschrieben steht, dass Manager ihr Privatleben auf den bunten Seiten der Illustrierten ausbreiten müssen – auch wenn etliche daran Gefallen gefunden haben.

Die Herren von C&A sind keine Sekte, wie in Zeiten des Schweigens manchmal geschrieben wurde. Das Bild stimmte nie. Sicher ist aber auch: C&A ist kein normaler Konzern. Und vielleicht ist das ganz gut so. Vielleicht kann ein Familienunternehmen, und sei es noch so schrullig, Dürrezeiten besser überstehen. Die Brenninkmeyers sind davon überzeugt. »Wir denken in Generationen«, sagen sie. Nicht von Quartal zu Quartal. Sie spürten nicht den Druck von Analysten und Investoren, als sie über das Schicksal von C&A zu entscheiden hatten. Wie hätten sie Aktionären vermitteln sollen, dass sie trotz hoher Verluste am Textilgeschäft festhalten, vor allem weil es eine »Herzensangelegenheit« ist?

In der Blüte der New Economy galten Familienunternehmen als rettungslos verknöchert, als Auslaufmodell. Aussagen wie die vom neuen Deutschland-Chef Bart Brenninkmeyer, er liebe bei C&A »die Wärme, die Geborgenheit und die Idee, der nächsten Generation etwas weiterzugeben«, wirkten zu dieser Zeit altbacken und überholt. Nach dem Platzen der Börsenblase wächst nun die Zahl ihrer Bewunderer. Die Gesellschaft (und somit die Kunden) begegnet ihnen mit Sympathie – als Hüter der Tradition, als vermeintlich heimeliges Gegenstück zu den »kalten« kapitalistischen Konzernen. Die

Tatsache, dass sich der Führungsnachwuchs aus der begrenzten Zahl der Erben rekrutiert, wird nicht mehr unbedingt als Nachteil gesehen. Man kennt die Geschichten von eitlen Männern in Führungsetagen, die, vom Egoismus getrieben, das Wohl des Unternehmens (und von dessen Eigentümer) aus den Augen verlieren.

Das amerikanische Magazin *Newsweek* überschrieb 2003 eine Titelgeschichte über europäische Familienunternehmen mit »Best of the best«. Sie seien das Pfund, mit dem Europa wuchern könne, eine Unternehmensform und -philosophie, die der anglo-amerikanische Raum nicht zu bieten hat. Das Magazin zitiert eine Untersuchung, die belegt, dass Konzerne mit familiärem Hintergrund wie BMW, L'Oréal oder der Luxuskonzern LVMH in Frankreich mit einer überdurchschnittlichen Performance glänzen. Sie alle sind allerdings – im Gegensatz zur Brenninkmeyer-Gruppe – börsennotierte Unternehmen.

Der Gang an die Börse – das scheint für die Herren von C&A auch in Zukunft ausgeschlossen zu sein. In diesen Aussagen wirken sie absolut glaubwürdig. Der Konzern ist und bleibt in Händen der Familie, zu 100 Prozent. »Wir schaffen es ohne fremdes Geld.«

Und alles deutet darauf hin, dass auch in zehn oder zwanzig Jahren die Spitze des Unternehmens vom internen Nachwuchs besetzt sein wird. »Die sechste Generation steht schon in den Startlöchern«, sagt Dominic Brenninkmeyer.

Die Familie hat in den vergangenen 165 Jahren bewiesen, dass sie die Übergänge von Generation zu Generation meistert – selbst wenn es hinter verschlossenen Türen dabei kracht. Die Dynastie tappt auch nicht in die »Wenn das der Opa noch erlebt hätte«-Falle. Diese Haltung, das sture Festhalten an Geschäftsmodell und Gepflogenheiten der Gründer, ist eine wesentliche Ursache, warum 90 Prozent aller Familienunternehmen nach der dritten Generation verschwinden. Die Herren von C&A haben den Konzern immer wieder den Zeiten angepasst, sind ständig auf der Suche, wagen Neues. Insofern sind sie würdige Erben der Pioniere Clemens & August. Wie sagt der heutige Europa-Chef Lucas Brenninkmeyer? »Ich übersetze C&A mit Creative und Adaptable« – kreativ und anpassungsfähig.

X. Anhang

Literatur

Akademie für Familienunternehmen (Hrsg.), *Lernen von den Champions,* Bonn 2001

Bohner, Theodor, *Der offene Laden,* Frankfurt 1955

Bohner, Theodor, *Der ehrbare Kaufmann,* Hamburg 1956

Eglau, Hans Otto, *Die Kasse muß stimmen,* Düsseldorf 1972

Goinga, Klaas, *Auf den Spuren der Tödden,* Ibbenbüren 1995

Heimatverein Mettingen e.V. (Hrsg.), *Tüötten Museum Mettingen,* Mettingen 2002

Miellet, Roger, *Honderd Jaar Grootwinkelbedrijf in Nederland,* Zwolle 1993

Mueller-Stindl, Eleonore, *Mode, Macher, Märkte,* Frankfurt 1997

Mönninghoff, Wolfgang, *Enteignung der Juden,* Hamburg 2001

Musiolek, Bettina (Hrsg.), *Gezähmte Modemultis,* Frankfurt 1999

Oberpenning, Hannelore: *Migration und Fernhandel im »Tödden-System«,* Osnabrück 1996

Pinkwart, Andreas, *Gründungs- und Überlebenschancen von Familienunternehmen,* Wiesbaden 2002

Rickelmann, Hubert, *Mettingen im Wandel der Zeiten,* Paderborn 1978

Rickelmann, Hubert, *Die Tüötten in ihrem Handel und Wandel,* Paderborn 1983

Spieker, Josef, *Mein Kampf gegen Unrecht in Staat und Gesellschaft,* Köln 1972

Sultano, Gloria, *Wie geistiges Kokain. Mode unterm Hakenkreuz,* Wien 1995

Tücking, Ebbo, *Die deutsche Bekleidungsindustrie im Zeitalter der Globalisierung,* Münster 1999

Verband der Berliner Bekleidungsindustrie (Hrsg.), *Konfektion Fest-Almanach: 150 (Hundertfünfzig) Jahre deutsche Konfektion*, Berlin 1987

Wandtke, Walter, *»Arisiertes Kaufhaus« verschweigt braune Geburtsstunde: 125 Jahre Boecker?*, In: Marabo 1993, Nr. 7, S. 68–69

Werner, Klaus, *Schwarzbuch Markenfirmen*, Wien 2001

Westphal, Uwe, *Berliner Konfektion und Mode: die Zerstörung einer Tradition 1836–1939*, Berlin 1992

Wimmer, Rudolf, *Familienunternehmen: Auslaufmodell oder Erfolgstyp?*, Wiesbaden 1996

Quellen

Die Informationen, auf denen dieses Buch beruht, entstammen zahlreichen persönlichen Gesprächen mit Informanten rund um die Dynastie, Mitgliedern der Familie Brenninkmeyer, der offiziell beauftragten »grauen Eminenz« und dem Konzernsprecher sowie folgenden Quellen:

- Material des Instituts für Zeitgeschichte in München (Briefwechsel des Hauptbüros C&A Brenninkmeyer in Berlin mit dem Stabsamt des Generalfeldmarschalls Hermann Göring und die Briefe des Centralvereins Deutscher Staatsbürger Jüdischen Glaubens)
- Zeitungsartikel aus: *Financial Times, Financial Times Deutschland, Frankfurter Allgemeine Zeitung, Frankfurter Allgemeine Sonntagszeitung, Handelsblatt, NRC Handelsblad, Steps, Süddeutsche Zeitung, Telegraaf, Textilwirtschaft, TV Van Daag, Volkskrant, Die Welt, Die Zeit*
- Magazinartikel aus: *Business Week, Capital, Der Spiegel, Stern, Focus, Manager Magazin, Newsweek, Wirtschaftswoche*
- Insbesondere folgende Artikel: »Wir stehen überall unter Druck« (*Spiegel* 49/1998), »A victim of fashion« (*Financial Times* vom 27. Juni 2000), »C&A ist ein gutes Investment« (*Textilwirtschaft* vom 29. Juni 2000), »Wir haben uns verzettelt« (*Stern* 13/2001) sowie »Der aus der Reihe tanzt« (*Stern* 33/2002) und »geven en delen« (*Values* 15)

Die wichtigsten Brenninkmeyers

Albert Brenninkmeyer, IV. Generation. Sohn vom »langen Franz«. Statt dem Vorbild seines Vaters zu folgen und sich in der Clan-Hierarchie nach oben zu arbeiten, stieg er nach einigen Jahren im Familienunternehmen einfach aus – als erster Brenninkmeyer-Nachfahre! Er machte sich in Kanada als Architekt selbstständig und lebt dort im Alter von über 80 Jahren auf seinem Weingut.
August Brenninkmeyer, I. Generation. Hat zusammen mit seinem Bruder Clemens 1841 den Grundstein des Imperiums im holländischen Sneek gelegt. Schaffte die Strecke von Mettingen nach Sneek zu Fuß als Einziger in nur drei Tagen.
August Brenninkmeyer, IV. Generation. War Ende der 60er der Ober-Designer in der Familie. Bewies seinen guten Riecher für Trends beim Minirock.
Bart Brenninkmeyer, V. Generation. Brachte es als jüngstes Familienmitglied zum Landeschef. Im Alter von 33 Jahren stieg er 2002 zum Hollandchef auf. Im April 2006 löst er Dominic Brenninkmeyer als Deutschland-Chef ab. Scheut die Öffentlichkeit nicht, redet »offen« über Filialen, Mode und Kollektionen. Unternehmenszahlen und Familie allerdings sind tabu.
Bernard Brenninkmeyer, V. Generation. Universität Notre Dame, MBA in Fontainebleau. Durchlief das Family-Training-Programm bei C&A, wechselte dann ins Private-Equity-Geschäft.
Clemens Brenninkmeyer, I. Generation. War als Geschäftsmann tougher als sein Gründerbruder August. Deshalb durfte er die Außenstände eintreiben.
Clemens Brenninkmeyer, II. Generation. Sohn von Gründer August Brenninkmeyer. In Mettingen wegen seiner gewaltigen Stimme ehrfurchtsvoll »Pastor Brenninkmeyer« genannt. Er sattelte vom Tuchhandel auf den Handel mit Konfektionsware um und eröffnete zwischen 1900 und 1920 die ersten C&A-Geschäfte in Deutschland und England.
Dominic Brenninkmeyer, V. Generation. Deutschlandchef von C&A seit 2000. Zusammen mit Cousin Lucas lenkt er im Europavorstand (neben zwei familienexternen Mitgliedern) die Geschicke der Textilkette. Wird gefeiert als Turnarounder des Jahres und als »Mister 20 Prozent« wegen der Rabattaktion zur Euro-Einführung. Ist so verschwiegen, dass er nicht mal seine

Hobbys preisgibt. Wechselt 2006 in den Private-Equity-Zweig zu Bregal Investments.

Erik Brenninkmeijer, V. Generation. Hat in Zürich Jura studiert und war anschließend viele Jahre in Spanien und Brasilien, zuletzt Landeschef in Mexiko. Dann rief ihn die Familie nach Zug, als Präsident der Cofra. Er ist der Chefstratege der Brenninkmeyers, der den Konzern für die nächsten 10, 20 Jahre fit machen soll.

Ernest Brenninkmeyer, VI. Generation. Er war in den 90er Jahren Deutschlandchef und zugleich im Europavorstand zuständig für Personalfragen. In Vorstellungsgesprächen überraschte er Nachwuchskräfte mit Fragen wie: »Darf man Saddam Hussein töten?« Wechselte zu Egeria.

Etienne Brenninkmeijer, V. Generation. Die rechte Hand von John Brenninkmeijer. Der Immobilienexperte verwaltet als Redevco-Chef in Deutschland für die Familie rund 180 Gebäude im Wert von 1,6 Milliarden Euro (fast ein Drittel des gesamten Immobilien-Bestands). Scheut auch vor dem Wort Börse nicht zurück.

Franz Brenninkmeyer, III. Generation. Wegen seiner Größe (2,08 Meter) der »lange Franz« genannt. Er gründete das Tödden-Museum in Mettingen und trieb den Ausbau des »Feriencamps« auf seinem Stammsitz Haus Langenbrück voran. Seinen Nachkommen ist er als »Kaufmann durch und durch, väterlich und belehrend« in Erinnerung geblieben.

George L. Brenninkmeijer, V. Generation, geboren und aufgewachsen in Schottland. Verantwortete in den 1990er Jahren die Expansion in Ostdeutschland und sagt über die Schwierigkeiten des Marktes dort: »Als wir nach Brasilien gingen, kannten wir die Brasilianer viel besser als 1990 die Ostdeutschen.« Hat sich 2001 als Business Angel in Berlin selbstständig gemacht.

Herman Brenninkmeyer, V. Generation. War zuständig für den Aufbau des europäischen C&A-Headquarters in Brüssel. Bis Ende 1999 blieb er Europachef, holte die C&A-fremde Siebener-Bande in die Zentrale. Er gab das erste Interview der Familie überhaupt und gestand ein: »Wir stehen überall unter Druck.« Das Rampenlicht lag ihm nicht. Er wechselte zur Family-Office-Zentrale Anthos Consult in Amsterdam und ist heute im Private-Equity-Geschäft der Familie tätig.

Johann Gerhard Brenninkmeyer, Urahn. Gab 1671 die kärgliche Landwirtschaft auf und stieg in das Leinengeschäft ein. Als »Tödde« zog er mit einem Rucksack von Hof zu Hof und verkaufte seine Ware an die Bauern. Ohne ihn hätte es das Textilimperium C&A nie gegeben.

John Brenninkmeijer, V. Generation. Wacht über das Asset der Familie: die Immobilien. Seit der Immobilienzweig 1999 von der Textilkette komplett abgespalten wurde, muss John Brenninkmeijer die bestmöglichen Anlageergebnisse erzielen. Ob mit C&A als Mieter oder mit H&M, ist seine Entscheidung.

Louis Brenninkmeijer, V. Generation. War 20 Jahre lang in der Textilsparte. Leitete von 1986 bis 1993 den misslungenen Versuch, mit C&A in Japan Fuß zu fassen. Nach kurzer Station in Amerika wechselte er ins Beteiligungsgeschäft der Bregal AG. Für die Fonds stellt die Bregal mehr als 2,5 Milliarden Euro bereit.

Lucas Brenninkmeyer, V. Generation. Europachef von C&A seit Ende 1999. War lange Jahre für C&A in Brasilien und Argentinien, dann Deutschlandchef. Baute 1998 die Immobiliengesellschaft Redevco auf, bevor er Cousin Herman in Brüssel ablöste und C&A umkrempelte – personell und strategisch. Zwei Jahre später schrieb C&A wieder schwarze Zahlen.

Philipp Brenninkmeyer, V. Generation. Hielt es bei C&A nur zwei Monate lang in der Kinderabteilung aus, dann wechselte er auf eine Schauspielschule. Bekannt wurde der smarte Brite durch seine Rollen in *Sex and the City* und *Girl Friends*. Macht Joga und hasst Anzüge.

Rudolf Wilhelm Brenninkmeyer, IV. Generation. Leitete in den 1960er und 70er Jahren die Intercena in Amsterdam, das inoffizielle Zentrum der Familienaktivitäten. Rudolf Wilhelm schwieg trappistengleich in der Öffentlichkeit. Unter seiner Leitung erreichte die Non-Kommunikation ihren Höhepunkt. Trieb die internationale Expansion (USA, Belgien etc.) voran.

Stan Brenninkmeijer, V. Generation. CEO der Holding Cofra in Zug. Während Cousin Erik als Stratege und Visionär des Familienunternehmens gilt, ist er der »Macher«, verantwortlich für das Tagesgeschäft

Stephen Brenninkmeijer, V. Generation. Spielt Schlagzeug in einer Band mit Börsenvorstand Werner Seifert und war 23 Jahre lang für C&A in Europa und Asien unterwegs. Heute wirbt er für seinen Andromeda-Fonds, der sich auf Investments in der Dritten Welt spezialisiert hat, und sagt: »Ja, wir sind katholisch, aber wir sind keine Fundamentalisten.« Er hofft, dass die älteste Tochter in seine Fußstapfen tritt.

Wolter Brenninkmeijer, V. Generation. Oxford University, MBA in Lausanne. Hat die Agora Business Centers in Deutschland aufgebaut, war dann bei der C&A-Zentrale in Brüssel und ist jetzt im Vorstand der Cofra-Holding sowie im Private-Equity-Geschäft. »Ich komme halt aus einer Familie mit Unternehmergeist«, lobt er die Aufgeschlossenheit der Brenninkmeyers gegenüber neuen Geschäftsideen.

Namensregister

Danksagung

Mein Dank gilt allen, die sich mit mir über C&A oder die Familie Brenninkmeyer unterhalten haben: den Familienmitgliedern, den Bekannten und Freunden, den Lieferanten und Konkurrenten, Kommunikationschef Thorsten Rolfes und der »Grauen Eminenz«. Ferner danke ich den Brenninkmeyers dafür, dass sie dem Verlag die Fotos zur Verfügung gestellt und ihre Archive geöffnet haben.

Auch bei der Lektorin Sabine Rock und natürlich bei Waltraud Berz möchte ich mich für ihre Hilfe bedanken. Nicht zu vergessen alle Babysitter der vergangenen Monate.

Dieter Brandes

Die 11 Geheimnisse des ALDI-Erfolgs

176 Seiten. Serie Piper

Der Lebensmitteldiscounter ALDI fährt einen erstaunlichen Erfolgskurs: In einem schwierigen Umfeld weist er Jahr für Jahr einen gewachsenen Umsatz und einen Rekordgewinn aus. Ex-ALDI-Geschäftsführer Dieter Brandes verdichtet seine Erkenntnisse über die ALDI-Erfolgsstory zu den 11 Erfolgsgeheimnissen. Er beschreibt das Prinzip von der Einfachheit, das das gesamte ALDI-System durchzieht. Diese goldene Regel legt die Grundlage für die weiteren 10 Geheimnisse.

»Dieter Brandes weiß, wie die Menschen ticken, die mit niedrigen Preisen hohe Gewinne machen.«
Die Zeit

05/2001/01/L

Uwe Scheler

Erfolgsfaktor Networking

278 Seiten. Serie Piper

»Beziehungen schaden nur dem, der keine hat.« Wer dagegen die richtigen Leute kennt und von ihnen geschätzt wird, profitiert in allen Lebensbereichen davon. Wenn Sie also noch nicht über Ihr persönliches Netzwerk verfügen, sollten Sie schnellstmöglich damit beginnen, es aufzubauen. Mit Netzen fängt man nicht nur Fische. Networking ist ein methodisches und systematisches Vorgehen, Kontakte zu knüpfen, Beziehungen zu pflegen und längerfristig zu gestalten. Networking beruht auf Gegenseitigkeit – was ein Vorteil für den anderen ist, hat auch immer gute Folgen für einen selbst. Networking heißt Interesse an anderen Menschen haben und Kontakte sowie Begegnungen aktiv herbeiführen. Ob es um einen Tip, eine Information oder um Hilfestellungen geht: Wer über ein funktionierendes Netzwerk verfügt, kommt schneller ans Ziel – beruflich wie privat.

05/1207/01/R

SERIE PIPER

Fritz Maywald

Der Narr und das Management

Leistungssteigerung im Unternehmen zwischen Shareholder Value und sozialer Verantwortung. 203 Seiten. Serie Piper

Fritz Maywald entdeckt den Narren für das Management: Der Narr ist sowohl Symbol für Lust an der Veränderung als auch für Kreativität und Engagement. Er sieht klar und ungetrübt, denn er kümmert sich nicht um die gegebenen Zwänge. Alles Eigenschaften, die für ein zukunftsweisendes Management unerläßlich sind: Denn Veränderung heißt, Bedenkenträger hinter sich zu lassen, eingefahrene Geschäftsprozesse kritisch zu analysieren und neue Wege zu beschreiten. Dafür sind mutige und erfinderische Mitarbeiter gefragt. Die praktische Klugheit des Narren, seine Unerschrokkenheit und seine Unabhängigkeit stehen in Analogie zu den Anforderungen an den Manager, der innovative Prozesse in Unternehmen befördern soll. Man kann ihn Joker nennen – oder noch besser: Veränderungsmanager.

05/1210/01/L

Felix von Cube

Lust an Leistung

Die Naturgesetze der Führung. 176 Seiten. Serie Piper

Wir alle wissen: Nur wer Spaß an seiner Arbeit hat, kann auf Dauer gute Leistung bringen. Diese Erkenntnis ist wahrlich nicht neu. Wie aber die Arbeitswelt so human gestaltet werden kann, daß die Arbeit nicht als »Maloche«, sondern als positive Herausforderung erlebt wird, da setzt Felix von Cube an. Aus den Grundsätzen der Verhaltensbiologie leitet er die Naturgesetze für konstruktive Führung ab. Erfolgreiche Unternehmensführung wiederum gewährleistet zufriedenere, gesündere und kooperativere Mitarbeiter, setzt Qualitätsstandards und bringt Schwung in den Arbeitsalltag.

05/1211/01/R

Richard R. Gesteland

Global Business Behaviour

Erfolgreiches Verhalten und Verhandeln im internationalen Geschäft. 272 Seiten. Serie Piper

Parallel mit der Globalisierung wächst die Zahl der Menschen, die auf den Schauplätzen des Welthandels zurechtkommen müssen. Viele Verträge scheitern immer noch an der Unkenntnis über die kulturellen Sitten des Partners. Denn nicht nur, was gesagt wird, ist ausschlaggebend, sondern auch, wie man sich dabei verhält. Der Autor listet auf der Basis von Länderporträts viele wichtige Details auf, so daß Geschäftsreisende die manchmal frappierenden Unterschiede im globalen Geschäftsgebaren erkennen und darauf reagieren können.

»Gangbare Wege durch die kulturellen Minenfelder. So klappt's auch mit den Chinesen! Nützliche Anleitungen für Manager, Verkäufer und Jobsucher, die im internationalen Geschäft erfolgreich sein wollen.«

manager magazin

05/1216/01/L

Peter Noll, Hans Rudolf Bachmann

Der kleine Machiavelli

Handbuch der Macht für den alltäglichen Gebrauch. 173 Seiten. Serie Piper

Im Mittelpunkt dieses »Handbuchs« steht der Manager, der erfolgreiche Aufsteiger der Neuzeit – oder auch der, der es gerne wäre –, dem jedes Mittel recht ist, wenn es nur der eigenen Karriere dient. Daran hat sich wenig geändert, seit Niccolò Machiavelli in seiner Streitschrift »Il principe« die Regeln des Machtspiels beschrieben hat. Machtgewinn heißt das erklärte Ziel, es gilt, sich möglichst perfekt die »Powerplay«-Gesetze anzueignen. Eine erfrischende Satire auf die Wirtschaft und ihre Drahtzieher.

»Ein Buch, das in den vergangenen Jahren Wort um Wort an Wirklichkeitsgehalt gewonnen hat.«

Der Tagesspiegel

05/1665/01/R

SERIE PIPER

SERIE PIPER

Jürgen Lürssen

Die heimlichen Spielregeln der Karriere

Wie Sie die ungeschriebenen Gesetze am Arbeitsplatz für Ihren Erfolg nutzen. 224 Seiten. Serie Piper

Erfolg und Karriere resultieren nur zu 10 Prozent aus fachlicher Kompetenz – zu 90 Prozent werden sie von anderen Faktoren bestimmt. Dieser erfolgreiche Ratgeber zeigt, über welche Fähigkeiten und Kenntnisse man verfügen sollte, um die heimlichen Spielregeln im Betrieb zu durchschauen und Einfluß zu gewinnen. Vom kleinen Einmaleins der Büropolitik über das Verhältnis zu Chef und Kollegen, den Umgang mit Informationen bis hin zur Kunst, andere zu überzeugen und Macht zu gewinnen – diese zentralen Punkte für die Karriereleiter erläutert Jürgen Lürssen umfassend, anschaulich und amüsant.

Hermann Simon (Hg.)

Geistreiches für Manager

374 Seiten. Serie Piper

Führungskräfte und Unternehmer müssen Vorträge halten, referieren, kommunizieren. Gut vorbereitet oder spontan – ein treffendes Zitat an richtiger Stelle kann da nur hilfreich sein, denn in vielen Aphorismen steckt hochverdichtete Wahrheit über die wesentlichen Probleme menschlicher Interaktion. Sei es Platon, Aristoteles, Seneca oder Konfuzius – die Aussagen und Wahrheiten großer Denker überdauern die Zeiten und bleiben aktuell wie eh und je.

Ob besonderer Einstieg in einen Vortrag oder überraschende Pointe, die das Publikum zum Schmunzeln bringt – hier werden Manager fündig.

Robert I. Sutton

Stellen Sie Leute ein, die Sie eigentlich nicht brauchen

11 ½ Regeln für kreative Manager. Aus dem Amerikanischen von Thorsten Schmidt. 367 Seiten. Serie Piper

Robert Sutton zeigt auf höchst ungewöhnliche Weise, wie Kreativität funktioniert: Alles ist möglich, sogar das Gegenteil, alles ist denkbar, auch was völlig verrückt scheint. Und vieles funktioniert in der Praxis besser, als wir glauben – wenn wir es nur versuchen.

- Stellen Sie Leute ein, die Sie nicht brauchen!
- Ignorieren Sie alles, was bisher gut gelaufen ist!
- Ermuntern Sie Ihre Leute, nicht auf erfahrene Kollegen zu hören!
- Honorieren Sie Erfolg und Mißerfolg gleichermaßen!

»Hier lernen Sie, über den Tellerrand zu blicken, neue Sichtweisen zu entdecken und sich von der Vergangenheit zu befreien.«
business bestseller

05/1611/01/L

Friedhelm Busch, Werner Esser, Uwe Lang, Werner Schwanfelder

Das Börsen-Lexikon

Alle Begriffe, die Sie kennen müssen. 352 Seiten. Serie Piper

Hier finden Sie alle wichtigen Begriffe rund um Geldanlage und Börsengeschehen, die in der Fachpresse stets als bekannt vorausgesetzt und im Beratungsgespräch nur selten erklärt werden. Die vier Bestseller-Autoren und Börsen-Experten Friedhelm Busch, Werner Esser, Uwe Lang und Werner Schwanfelder erklären über 350 einschlägige Fachbegriffe in kurzen und prägnanten Definitionen mit anschaulichen Beispielen und weiterführenden Internet-Tipps.

»Zum schnellen Nachschlagen ebenso geeignet wie zum gründlichen Durcharbeiten für Anfänger, denn das Buch ist leicht zu lesen und in sich abgeschlossen, also so gut wie ein Lehrbuch.«
Financial Times Deutschland

05/1670/01/R

SERIE PIPER

SERIE PIPER

Maurice Joly

Das Handbuch des Aufsteigers

Aus dem Französischen von Hans Thill. 379 Seiten. Serie Piper

Wer nach oben will, muß vor allem die richtigen Fähigkeiten haben: Er muß sich verstellen können, die Interessen und Schwächen seiner Mitmenschen richtig einschätzen und ausnutzen, Helfer und Beschützer mobilisieren und im geeigneten Moment das Lager wechseln können. Hellsichtig und zeitlos beschreibt Maurice Joly in seinem »Handbuch des Aufsteigers« aus dem Jahre 1867 den Weg zu Ruhm und Macht.

»Maurice Jolys zuweilen herrlich zynischer, mit leichter Feder diktierter Leitfaden paßt aufs vorzüglichste zum heute herrschenden Celebry-Zeitgeist mit seinen Prominenzneurosen und think-positive-Platitüden.«
Die Zeit

05/1667/01/L

David Perkins

Geistesblitze

Innovatives Denken lernen mit Archimedes, Einstein & Co. Aus dem Englischen von Andreas Simon. 264 Seiten. Serie Piper

Wie entstehen Geistesblitze? Ausgehend von spannenden Beispielen aus Naturwissenschaft, Kulturgeschichte und Wirtschaft entwickelt David Perkins ein Muster, das innovativen Denkprozessen zugrunde liegt. Und er zeigt, wie jeder es anwenden und seine Kreativität optimieren kann: Eine Fülle von Rätseln bietet auf unterhaltsame Weise die Möglichkeit zum direkten Training.

»Perkins plaudert gescheit und didaktisch geschickt darüber, wie kreatives Denken funktioniert, ohne zu simplifizieren und ohne zu langweilen.«
Horizont

05/1669/01/R

Robert B. Reich

The Future of Success

Wie wir morgen arbeiten werden. Mit einer Einleitung des Autors zur deutschen Ausgabe. Aus dem Amerikanischen von Wolfgang Buchalla. 415 Seiten. Serie Piper

Die Wirtschaft befindet sich in einem radikalen Umbruch. Neue Arbeitsfelder mit neuen Herausforderungen entstehen. Alles soll schneller, billiger, kundenorientierter werden. Diese Entwicklung fordert von jedem einzelnen äußersten Einsatz. Wie werden wir in Zukunft arbeiten? Werden wir unter den Vorzeichen der neuen Wirtschaft leben können wie bisher? Oder drohen die Diktatur der Arbeit und der zunehmende Druck, den jeder von uns spürt, unser soziales Umfeld und das private Glück zu zerstören?

Robert B. Reich, einer der einflußreichsten Wirtschaftswissenschaftler der Welt, analysiert, was geschehen muß, damit wir, als einzelne wie die westliche Gesellschaft insgesamt, Erfolg haben können – ohne uns zu zerstören.

05/1612/01/L

Alan Axelrod

Kaufen Sie sich die Schloßallee!

Mehr Erfolg mit der Monopoly®-Strategie. Aus dem Amerikanischen von Werner Roll. 248 Seiten. Serie Piper

Jeder hat seine eigene Strategie, bei Monopoly zu gewinnen – Bargeld bunkern, vorsichtig in Immobilien investieren oder auf volles Risiko spielen. Alan Axelrod erklärt spielerisch, wie man Taktiken aus dem bekannten Spiel in konkreten Situationen des Wirtschaftslebens einsetzen kann. Dabei kommen Unternehmer wie Michael Dell, Bill Gates und Rupert Murdoch zu Wort, die berichten, welche ihrer Erfolgsstrategien auf ihren ersten Monopoly-Erfahrungen beruhen.

»Das Buch ist eine Anleitung dafür, wie man dieses brillante, süchtig machende, unbarmherzige (und nebenbei auch Vergnügen bereitende) Spiel im Geschäftsleben einsetzen kann: als Hilfe bei der Analyse, beim Erkunden und Überdenken der Grundlagen unserer Wirtschaft und des wirtschaftlichen Handelns.«

Alan Axelrod

05/1664/01/R